中华优秀传统国学阅读经典

论　语

【春秋】孔子　王俊 编校

中国商业出版社

图书在版编目（CIP）数据

论语 / 王俊编校 . -- 北京：中国商业出版社，2019.10

ISBN 978-7-5208-0822-4

Ⅰ．①论… Ⅱ．①王… Ⅲ．①儒家②《论语》—注释③《论语》—译文 Ⅳ．① B222.2

中国版本图书馆 CIP 数据核字 (2019) 第 157081 号

责任编辑：杜 辉

中国商业出版社出版发行
010-63180647　www.c-cbook.com
（100053　北京广安门内报国寺 1 号）
新华书店经销
三河市同力彩印有限公司印刷

*

710 毫米 × 1000 毫米　16 开　25 印张　300 千字
2020 年 1 月第 1 版　2020 年 1 月第 1 次印刷
定价：75.00 元

* * *

（如有印装质量问题可更换）

前　言

泱泱中华五千载，悠悠国学民族魂。中华国学"为天地立心，为生民立命，为往圣继绝学，为万世开太平"，是中华民族几千年来生生不息的根本，是华夏儿女的文化基因和精神支柱。

中华传统文化经过千百年历史的冲刷洗礼和不断交流、融合以及沉淀，最终形成了求同存异、兼收并蓄、辉煌灿烂的特点，它也是世界上唯一绵延不绝而从没中断的古老文化，并始终充满了生机与活力。

国学就是中国之学、中华之学，是以母语汉语为基础，表达了中华民族的精神价值和处世态度，有利于凝聚中华民族的文化向心力，有利于中华民族大团结，是华夏儿女的生命火炬，我们要世代相传和不断发扬光大。

中华优秀传统文化在思想上有大智，在科学上有大真，在伦理上有大善，在艺术上有大美。在中华民族艰难而辉煌的发展历程中，优秀传统文化薪火相传、历久弥新，始终为国人提供精神支撑和心灵慰藉。所以，更多地从传统优秀国学经典中汲取丰富营养，不仅能充实灵魂，而且能够拥有一种神圣而崇高的家国情怀。

中华传统国学是指以儒学为主体的中华传统文化与学术，内容非常广泛，内涵十分丰富，如蒙学十三经、四书五经等，作为国学中经典之经典，铸就了"国学蒙学之最、中华不可或缺之魂"，凝聚了我国五千年的文明史和传统文化，体现了中华民族博大精深的文化精髓，是经过多少代人实践检验过的文化瑰宝，承载着中华民族伟大复兴的梦想。

中华传统国学中具有极高价值的经典与文章不胜枚举，且不说春秋战国时期的经传宝典，也不说《史记》《资治通鉴》，仅唐诗、宋词、元曲就有许多脍炙人口的佳作,今天我们作为中华儿女对这些精品岂可淡化或视而不见?

中华传统国学经典,蕴含了中华儿女内圣外王的个体修养和自强不息的群体精神,形成了重义轻利的处世态度以及孝亲敬长的人伦约定,包含着辩证理智的心智思维和天人合一的整体观念。

这些国学经典千百年来作为我国传统文化与教育经典,在内容方面包含治国、修身、道德、伦理、哲学、艺术、智慧、天文、地理、历史等丰富的知识;在艺术方面丰富多彩,各有特色,行文流畅,气势磅礴,辞藻华丽,前后连贯。古往今来,无数有识之士从中汲取知识,不仅培养了良好的道德品质,还提升了儒雅、纯美、睿智的气质。

国学经典是广大读者必备的精神食粮。读者阅读国学经典,能够秉承国学仁义精神,养成谦和待人、谨慎待己、勤学好问等优良品行,达到内外兼修与培养刚健人格的学习目的。读者阅读国学经典,就如同师从贤哲,使自己能够站在先辈们的肩膀之上,在高起点上开始人生道路。阅读圣贤之书,与圣贤为伍,是精神获得高尚和超越的最高境界。

如今社会处于转型时期,充斥着各种各样所谓的现代文化,良莠不齐、纷繁杂芜。作为读者,应该慎重地从文化杂烩中精挑细选最好的、最纯的、最精的文化知识进行学习,以便促进身心的健康,那么国学经典就是最佳的选择。

当然,我们必须注意:传承古代经典,不是单纯背诵一些诗词,而是传承古老中华文明;不是只知其文不解其意,而是传承经典文化中的精神;不是对所有传统的东西都加以吸收,而是采取"扬弃"态度,取其精华去其糟粕;也不是排斥其他国家和民族的先进文化,要互相理解和尊重,要有兼容并包的情怀和清醒的头脑,做到互相学习和互相促进;更不是躺在灿烂传统文化的光环下故步自封,要积极开创未来的、先进的和科学的民族文化,要创造新的文化辉煌。

国学经典并非陈旧过时的东西,它能够适应任何时代的需要,且不同的时代都可以进行新的解读,都有时代的新意。广大读者要古为今用,活学活用,在新的时代推陈出新,进行新的解读,赋予新的内涵,不断发扬新的精神。

我们欣喜地看到,在党和政府的积极号召下,教育部印发了《完善中华优秀传统文化教育指导纲要》,各级教育机构启用了《中华优秀传统文化》教材,中小学语文新课标中也增加了青少年学生阅读和学习国学的分量,许多中小学开设了专门的国学课程,全国各族人民掀起了学习和传承中国传统文化的热潮。

为此,在有关专家的指导下,我们特别精选编辑了这套"中华传统国学阅读经典"作品,根据广大读者特别是青少年读者学习吸收的特点,采取了板块化的篇章结构。文前部分主要包括作者简介、题解+背景、作品概况、思想内容和艺术特点等内容,正文部分主要包括原文、注释、解读、感悟、赏析、故事等内容,文后部分主要包括名言妙语、读后感、知识互动大会等内容。同时还配有精美的插图,图文并茂,生动形象,非常易于阅读、理解和欣赏,能够培养广大读者的国学阅读兴趣,从而增强大家对中华优秀传统文化的热爱、传承和发展,最终积极投身到中华民族伟大复兴的中国梦之中。

根据"部编教材"和广大读者特别是青少年读者学习吸收的特点，采取版块化篇章结构，设置丰富的专题栏目，解构阅读知识要点，无障碍直通阅读核心，重点感受丰富的知识和独特的艺术，领会和发扬深刻的国学精神！

导读

作者简介
简单介绍作者生卒生平事迹、代表作品和历史影响等。

题解+背景
简单阐述书名来历、作者社会背景、创作动机、创作过程等。

作品概况
简单介绍作品结构形态、流传过程和历史价值等。

思想内容
简单分析作品思想内涵、社会价值和启迪作用等。

艺术特点
简单解析语言表达、篇章结构、人物形象等丰富的艺术特色。

学而篇第一

导读
概括篇章主题和内容等，简介学习之目的。

本篇是《论语》的第一篇，共十六章。编者取第一章第一句"学而时习之"中的"学而"两字为篇名。其中，记孔子论述八章，记有子论述三章，记曾子论述二章，记子夏论述一章，记子贡与子禽、子贡与孔子的对话二章。
……

原文
参考众多权威版本，忠实于原著原文呈现。

精美配图
根据内容配图，图文并茂，让知识变得生动形象，让阅读变得丰富有趣。

孝弟为仁之本

有子❶曰："其为人也孝弟❷，而好犯上者鲜矣；不好犯上而好作乱者，未之有也。君子务本，本立而道生。孝弟也者，其为仁之本与！"

注释
介绍和评议生僻难懂语汇、内容、背景、引文等。

注释
❶ 有子：孔子的学生，姓有，名若。
❷ 孝弟：弟通"悌"。孝敬父母，友爱兄弟。

⑥惮(dàn)：害怕、畏惧。
⑦慎终：慎重地办理父母的丧事。终，指刚死的人。
⑧追远：追念死去的祖先。指祭祀祖先。

注 音
对多音字以及破音、通假、古音、外族语言等异读字词进行注音。

解读
对原文进行译解，使之通俗易读，浅显易懂。

【解读】

孔子说："君子，不庄重就没有威严；学习可以使人不闭塞；要以忠信为主，不同与自己不同道的人交朋友；有了过错，就不要怕改正。"

曾子说："谨慎地对待父母的丧事，追念久远的祖先，自然会导致老百姓日趋忠厚老实了。"

【感悟】

孔子认为，做人首先要有自尊。"君子不重则不威"的重，是庄重，即自尊、自重、自爱等。自尊是自己尊重自己的人格，维护自己尊严的一种道德标准。

自尊亦称"自尊心""自尊感"，是个人基于自我评价产生和形成的一种自重、自爱、自我尊重，并要求受到他人、集体和社会尊重的情感体验。自尊是人格自我调节结构的心理成分。自尊有强弱之分，过强则成虚荣心，过弱则变成自卑。自重是指谨言慎行，尊重自己的人格。

自爱是指爱护自己的身体，珍惜自己的名誉。自爱还包括向自己敞开胸怀，使自己能够感受周围和自身的一切，愿意接受自己所做的一切，不加任何评论或批判；自爱也是给自己以足够的重视与关注，以使自己能够常常和自己接触，让自己自由自在地生活，使自己越来越为自己和别人所看见；自爱更是做自己生活以及所经历、所领悟和所发现事物的主人，并对其承担责任，所有的一切都按照自己的意志而不是别人的价值来判断。

……

感 悟
深刻领会段落或篇章内涵，结合感受进行明白晓畅阐释。

```
        完美大结局
        ╱        ╲
    名言妙语    读后感
```

名言妙语
推介作者、作品的名言格言和妙言妙语，让读者加深印象、获得美感或启迪等。

读后感
从中、小学生认识角度，剖析阅读作品后的所思所感、所作所为等，达到有所收获和感悟等。

作者简介

孔子（公元前551—公元前479年），子姓，孔氏，名丘，字仲尼，鲁国陬邑人，祖籍宋国栗邑。中国古代著名的大思想家、大教育家，儒家学派创始人。在古代，孔子被尊奉为"天纵之圣""天之木铎"，被称为孔圣人、至圣、至圣先师、大成至圣文宣王先师、万世师表等。他开创的儒家思想对中国和世界都具有深远的影响。

孔子早年丧父，家境衰落，生活艰苦。但是，他天资聪颖，十五岁时立志求学，好学不厌。通过勤奋学习，他掌握了大量的知识，培养了积极进取的精神。

孔子青年时期就精通了礼、乐、御、射、书、数，到三十岁左右，他的博学就闻名遐迩。在青年时代，他当过管理仓库和牛羊的小吏。三十四岁时，他在曲阜城北设学舍，开始授徒讲学。他带领部分弟子周游列国十四年，以传播自己的学术思想和政治思想。据传弟子有三千，著名者七十二人。

孔子五十一岁时开始从政，先后担任鲁国中都宰、司空，后来升任司寇。五十五岁时，他代理了宰相。他任宰相时，大刀阔斧地进行改革，推行礼制教化，使鲁国形势为之一变。

孔子晚年致力于教育和整理文化典籍。他把传统的"六艺"教育转化为"六经"教育，把道德教育提到了教育的首要位置，倡导德智一体而以德为主。他修订六经，即《诗》《书》《礼》《乐》《易》《春秋》，为后世留下了宝贵的文化典籍。

孔子去世后，他的弟子及其再传弟子把孔子及其弟子的言行语录和思想记录下来，整理编成了儒家经典《论语》。

题解+背景

《论语》的"论"不读通常读音"lùn",而是读成"lún"。东汉著名史学家班固在《汉书·艺文志》中说,《论语》是孔子与其弟子的对话,那时的人以及孔子的弟子与孔子交流沟通的话,孔子的弟子都有所记录,孔子去世后,弟子们就把这些记录编辑在一起,就称为了《论语》。

在我国东周时期,周王室东迁后日益衰微,逐渐丧失了宗主地位,各个诸侯为了争夺霸主地位,开始了长期的兼并战争。这期间,鲁国的孔子面对"礼崩乐坏"的社会现实,痛心疾首。

为了建立一种新秩序和规则,孔子决心恢复周公建立的礼乐制度,提出"克己复礼"主张,并用"仁"对"礼"进行改造,提出并完善了"仁学"理论。孔子认为"仁"就是"爱人",就是对人尊重、关心和体谅。"仁"是每个人必备的修养,又是治国平天下必须遵循的原则。

为了实现这一主张,孔子周游列国进行游说。然而,由于各诸侯国都忙于争霸,并没有谁采纳他以"仁"治国的政治主张。颠沛流离十几年后,年近七十岁的孔子在并未实现政治主张的情况下,回到鲁国专事讲学和历史文献整理,并把自己的政治主张和思想抱负倾注于笔端,成为我国历史上私学的鼻祖,开创了影响我国几千年的儒家学派。

孔子一生从事教育事业四十多年,门生众多。据史料记载孔子弟子有三千人,其中才华出众、品德优良者七十二人。孔子去世后,他的主要弟子及其再传弟子将孔子的言行整理成书,书名叫《论语》。

《论语》内容包括孔子谈话、孔子答弟子问、弟子之间的相互讨论以及弟子对孔子的回忆等,集中体现了孔子的政治主张、论理思想、道德观念及教育原则等。

作品概况

　　《论语》全书一共有20篇，11000余字，492章，其中记录孔子与弟子及时人谈论之语444章，记录孔门弟子相互谈论之语48章。

　　《论语》每一篇都包含有记述一件事或数句话的若干个小章。每篇都以正文第一句取两三字为篇名，如《学而》《泰伯》《卫灵公》等。《论语》多为语录，但都辞约义富，有些语句、篇章形象生动。

　　《论语》成书于战国初期。因为秦始皇的焚书坑儒，到西汉时期仅有口头传授及从孔子住宅夹壁中所得的本子，有三种抄本：鲁人口头传授的《鲁论语》20篇，齐人口头传授的《齐论语》22篇，从孔子住宅夹壁中发现的《古论语》21篇。西汉末年，帝师张禹精治《论语》，并根据《鲁论语》，参照《齐论语》，另成一论，称为《张侯论》。此本成为当时的权威读本。

　　东汉末期儒家学者、经学大师郑玄又以《张侯论》为底本，参照《齐论》《古论》作《论语注》，于是成为《论语》定本，被列为"七经"之一。

　　《论语》进入经书之列是在唐代。在南宋时，著名思想家朱熹将《论语》和《孟子》以及《礼记》中的《大学》《中庸》合编为"四书"，又与《诗经》《尚书》《礼记》《周易》《春秋》并称为"四书五经"。自汉代以来，《论语》便有不少注解。它与《孝经》是汉初学习者必读之书，是时人启蒙书的一种。后来成为读书人科举考试的必读书目，对后世影响很大。

思想内容

《论语》是孔子思想的精华,是孔子及其门生有限生命融入无尽历史中的结晶,创造了我国古代光辉的人文主义精神,主要由以下几部分组成:

一是政治思想。孔子的政治理想是纳仁入礼,他讲"礼",以"仁"为思想基础,所以说:"人而不仁,如礼何?"他讲"仁",以"礼"为政治原则,所以说:"克己复礼为仁。"孔子提倡"德治",反对滥用刑罚,反对过分剥削。他主张"仁者爱人",并对百姓进行"教化"。

二是做人思想。孔子要求做人要重视"仁德",这是他在做人问题上强调最多的问题之一。在他看来,仁德是做人根本,是处于第一位的。他还强调做人要全面发展。他认为做人志向在于道,根据在于德,凭借在于仁,活动在于"六艺",只有这样才能真正地做人。

三是教育思想。孔子是中国历史上最著名的教育家之一,首开私人讲学之风,并留下了许多十分具有启发性的宝贵思想。他提倡在"多见而识"的基础上学思并重,理性自觉。孔子要求人们做到言行一致,"其身正,不令而行",主张采用启发式的教学方法,"学而不厌,诲人不倦"。他还主张学习要求实,要学思结合。

四是文艺思想。孔子美学思想的核心是善和美的统一,即高尚的内容和完美形式的统一,而又把善放在首位。在他心目中,文学艺术首先应在内容上符合崇高政治伦理的要求,不然形式再好也有欠缺。

孔子对诗歌的社会作用的精辟概括,千百年来一直为人们所称道。他认为诗歌具有能使读者精神振奋的强大艺术感染力,能帮助人们认识生活,观察政治得失和社会风尚,可以发现诗人的创作意图和思想倾向。

艺术特点

《论语》是世界上完整辑录哲人言行最古老文献之一，属于语录体，但其中某些描写是具有一定情节和波澜的小故事，拥有相当艺术构思成分，存在一定的文学价值，这首先表现在语言艺术方面。

《论语》以当时通俗平易、明白晓畅的口头语言为主，又吸收古代书面语言精粹洗练、雍容和顺、迂徐含蓄、典雅严谨的长处，形成了言简意赅、深入浅出、朴素无华、隽永有味、朗朗上口的独特风格。

《论语》词汇丰富、新鲜、生动、活泼，虚词特别是语气词大量出现。句式灵活多变，舒展自如，长短不拘，有很强的表现力。尤其善于把深邃的哲理凝聚于具体的形象之中，使抽象的说理文字具有某种诗意。

《论语》中经常采用"比物连类"的含蓄手法，造成特殊的意蕴和审美效果。如《子罕》中："子贡曰：'有美玉于斯，韫椟而藏诸？求善贾而沽诸？'子曰：'沽之哉！沽之哉！我待贾者也。'"师生双方皆用隐语，设喻问答，心照不宣，委婉而富有风趣。如《阳货》中："不曰坚乎，磨而不磷。不曰白乎，涅而不缁。吾岂匏瓜也哉，焉能系而不食？"连用三件具体实物，一层进一层地表明自己的政治态度，把微妙的心理寄寓在浅近的形象之中，再辅以重叠反诘的句式，更显出一种无可奈何的苦衷，十分耐人寻味。

《论语》许多篇章有很强的现场感，寥寥数语，人物情态，场景气氛活灵活现。孔子是《论语》描述的中心，"夫子风采，溢于格言"。书中不仅有关于他的仪态举止的静态描写，而且有关于他的个性气质的传神刻画。

此外，《论语》还成功地刻画了一些孔门弟子的形象。如子路的率直鲁莽，颜回的温雅贤良，子贡的聪颖善辩，曾皙的潇洒脱俗等，都称得上个性鲜明，能给人留下深刻印象。

目 录

学而篇第一
学而时习之 …………………… 2
孝弟为仁之本 ………………… 4
巧言令色 ……………………… 5
敬事而信 ……………………… 7
君子不重则不威 ……………… 9
温良恭俭让 …………………… 11
观其志，观其行 ……………… 13
信近于义，恭近于礼 ………… 15
贫而无谄，富而无骄 ………… 17

为政篇第二
为政以德，譬如北辰 ………… 20
道之以德，齐之以礼 ………… 21
孟懿子问孝 …………………… 23
子游问孝 ……………………… 25
视其所以 ……………………… 27
先行其言而后从 ……………… 29
知之为知之 …………………… 31
举直错诸枉 …………………… 33
人而无信 ……………………… 35
见义不为 ……………………… 37

八佾篇第三
八佾舞于庭 …………………… 40
人而不仁 ……………………… 42
君子无所争 …………………… 43
绘事后素 ……………………… 45
知其说者之于天下 …………… 47
其媚于奥，宁媚于灶 ………… 49
每事问 ………………………… 51
成事不说，遂事不谏 ………… 53
管仲之器小哉 ………………… 55
子语鲁大师乐 ………………… 57

里仁篇第四
里仁为美 ……………………… 60
唯仁者能好人 ………………… 61
好仁恶不仁 …………………… 63
士志于道 ……………………… 65
不患无位 ……………………… 67
君子喻于义 …………………… 69
事父母几谏 …………………… 71
古者言之不出 ………………… 73

公冶长篇第五

- 子谓公冶长 ·············· 76
- 雍也仁而不佞 ············ 78
- 束带立于朝 ·············· 80
- 朽木不可雕 ·············· 82
- 吾亦欲无加诸人 ··········· 84
- 敏而好学，不耻下问 ········ 86
- 三已之，无愠色 ··········· 88
- 三思而后行 ·············· 90
- 伯夷叔齐不念旧恶 ·········· 91
- 各言尔志 ················ 93

雍也篇第六

- 居敬而行简 ·············· 96
- 不迁怒，不贰过 ··········· 98
- 三月不违仁 ············· 100
- 仲由可使从政也与 ········ 102
- 一箪食，一瓢饮 ·········· 104
- 为君子儒，无为小人儒 ····· 106
- 出不由户 ··············· 107
- 质胜文则野 ············· 109
- 知者乐水，仁者乐山 ······· 111
- 博学于文，约之以礼 ······· 113
- 中庸之为德也 ············ 115

述而篇第七

- 学而不厌，诲人不倦 ······· 118
- 志于道，据于德 ·········· 120
- 用之则行，舍之则藏 ······· 122
- 富而可求也 ············· 124
- 乐在其中 ··············· 126
- 三人行必有我师 ·········· 128
- 圣人，吾不得而见之矣 ····· 130
- 昭公知礼乎 ············· 132
- 躬行君子，吾未之有得 ····· 134
- 君子坦荡荡 ············· 136

泰伯篇第八

- 三以天下让 ············· 138
- 曾子有疾 ··············· 140
- 人之将死，其言也善 ······· 141
- 犯而不校 ··············· 143
- 笃信好学，守死善道 ······· 145
- 不在其位，不谋其政 ······· 147
- 大哉！尧之为君也 ········ 149
- 禹，吾无间然矣 ·········· 151

子罕篇第九

- 博学而无所成名 ·········· 154
- 毋意，毋必，毋固，毋我 ··· 156
- 夫子圣者与？何其多能也 ··· 157
- 循循然善诱人 ············ 159
- 子路使门人为臣 ·········· 161
- 子欲居九夷 ············· 163
- 逝者如斯夫 ············· 165
- 惜乎！吾见其进也 ········ 167
- 匹夫不可夺志 ············ 169
- 岁寒，然后知松柏之后凋也 ··· 171

乡党篇第十

- 孔子于乡党，恂恂如也 ····· 174

入公门，鞠躬如也…………176
君子不以绀緅饰…………178
食不厌精，脍不厌细…………180
食不语，寝不言…………182
乡人傩，朝服而立于阼阶……183
疾，君视之…………185
迅雷风烈必变…………187

先进篇第十一

先进于礼乐，野人也…………190
孝哉闵子骞…………192
颜渊死，子哭之恸…………193
未知生，焉知死…………195
子曰：过犹不及…………197
季氏富于周公…………199
子路问闻斯行诸…………201
仲由、冉求可谓大臣与………203
如或知尔，则何以哉…………205
赤，尔何如…………207
三子者出，曾晳后…………209

颜渊篇第十二

克己复礼为仁…………212
己所不欲，勿施于人…………214
四海之内，皆兄弟也…………216
民无信不立…………218
君子质而已矣…………220
子张问崇德辨惑…………222
片言可以折狱者…………224
君子成人之美…………226

士何如斯可谓之达矣…………228
樊迟从游于舞雩之下…………230
子贡问友…………232

子路篇第十三

子路问政…………234
名不正则言不顺…………235
樊迟请学稼…………237
其身正，不令而行…………239
苟有用我者…………241
一言而可以兴邦…………243
欲速则不达…………245
言必信，行必果…………247
君子和而不同…………249
君子易事而难说也…………251
君子泰而不骄…………253

宪问篇第十四

邦有道，谷…………256
禹、稷躬稼而，有天下………258
贫而无怨难…………260
见利思义，见危授命…………261
九合诸侯，不以兵车…………263
管仲非仁者与…………265
卫灵公之无道也…………267
君子上达，小人下达…………269
君子耻其言而过其行…………271
以德报怨，何如…………273
知其不可而为之…………275
上好礼，则民易使也…………277

子曰，修己以敬……………279

卫灵公篇第十五
予一以贯之……………282
无为而治者……………284
杀身以成仁……………286
人无远虑，必有近忧……288
躬自厚而薄责于人………290
君子矜而不争…………292
小不忍则乱大谋………294
君子谋道不谋食………296
有教无类………………298
道不同，不相为谋……300

季氏篇第十六
季氏将伐颛臾…………302
不患贫而患不均………304
天下有道………………306
益者三友………………308
君子有三戒……………310
生而知之者，上也……312
见善如不及……………314
问一得三………………316
邦君之妻………………318

阳货篇第十七
阳货欲见孔子…………320
性相近，习相远………322
能行五者于天下为仁矣…324
不曰坚乎，磨而不磷…326
六言六蔽………………328

小子何莫学夫诗………330
色厉而内荏……………332
巧言令色，鲜矣仁……334
天何言哉………………336
三年之丧，期已久矣…338
君子义以为上…………340
君子亦有恶……………341

微子篇第十八
柳下惠为士师…………344
齐人归女乐……………346
子路问津………………347
四体不勤，五谷不分…349
不降其志，不辱其身…351
君子不施其亲…………353

子张篇第十九
见危致命，见得思义…356
君子尊贤而容众………357
日知其所亡……………359
大德不逾闲……………361
学而优则仕……………363
君子恶居下流…………365
君子之过如日月之食…367
仲尼不可毁也…………369
夫子之不可及也………371

尧曰篇第二十
天之历数在尔躬………374
何如斯可以从政矣……376

学而篇第一

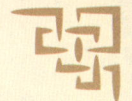

本篇是《论语》的第一篇,共十六章。编者取第一章第一句"学而时习之"中的"学而"两字为篇名。其中,记孔子论述八章,记有子论述三章,记曾子论述二章,记子夏论述一章,记子贡与子禽、子贡与孔子的对话二章。

各章粗看起来,似乎之间没有什么关联,但深入探求,内在联系是非常严密的,主旨也是非常明确的。本篇具有全书开章明义之意,展示了孔子培养教育学生的目的、态度、宗旨和方法等。

本篇重点是"吾日三省吾身""节用而爱人,使民以时""礼之用,和为贵"以及仁、孝、信等道德范畴。其主旨是围绕学习为了做人这一中心线索开展论述,讲清了两个观点:

第一,学习明理,明理做人。学习知识要经常复习、演习,温故知新;要与朋友切磋,要向贤人学习。在知识的积累中不断明白事理,掌握做人的学问。

第二,做人必须重视自身修养,把提高道德品质放在第一位。其具体途径则从孝敬父母出发,以孝求忠,忠于事业,忠于君主,忠于朋友,成为一个具有温、良、恭、俭、让多种美德的仁人、君子。这样,退则可以安贫乐道,进则可以治国安民。

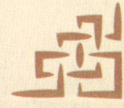

学而时习之

子①曰:"学②而时③习之,不亦说④乎?有朋⑤自远方来,不亦乐⑥乎?人不知而不愠,不亦君子⑦乎?"

注释

① 子:我国古代对有地位、有学问的男子的尊称,有时也泛称男子。这里指孔子。

② 学:孔子在这里所讲的"学",主要是指学习西周的《礼》《乐》《书》等传统文化典籍。

③ 时:时时,按时。

④ 说(yuè):同"悦",愉快、高兴。

⑤ 有朋:一本作"友朋"。旧注说,"同门曰朋",即同在一位老师门下学习的叫朋,也就是志同道合的人。

⑥ 乐:与说有所区别,也表示愉快。

⑦ 君子:有德者,指道德修养高尚而有学问的人。

解读

孔子说:"学了知识以后,要按一定时间去温习它,不是很愉快吗?有志同道合的朋友从远方来,不是很高兴吗?别人不了解自己,自己也不怨恨,这不就是君子吗?"

感悟

孔子阐述人生理想有三个方面：学习、交朋友和自我修养。其中，他把学习放在首位。学习的内容就在于不断地求知致道、讲信修义和进德修身。

孔子反复强调"不亦乐乎"，读书做学问自始至终，都要随时随地地学习，随时随地地反省，只要勤学好问，自然就能不断地提高自己的修养。

"学而时习之"，是孔子教人为学的方法，重点在于"时习"两字。孔子认为要获得知识，只有通过学习，要不断巩固知识和进行实践应用，只有通过时时复习，从复习旧知识中推衍出新知识，才能扩大知识面，内心才能感受到获得新知识的喜悦。

因此，学习的目的是为了应用，通过时时复习、演习，那么学到的知识才能转化为能力。只有熟习了知识，才能运用自如。所以，学习是互相切磋、互相鼓励和互相促进的事情，这样才能增强知识。

"有朋自远方来"与自己探求学问、切磋知识、互相鼓励和促进，是一件非常高兴的事。这里的朋友就是指同学，如果自己从学习和实践中获得的心得体会等能够得到同学的赞许，那么就是天降知音了，这种高兴是难以形容的。

但是，人家即便不了解自己，不推崇自己，不举荐自己，也是十分正常的事，应该无怨无艾，要有一定的君子风度，仍然要重视同学朋友之间的情谊。

论 语

孝弟为仁之本

有子❶曰:"其为人也孝弟❷,而好犯上者鲜矣;不好犯上而好作乱者,未之有也。君子务本,本立而道生。孝弟也者,其为仁之本与!"

注释

❶有子:孔子的学生,姓有,名若。
❷孝弟:弟通"悌"。孝敬父母,友爱兄弟。

解读

有子说:"孝顺父母,友爱弟兄,却喜欢冒犯尊长的人是很少见的;不冒犯尊长,却喜欢造反的人是没有的。君子专心致力于事务的根本,根本建立了,治国的原则就有了。孝顺父母,敬爱兄长,这是仁爱的根本啊!"

感悟

人们如果能够在家中对父母尽孝,对兄长顺服,那么,他在外面就可以对国家尽忠。忠以孝悌为前提和基础,孝悌则以忠为目的和标准。

儒家认为,在家中实行了孝悌,国家内部就不会发生"犯上作乱"的事情。再把孝悌推广到劳动人们中去,人们也会绝对服从,而不会起来反对,这样就可以维护国家和社会的安定。

巧言令色

子曰："巧言令色❶，鲜❷矣仁！"

曾子❸曰："吾日三省❹吾身：为人谋而不忠乎？与朋友交而不信乎？传不习❺乎？"

注释

❶ 巧言令色：巧和令都是美好的意思，此处应释为装出和颜悦色的样子。

❷ 鲜（xiǎn）：少的意思。

❸ 曾子：姓曾，名参（shēn），字子舆，生于公元前505年，鲁国人。曾参是孔子的得意门生，以孝出名。

❹ 三省（xǐng）：检查、察看。三省有几种解释：一是三次检查；二是从三个方面检查；三是多次检查。其实，古代在有动作性的动词前加上数字，表示动作频率多，不必认定为三次。

❺ 传不习：传，老师传授给自己。习，与"学而时习之"的"习"字一样，指温习、实习、演习等。

解读

孔子说："花言巧语，一副伪善面目的人，这种人的仁心就很少了！"

论 语

曾子说:"我每天都多次地反省自己:为别人办事有没有尽心竭力?同朋友交往是否诚实?老师传授给我的知识是否复习了呢?"

感悟

孔子认为,仁的反面为花言巧语,工于辞令。儒家崇尚质朴,反对花言巧语,主张说话谨慎小心,说到做到,先做后说;反对说话办事随心所欲,只说不做,仅仅停留在口头上。

这表明,儒家注重人的实际行动,强调言行一致,反对夸夸其谈,心口不一。孔子在这里还告诫我们,为学不是摆花架子,不是做样子,要脚踏实地做学问,要在追求仁德上下工夫。

敬事而信

子曰:"道千乘之国,敬事❶而信,节用而爱人,使民以时。"

子曰:"弟子入❷则孝,出❸则弟,谨而信,泛爱众,而亲仁。行有余力,则以学文。"

子夏❹曰:"贤贤❺易❻色,事父母,能竭其力;事君,能致其身❼;与朋友交,言而有信。虽曰未学,吾必谓之学矣。"

注释

❶敬事:相当今言"敬业"之意。"敬"字一般用于表示个人的态度,尤其是对待所从事的事务要谨慎专一、兢兢业业。

❷入:古代时父子住在不同的居处,学习则在外舍。入是指到父亲住处,或说在家。

❸出:与"入"相对而言,指外出拜师学习。出则弟,是说要用弟道对待师长,也可泛指年长于自己的人。

❹子夏:姓卜,名商,字子夏,孔子的学生,比孔子小44岁,生于公元前507年。孔子死后,他在魏国宣传孔子的思想主张。

❺贤贤:第一个"贤"字作动词用,尊重的意思。贤贤即尊重贤者,此处引申为遵重妻子。

❻易:有两种解释:一是改变的意思;二是轻视的意思。

论 语

⑦ 致其身：致，献纳，尽力。这是说把生命奉献给君主。

解读

孔子说："治理一个拥有千辆兵车的国家，应该严谨认真地办理国家大事，并恪守信用，诚实无欺；同时还应节约财政开支，爱护官吏臣僚，百姓服劳役不能误了农时。"

孔子说："弟子们在父母跟前要孝顺父母；出门在外，要遵从兄长，谨慎少言，言而有信，博爱民众，亲近有仁德的人。这样躬行实践之后，若还有精力，就再去学习文化知识。"

子夏说："一个人能够尊重妻子，看重其品质，而不看重其相貌；侍奉父母，能够竭尽全力；服侍君主，能够献出自己的生命；同朋友交往，说话诚实恪守信用。这样的人，尽管他自己说没有学习过，我一定说他已经学习过了。"

感悟

本节孔子论述了治理国家的基本原则，体现了儒家以礼治国的思想。孔子认为，君主勤政爱民的一个重要内容是"使民以时"，不要让人们耽误农时。

孔子要求弟子们终生致力于孝悌、谨信、爱众和亲仁，培养良好的道德观念和道德行为，如果还有闲暇时间和余力，则用以学习古代典籍，增长文化知识。

也就是说，孔子把做人，即做一个品德高尚的仁人放在了第一位，把学习文化知识放在了第二位。有本有末，先本后末，关系非常明确。

君子不重则不威

子曰:"君子不重则不威❶,学则不固❷。主❸忠信,无❹友不如己者,过❺则勿惮❻改。"

曾子曰:"慎终❼追远❽,民德归厚矣。"

注释

❶ 不重则不威:重,庄重;威,威严。不庄重就不会威严。
❷ 固:这里是闭塞的意思。
❸ 主:以……为主,这里有亲近的意思。
❹ 无:通"毋",不要的意思。
❺ 过:过错、过失。
❻ 惮(dàn):害怕、畏惧。
❼ 慎终:慎重地办理父母的丧事。终,指刚死的人。
❽ 追远:追念死去的祖先。指祭祀祖先。

解读

孔子说:"君子,不庄重就没有威严;学习可以使人不闭塞;要以忠信为主,不要同与自己不同道的人交朋友;有了过错,就不要怕改正。"

曾子说:"谨慎地对待父母的丧事,追念久远的祖先,自然会导致老百姓日趋忠厚老实了。"

论语

感悟

孔子认为，做人首先要有自尊。"君子不重则不威"的重，是庄重，即自尊、自重、自爱等。自尊是自己尊重自己的人格，维护自己尊严的一种道德标准。

自尊亦称"自尊心""自尊感"，是个人基于自我评价产生和形成的一种自重、自爱、自我尊重，并要求受到他人、集体和社会尊重的情感体验。自尊是人格自我调节结构的心理成分。自尊有强弱之分，过强则成虚荣心，过弱则变成自卑。自重是指谨言慎行，尊重自己的人格。

自爱是指爱护自己的身体，珍惜自己的名誉。自爱还包括向自己敞开胸怀，使自己能够感受周围和自身的一切，愿意接受自己所做的一切，不加任何评论或批判；自爱也是给自己以足够的重视与关注，以使自己能够常常和自己接触，让自己自由自在地生活，使自己越来越为自己和别人所看见；自爱更是做自己生活以及所经历、所领悟和所发现事物的主人，并对其承担责任，所有的一切都按照自己的意志而不是别人的价值来判断。

其次要尊重别人。"主忠信"，对人对事要以忠信为主，诚实无伪，才能得到人们的信任和敬重。要学习别人的长处，改正自己的缺点和错误，这样，才能真正成为一个有道德有学问的君子。

孔子弟子曾子认为，认真办理父母的丧事，经常追念自己的祖先，能导致风俗淳厚。孝道是中华民族的传统美德，又是醇化社会风俗的措施之一。

人类社会是一代代延续相传下来的。没有上一代的开创，就没有这一代的基础；没有这一代的基础，就没有下一代的繁荣。因此，追念自己的前辈，继往开来，是中华民族代代相传，生生不息的重要原因之一。

温良恭俭让

子禽①问于子贡②曰:"夫子③至于是邦④也,必闻其政,求之与?抑⑤与之与?"

子贡曰:"夫子温、良、恭、俭、让以得之。夫子之求之也,其诸异乎人之求之与?"

> 注释

① 子禽:姓陈名亢,字子禽。郑玄所注《论语》说他是孔子的学生。

② 子贡:姓端木名赐,字子贡,卫国人,比孔子小31岁,是孔子的学生,生于公元前520年。子贡善辩,孔子认为他可以做大国的宰相。

③ 夫子:古代的一种敬称,孔子曾担任过鲁国的司寇,所以他的学生们称他为"夫子"。后来沿袭以称呼老师。

④ 邦:指当时的诸侯国家。

⑤ 抑:还是的意思。

> 解读

子禽问子贡说:"老师每到一个国家,必能了解那个国家的政事,是他自己求来的呢,还是人家国君主动告诉他的呢?"

论 语

子贡说:"老师温良恭俭让,所以才得到这样的资格。他老人家获知政事的方法,大概与别人的求法不同吧?"

感悟

这一章描述了孔子的风度、性格和道德修养,主要是温、良、恭、俭、让的美德。子贡在巧妙地回答子禽问孔子是如何得知各国政事的原因时,概括出孔子的五种美德。温和的语言、敦厚的外表往往能获得别人的好感;善良的道德情怀能展现仁爱之义,得到真正的知己;对人恭敬、谦虚更能获得他人的尊重;保持勤俭的生活态度则能使人在追求物质的时候养成优良的品格;以谦让之心待人,能与人更好地相处和沟通,避免不必要的矛盾。

总之,温、良、恭、俭、让集中国古代传统文化之大成,展示了中华民族自古以来的优秀传统。以这种态度对待人,尊重人,人们自然也就尊重你,信任你,愿意将内心展示给你。

观其志，观其行

子曰："父在，观其❶志；父没，观其行；三年❷无改于父之道❸，可谓孝矣。"

有子曰："礼❹之用，和❺为贵。先王之道❻，斯为美❼。小大由之，有所不行。知和而和，不以礼节之，亦不可行也。"

> **注释**
>
> ❶ 其：他的，指儿子，不是指父亲。
>
> ❷ 三年：对于古人所说的数字不必过于机械地理解，只是说要经过一个较长的时间而已，不一定仅指三年的时间。
>
> ❸ 道：有时候是一般意义上的名词，无论好坏、善恶都可以叫作道。但更多时候是含有积极意义的名词，表示善的、好的东西。这里表示"父亲生前的思想和行事"。
>
> ❹ 礼：在春秋时代，"礼"泛指典章制度和道德规范。
>
> ❺ 和：调和、协调。
>
> ❻ 先王之道：指尧、舜、禹、汤、文、武等古代帝王的治世之道。
>
> ❼ 斯为美：斯，这，指先王之道。美，美好，可贵。意思是古代圣明之君治理国家的办法是很好的。

论 语

解读

孔子说:"看一个人,他的父亲在世时,要观察他的志向;父亲死后,要考察他的行为。如果他长年不改变父亲所坚持的好的道德准则,这样的人就可以说做到孝了。"

有子说:"礼的应用,以遇事做到和谐、恰当最为可贵。古代圣明君王治理国家的方法,可贵之处就在于这里。但不论大事小事只顾按和谐的办法去做,有的时候就行不通。这是因为为和谐而和谐,不以礼来节制和谐,也是不可行的。"

感悟

对于"三年无改于父之道"的说法,应该具体问题具体分析。如果父亲的思想、行为、准则正确的话,那么自然可以继续奉行;如果父亲的思想、行为、准则错了呢?难道仍要奉行不改吗?不但要改,而且非改不可。

此外,还有一种情况必须注意到,形势是在不断变化的,人们的思想、行事也必须适合时代需要。父之道,是父亲那个时代的原则、方针,形势变了,这个原则、方针不得不随之而变。

本章还论述了"礼之用,和为贵"的思想。即礼的运用要"以和为贵"。有子既强调礼的运用以和为贵,又指出不能为和而和,要以礼节制之,使其具有合理性。这种"和",就是"人和",也就是人心和顺,人与人之间、民族与民族之间、国与国之间关系和谐。只有达到了这种和谐,国家才能强盛,社会才会安宁,人民才会幸福。

信近于义，恭近于礼

有子曰："信近①于义②，言可复③也；恭近于礼，远④耻辱也；因⑤不失其亲，亦可宗⑥也。"

子曰："君子食无求饱，居无求安⑦，敏于事而慎于言⑧，就⑨有道⑩而正焉，可谓好学也已⑪。"

注释

① 近：接近、靠近，引申为符合。

② 义：指思想和行为符合一定的标准。

③ 复：再，这里有实践的意思。

④ 远：动词，使之远离的意思，此外亦可译为避免。

⑤ 因：同"姻"，指姻亲，如外祖父家。

⑥ 宗：家族。

⑦ 安：舒适、安逸。

⑧ 敏于事而慎于言：敏，敏捷；慎，谨慎。这句话的意思是办事敏捷，说话谨慎。

⑨ 就：靠近、接近、看齐。

⑩ 有道：道，这里指道德。有道，就是有道德的人。

⑪ 也已：语气连用，表示肯定。

论　语

解读

有子说:"讲信用要符合义,这才能实行;恭敬要符合礼,这才能远离耻辱;姻亲如果不失亲近,也可以视为可依靠的同宗。"

孔子说:"君子,饮食不求饱足,居住不要求舒适,对工作勤劳敏捷,说话小心谨慎,若再能到有道的人那里去匡正自己,这样就可以说是好学了。"

感悟

有子认为"义"与"信"两者之间,要以"义"作为行动的准则,"信"是附属于"义"的。因此,初与人相约或结识,便要思考自己的言行是否符合"义",他日是否可以实行。如果轻易许诺,他日不能兑现,便会失信于人,属于非义了。

"信""义"主要指诚信和道义。"诚"是一种美德,而"信"则是"人言为信"。"信"不仅要求人们说话诚实可靠,忌大话、空话、假话,而且要求做事也要诚实可靠。

道义是指道德义理。"君子喻于义,小人喻于利","君子以义为上",孟子把"义"与"利"对立起来,指出"何必曰利?亦有仁义而已矣",将其置于社会实践之中,以社会公认的责任和义务来规范人类的实践行为。这样,以"义"抑"利"的思想成为了中国道义思想的核心,并在中国传统思想中占据了极其重要的地位。

在本章,孔子还认为,一个有道德的人,不应当过多地讲究自己的饮食与居处,他在工作方面应当勤劳踏实,谨慎小心,而且要经常检讨自己的过失,并请有道德的人对自己的言行进行匡正。只有真正做到了这些,才能算是一个君子该有的行为。

贫而无谄，富而无骄

子贡曰："贫而无谄❶，富而无骄❷，何如❸？"

子曰："可也。未若贫而乐❹，富而好礼者也。"

子贡曰："《诗》云'如切如磋，如琢如磨❺'，其斯之谓与？"

子曰："赐❻也，始可与言《诗》已矣，告诸往而知来者❼。"

子曰："不患人之不己知，患不知人也。"

注释

❶谄：意为巴结、奉承。

❷富而无骄：富有却不妄为。骄，骄傲、妄为。

❸何如：《论语》书中的"何如"，都可以译为"怎么样"。

❹贫而乐：一本作"贫而乐道"。

❺如切如磋，如琢如磨：有两种解释：一说切磋琢磨分别指对骨、象牙、玉、石四种不同材料的加工，否则不能成器；一说加工象牙和骨，切了还要磋，加工玉石，琢了还要磨，有研讨、探求之意。

❻赐：子贡名，孔子对学生都称其名。

❼告诸往而知来者：诸，同之；往，过去的事情；来，未来的事情。

论　语

解读

子贡说："贫穷而能不谄媚，富有而能不骄傲自大，怎么样？"

孔子说："这也算可以了。但是还不如虽贫穷却乐于道，虽富裕而又好礼之人。"

子贡说："《诗》上说'要像对待骨、角、象牙、玉石一样，切磋它，琢磨它'，就是讲的这个意思吧？"

孔子说："赐呀！我可以同你谈论《诗》了，因为你能举一反三，从我已经讲过的话中领会到我还没有说到的意思。"

孔子说："不怕别人不了解自己，只怕自己不了解别人。"

感悟

子贡认为，穷人不要用卑恭谄媚的态度向人讨好，富人也不要凭借财气而盛气凌人，这样可以说就是尽善了。但是孔子并不满意，他提出了"未若贫而乐，富而好礼"的更高层次要求，简单点说，就是"安贫乐道"。所谓"安贫乐道"，就是不断地追求学问，研究做人的道理，在"礼"字上做大文章，最终达到仁的境界，而不能仅仅满足于贫不谄、富不骄的层次。

"安贫乐道"是孔子思想中的一个重要表现，是儒家思想的最高境界。和"士志于道"一样，"安贫乐道"要求在治学修道上下大工夫，不为浮名小利所动，坚持追求人生理想，恪守道德底线，即使暂时贫穷落寞，也能不坠青云之志，真正做到淡泊名利，宁静致远。

为政篇第二

本篇是《论语》的第二篇,共二十四章。编者取第一章第一句"为政以德"中的"为政"两字为篇名。其中,记孔子论述十四章,记孔子答鲁君、鲁大夫及弟子问九章,记孔子答有人问他因何不为政的问题一章。

本篇主要内容涉及孔子"为政以德"的思想、如何谋求官职和从政为官的基本原则、学习与思考的关系、孔子本人学习和修养的过程、温故而知新的学习方法,以及对孝、悌等道德范畴的进一步阐述。

这篇一开始就提出了"为政以德"的观点,然后围绕它展开如何以德为治的讨论,讲清了两方面的问题:

一、为政必须把教化放在首位,用孝、敬、信、勇等道德感化人、教育人、培养人,提高人们的道德品质。

二、为政必须得人,有贤人君子来施行德治。这种人一定要有很高的道德修养,善于总结经验,知人善任,诚信待人,实事求是并具有大智大勇的牺牲精神。

为政以德，譬如北辰

子曰："为政以德❶，譬如北辰，居其所而众星共❷之。"

子曰："《诗》三百，一言以蔽❸之，曰：'思无邪'。"

注释

❶ 为政以德：以，用。统治者应以道德进行统治，即"德治"。
❷ 共：同"拱"，环绕。

解读

孔子说："君王用道德来治理国家，自己就会像北极星一样，处在一定的位置上，别的星辰都会环绕在其周围。"

孔子说："《诗经》三百篇，可以用一句话来概括它，就是'思想纯正'。"

感悟

孔子在这里教育人们为人处世应该严格要求自己，而不是责备别人。其"为政以德"的思想，意思是说统治者如果实行德治，群臣百姓就会像仰望北极星一样自动围绕着你转。孔子对《诗经》有深入的研究，所以他用"思无邪"来概括它的内容。《论语》中解释《诗经》的话，都是按照"思无邪"这个原则而进行的。

道之以德，齐之以礼

子曰："道①之以政，齐②之以刑，民免③而无耻；道之以德，齐之以礼，有耻且格④。"

子曰："吾十有五而志于学，三十而立⑤，四十而不惑⑥，五十而知天命⑦，六十而耳顺，七十而从心所欲，不逾矩。"

注释

① 道：同"导"，引导。
② 齐：整齐、约束。
③ 免：避免、躲避。
④ 格：改正。
⑤ 立：站得住。引申为说话行事有独立见解，能立足于社会。
⑥ 不惑：掌握了知识，不被外界事物所迷惑。
⑦ 天命：指不能为人力所支配的事情。

解读

孔子说："用法制禁令去引导老百姓，用刑罚来约束他们，老百姓虽然能避免犯罪，但没有羞耻之心。如果用道德来教化他们，用礼来约束他们，老百姓不仅会有廉耻之心，而且人心也会归服。"

论　语

孔子说:"我15岁立志于学习;30岁能够自立;40岁能不被外界事物所迷惑;50岁懂得了天命;60岁能正确对待各种言论,不觉得不顺耳;70岁能随心所欲而不越出规矩。"

感悟

孔子认为,以德和礼来治理民众,才能使大家知耻而信服。孔子的为政治国思想,主张以德、礼治国,认为德是礼之表,礼是德的外在表现。为政者躬行其德,就是老百姓的福祉。

儒家的德治观点就是主张以道德去感化教育人。儒家认为,无论人性善恶,都可以用道德去感化教育。这种教化方式,是一种心理上的改造,使人心良善,知道耻辱而无奸邪之心。孔子还主张"齐之以礼",要求"尊贤使能",礼下庶人。

孔子从十五岁开始有志于学,随着岁月的增长,循序渐进,经历了好几个阶段,最后达到了随心所欲都不违背礼法的炉火纯青的境界。

孟懿子问孝

孟懿子❶问孝。子曰:"无违❷。"

樊迟❸御❹,子告之曰:"孟孙❺问孝于我,我对曰无违。"樊迟曰:"何谓❻也?"子曰:"生,事之以礼;死,葬之以礼,祭之以礼。"

孟武伯❼问孝。子曰:"父母唯其疾之忧❽。"

注释

❶孟懿子:鲁国的大夫,姓仲孙,名何忌,"懿"是谥号。

❷无违:不要违背(礼制)。古人凡违背礼制均称违,宾语省略。

❸樊迟:姓樊名须,字子迟。孔子的弟子,比孔子小46岁,他曾和冉求一起帮助季康子进行革新。

❹御:驾驭车马,赶车。

❺孟孙:指孟懿子。

❻何谓:何,什么;谓,说。

❼孟武伯:孟懿子的儿子,"武"是他的谥号。

❽父母唯其疾之忧:其,代词,指父母。疾,病。

论 语

解读

孟懿子问什么是孝。孔子说:"孝就是不要违背礼。"

后来樊迟给孔子驾车,孔子告诉他:"孟孙问我什么是孝,我回答他说不要违背礼。"樊迟说:"不要违背礼是什么意思呢?"

孔子说:"父母活着的时候,要按礼侍奉他们;父母去世后,要按礼埋葬他们、祭祀他们。"

孟武伯向孔子请教孝道。孔子说:"对父母,子女唯恐他们生病。"

感悟

孔子极其重视孝道,要求人们对自己的父母要尽孝道,无论他们在世或去世,都应如此。但是这里着重要讲的是,尽孝时不应违背礼的规定,否则就不是真正的孝。

孔子认为,孝敬父母要真心实意,如单纯在物质上满足父母,尚不足以为孝,更重要的是要"敬",是使父母得到人格的尊重和精神的慰藉。如果说孝道的精神本质是"敬",那么如何表达出这种"敬"呢?

敬亲,不仅表现在态度上对父母长辈和悦,在行为上事之以礼,而且更为深层的是要顺从父母长辈的意志,唯命是从。

孔子认为,这些符合礼的行为就是孝。孔子说:"生,事之以礼;死,葬之以礼,祭之以礼。"无论父母生前或死后,都应按照礼的规定来行孝。

可见,孝不是空泛的和随意的,必须受礼的约束,依礼而行才是孝。我国古代文化经常讲孝道,尤其是儒家更讲孝道,认为这是人伦之大者,关系到国家的兴旺。汉代的"举孝廉"就是推荐孝子去做官,让他们以榜样的力量再去教化别人。

子游问孝

子游①问孝。子曰:"今之孝者,是谓能养。至于犬马,皆能有养,不敬,何以别乎?"

子夏问孝。子曰:"色难②。有事,弟子服其劳;有酒食,先生馔,曾是以为孝乎?"

子曰:"吾与回言终日,不违③,如愚。退而省其私④,亦足以发,回也不愚。"

注释

① 子游:姓言名偃,字子游,吴国人,比孔子小45岁。
② 色难:色,脸色。难,不容易的意思。
③ 不违:不提相反的意见和问题。
④ 退而省其私:考察颜回私下里和其他学生讨论学问的言行。

解读

子游问什么是孝。孔子说:"如今所谓的孝,只是说能够赡养父母就足够了。然而,就是犬马都能够得到饲养。如果不存心孝敬父母,那么赡养父母与饲养犬马又有什么区别呢?"

子夏问什么是孝。孔子说:"最不容易的就是对父母和颜悦色。仅仅是有了事情,儿女需要替父母去做,有了酒饭,让父母吃,难道这样就可以算是孝了吗？"

孔子说："我整天给颜回讲学，他从来不提反对意见和疑问，像个蠢人。等他退下之后，我考察他私下的言论，发现他对我所讲授的内容有所发挥，可见颜回其实并不蠢。"

感悟

孔子继续论述孝道。他从为孝必敬这一侧面认为对父母不仅要奉养，更要恭敬，不然与饲养牛马没有什么区别。

孔子赞扬颜渊善于学习，说他虽然不爱提出问题，但能够发奋学习。这也正是要求为政者应该发挥"不违，如愚，亦足以发"的精神，独立思考、勇于实践，并根据基本精神，因地制宜，予以创造发挥。

视其所以

子曰:"视其所以①,观其所由②,察其所安③。人焉廋④哉?人焉廋哉?"

子曰:"温故⑤而知新⑥,可以为师⑦矣。"

子曰:"君子不器⑧。"

注释

① 视其所以:视,看;所以,所做的事情。
② 观其所由:观,观察;所由,所走过的道路。
③ 察其所安:察,考察;所安,所拥有的心境。
④ 人焉廋(sōu)哉:廋,隐藏、藏匿。人怎么隐藏得住呢?
⑤ 故:已经学过的知识。
⑥ 新:刚刚学到的知识。
⑦ 为师:可以成为老师了。
⑧ 君子不器:器,器具。君子不能像器具一样。

解读

孔子说:"考察一个人的所作所为,观察他的经历、办事的手段和方法,考察他的心境。那么,这人还怎能隐藏得住呢?这个人还怎能隐藏得住呢?"

论 语

孔子说："在温习旧知识时，能有新体会、新发现，这样就可以当老师了。"

孔子说："君子不像器具那样（只有某一方面的用途）。"

感悟

孔子教导人们考察人的方法，要"视其所以，观其所由，察其所安"，认为对于一个人的考察，既要看现在，也要看历史，既要看动机，也要看效果，要进行全面的了解，那么这个人的真实面目就隐藏不住了。

"温故而知新"有几方面的含义：一是温习已学的知识，由其中获得新的领悟；二是既要温习典章故事，又要努力撷取新的知识；三是随着自己阅历的丰富和理解能力的提高，回头再看以前看过的知识，总能体会到更多的东西；四是指通过回味历史可以预见和解决未来的问题。

也就是说，在能力范围以内，尽量广泛阅览典籍，反复思考其中的含义，对已经听闻的知识，定期复习，要有心得、有领悟；并且还能尽力吸收新知识；如此则进可以开拓人类知识的新领域，退也可以为先贤的智能赋予时代的意义。

"温故而知新"还含有"前事不忘，后事之师"的意思。前面的成功与失败，历史会如实告诉你，要善于总结研究，师法过去，判断未来新事物的发展方向。孔子还认为，人们要掌握多种技能，避免像器具一样功能单一。

先行其言而后从

子贡问君子。子曰:"先行其言,而后从之。"

子曰:"君子周❶而不比,小人❷比而不周。"

子曰:"学而不思则罔❸,思而不学则殆。"

子曰:"攻乎异端❹,斯害也已❺。"

注释

❶ 周:周到,这里是合群的意思。

❷ 小人:没有道德修养的凡人。

❸ 罔(wǎng):迷惑、糊涂。

❹ 异端:不正确的言论。

❺ 也已:这里用作语气词。

解读

子贡问怎样做一个君子。孔子说:"对于你要说的话,先实行了,再说出来,这就算是一个君子了。"

孔子说:"君子合群而不与人勾结,小人与人勾结而不合群。"

孔子说:"只读书学习而不思考问题,就会迷惑而没有收获;只空想而不读书学习,就有疑惑而不能解决。"

孔子说:"攻击那些不同的意见,那是有害的。"

论语

感悟

孔子认为君子的标准,是少说空话,多做实事,要言行一致。孔子在道德修养上非常注意君子与小人的区别,认为小人结党营私,与人相勾结,不能与大多数人融洽相处,而君子则不同,他胸怀广阔,与众人和谐相处,从不与人相勾结。

君子看重的是道义,小人看重的是利益。君子为人泰然自若却不骄傲,小人骄傲自满却又浅薄无知。君子不断上进,追求道义;小人放纵欲望,只追求利益。君子无论顺境逆境,都会因为走的是人间正道而充满自信;小人没有志向,只图利益,即使身处富贵,也会患得患失,心不安宁。这些思想在今天仍不失其积极意义。

另外,孔子还教育学生治正学、走正道,不要受异端邪说所迷惑。

知之为知之

子曰："由①，诲女②知③之乎？知之为知之，不知为不知，是知也。"

子张④学干禄⑤，子曰："多闻阙⑥疑，慎言其余，则寡尤⑦；多见阙殆，慎行其余⑧，则寡悔。言寡尤，行寡悔，禄在其中矣。"

注释

① 由：姓仲名由，字子路。生于公元前542年，孔子的学生，长期追随孔子。

② 诲女（rǔ）：诲，教育，教诲；女，通汝，文言代词，你。

③ 知：指知道或不知道。

④ 子张：姓颛孙名师，字子张，生于公元前503年，比孔子小48岁，孔子的学生。

⑤ 干禄：干，求的意思。禄，即古代官吏的俸禄。干禄就是求取官职。

⑥ 阙：缺。此处意为放置在一旁。

⑦ 寡尤：寡，少的意思。尤，过错。减少错误。

⑧ 慎行其余：谨慎地做自己能够做到的事。

论 语

解读

孔子说:"由,我教给你怎样做的话,你明白了吗?知道就是知道,不知道就是不知道,这就是智慧啊!"

子张要学谋取官职的办法,孔子说:"要多听,有怀疑的地方先放在一旁不说,其余有把握的,也要谨慎地说出来,这样就可以少犯错误;要多看,有怀疑的地方先放在一旁不做,其余有把握的,也要谨慎地去做,就能减少后悔。说话少过失,做事少后悔,谋求官职的方法就在这里了。"

感悟

孔子教育子路对待"知"与"不知"要有正确的态度。人生天地间,要学的知识就像那浩瀚的宇宙,永无止境。一个懂得"吾生也有涯,而知也无涯"的人,是真正的"知"者。

正因为他深知自己的知识有限,所以,他永远也不会停下自己求知的脚步。而且,不知就说不知,他诚实的态度,最终也会赢得别人的信任。而一个不懂装懂的人,他失去的是宝贵的获取真知的机会。他装出的懂不过是一道虚幻的光环,终有一天,那光环褪去色彩,那时,"以不知为知"者可笑的马脚就会格外醒目地显露在众人面前,这才是最大的"不知"。

子路是孔子喜爱的学生,姓仲名由,比孔子小九岁。子路性格刚强,好不懂装懂,所以孔子用这句话教育他。

孔子还教导子张,为政应谨言慎行,多看多听,了解真情,以保持禄位,还必须做到"多闻、阙疑、慎言"三件事。这三件事互有联系,而以慎言为主。这实际上是孔子教人为人处世之道。

举直错诸枉

哀公①问曰："何为则民服？"孔子对曰②："举直错诸枉③，则民服；举枉错诸直，则民不服。"

季康子④问："使民敬、忠以劝⑤，如之何？"子曰："临⑥之以庄，则敬；孝慈，则忠；举善⑦而教不能⑧，则劝。"

> **注释**

❶ 哀公：姓姬名蒋，"哀"是其谥号，鲁国国君。

❷ 对曰：《论语》中记载对国君及在上位者问话的回答都用"对曰"，以表示尊敬。

❸ 举直错诸枉：举，选拔的意思。直，正直公平。错，同措，放置。枉，不正直。

❹ 季康子：姓季孙名肥，"康"是他的谥号，鲁哀公时任正卿，是当时鲁国政治上最有权势的人。

❺ 使民敬、忠以劝：敬，恭肃；忠，忠诚、忠心；劝，劝勉。

❻ 临：靠近。上对下靠近为临。

❼ 举善：推举、选拔；善，善良的，有才能的。

❽ 不能：能力差的人。

论 语

解读

鲁哀公问:"怎样才能使百姓服从呢?"孔子回答说:"把正直无私的人提拔起来,把邪恶不正的人置于一旁,老百姓就会服从了;把邪恶不正的人提拔起来,把正直无私的人置于一旁,老百姓就不会服从统治了。"

季康子问道:"要使老百姓对当政的人尊敬、尽忠而努力干活,该怎样去做呢?"

孔子说:"你用庄重的态度对待老百姓,他们就会尊敬你;你对父母孝顺、对子弟慈祥,百姓就会尽忠于你;你选用善良的人,教育能力差的人,百姓就会互相勉励,加倍努力了。"

感悟

孔子认为使贤任能是取得民众拥护的重要措施。关于"举直错诸枉",有两种说法:一种认为举用正直之人,废置邪枉之人;另一种认为,直者居于上位,而枉者居于下位。

亲君子,远小人,这是孔子一贯的主张,也是孔子德治思想的重要组成部分。君子,仁义厚道,不计较个人得失;心胸坦荡,能够知足常乐。小人,贪婪谄媚,贪图享乐,踩着别人往上爬,容不得别人比自己好。而且小人还喜好盘算,蝇营狗苟,抱怨得失,搬弄是非。

往大处说,小人可以乱政亡国;往小处说,小人拉帮结伙,乌烟瘴气。可是宗法制度下的选官用吏,总是唯亲是举,无论是君子还是小人,只要是宗亲贵族,全部可以任命为官吏,而非亲非故者即使再有才干,也不会被选用。

因此,孔子的"举直错诸枉"的用人思想在当时是一大进步。

人而无信

或①谓孔子曰:"子奚②不为政?"子曰:"《书》③云:'孝乎惟孝,友于兄弟。'施④于有政,是亦为政,奚其为为政?"

子曰:"人而无信⑤,不知其可也。大车无輗⑥,小车无軏⑦,其何以行之哉?"

注释

① 或:有人。不定代词。
② 奚:疑问词,相当于"为什么"。
③ 《书》:指《尚书》。
④ 施:施行。
⑤ 信:在《论语》书中,信的含义有两种:一是信任,即取得别人的信任,二是对人讲信用。
⑥ 輗(ní):古代大车车辕前面横木上的木销子。大车指的是牛车。
⑦ 軏(yuè):古代小车车辕前面横木上的木销子。小车指马车。没有輗和軏,车就不能走。

解读

有人对孔子说:"你为什么不从事政治呢?"孔子回答说:"《尚

书》上说：'孝就是孝敬父母，友爱兄弟。'把这孝悌的道理在家里施行，也就是从事政治，又要怎样才能算是为政呢？"

孔子说："一个人不讲信用，是根本不可以的。就好像大车没有𫐐、小车没有𫐄一样，它靠什么行走呢？"

感悟

"信"是儒家传统伦理准则之一。孔子认为，"信"是人立身处世的基点。孔子教人要讲信用，失去信用，就像车子失去重要的部件而不能行动一样。

做人也好，处世也好，为政也好，信用是非常重要的，说话算数，讲究信用，才能取信于人。特别是为政者，如果言而无信，朝令夕改，老百姓就会无所适从，就会不信任、不拥护你。

孔子说："人而无信，不知其可也。"显然，他是将人与人之间普遍的诚实和信赖看成维持社会正常运行的基本力量。他强调信用的重要作用，认为讲究信用足以教化民众进而形成良好的风俗，使国家强盛。

儒家的信用有三层含义：一是指忠诚无欺，言而有信；二是指内在诚实品德与外在不欺诈行为的统一，做到童叟无欺；三是指人们立身处世及社会存在和有序发展的一种必要条件。

儒家的"信"更多是在"诚信"意义上提出的，完全可以是对每个单一主体提出，是一种道德品质，诉诸的完全是自律的良知，失去了良知，就不可能有"信"的存在。

见义不为

子张问:"十世❶可知也?"子曰:"殷因于夏礼,所损益可知也;周因❷于殷礼,所损益❸可知也。其或继周者,虽百世,可知也。"

子曰:"非其鬼❹而祭之,谄❺也。见义❻不为,无勇❼也。"

> **注释**

❶ 世:古时称30年为一世。也有的把"世"解释为朝代。
❷ 因:因袭,沿用、继承。
❸ 损益:损,减少;益,增加。损益就是减少和增加。
❹ 鬼:这里泛指鬼神。
❺ 谄:谄媚、阿谀。
❻ 义:义举,人应该做的事就是义。
❼ 无勇:勇,果敢,勇敢。无勇就是懦弱。

> **解读**

子张问孔子:"十世以后(的礼仪制度)可以预先知道吗?"孔子回答说:"商朝继承了夏朝的礼仪制度,所减少和所增加的内容是可以知道的;周朝又继承商朝的礼仪制度,所废除的和所增加的内容也是可以知道的。将来有继承周朝的,就是一百世以后的情况,也是可以预先知道的。"

孔子说："不是你应该祭的鬼神，你却去祭它，这就是谄媚。见到应该挺身而出的事情，却袖手旁观，就是怯懦。"

感悟

孔子提出了一个重要概念：损益。它的含义是增减、兴革，就是对前代典章制度、礼仪规范等有所继承和沿袭，也有改革和变通。这表明，孔子本人并不是顽固保守派，并不认为一定要回到周公时代，他也不反对应有的改革。

当然，孔子认为损益程度是要受限制的，是以不改变周礼的基本性质为前提，这是从殷商文化演变而来的古老法则。有所损益，同时要符合历史发展的轨迹，符合现实社会的需要，但是，绝对不能违背周礼。

孔子为什么要维护周礼呢？周礼是由周公制定、创建的一整套具体可操作的礼乐制度，包括饮食、起居、祭祀、丧葬等。周朝建立伊始，周公将从远古到殷商时的礼乐进行大规模的整理、改造，使其成为系统化的社会典章制度和行为规范，从而形成孔子所景仰的"郁郁乎文哉"的礼乐文化，并在其统辖范围内全面推行礼乐之治。

周礼目的是以周人的标准来规范各族和各代礼乐内容，并通过制度的形式推行到各个不同等级的统治阶级中去；其意义在于扩大周文化的影响，加强周人血亲联系和维护宗法等级秩序；其本质是"经国家，定社稷，序民人，利后嗣"。周礼把社会生活的方方面面，都纳入"礼"的范畴，潜移默化地规范人们的行为，对维护封建宗法制度具有巨大的制约作用，因此深受孔子推崇。

八佾篇第三

本篇是《论语》的第三篇,共二十六章。编者取第一章"孔子谓季氏,八佾舞于庭"中的"八佾"两字为篇名。其中,记孔子直接论述十八章,记孔子答君主、大臣、学生问五章,答有人问二章,记仪封人请见一则。

本篇主要内容涉及"礼"的问题,主张维护礼在制度上、礼节上的种种规定。孔子提出"绘事后素"的命题,表达了他的伦理思想以及"君使臣以礼,臣事君以忠"的政治道德主张。

礼是中国文化最重要的一环,也是孔子思想体系的重要组成部分。本篇围绕"礼"这一中心主要阐述了三个问题:

一、从正面论述"礼"对个人修养、治国安民、移风易俗的重要性,勉励人们学礼、遵礼、循礼而行。着重分析了礼的来源,礼的内涵与表现形式,学习礼的途径,礼的原则,礼的作用。

二、从反面严肃地批判、抨击非礼的僭越行为,揭露时弊而匡救其恶。

三、论述礼与乐的关系。立于礼,成于乐,以乐辅礼,而和民声。

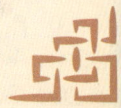

论 语

八佾舞于庭

孔子谓季氏❶："八佾❷舞于庭,是可忍❸也,孰不可忍也?"

三家❹者以《雍》❺彻,子曰:"'相维辟公,天子穆穆❻',奚取于三家之堂?"

> 注释

❶ 季氏:鲁国正卿季孙氏,这里指季平子。

❷ 八佾(yì):古代奏乐舞蹈行列的意思。古时一佾八人,八佾就是六十四人,据《周礼》规定,只有周天子才可以使用八佾,诸侯为六佾,卿大夫为四佾,士用二佾。季氏是正卿,只能用四佾。

❸ 可忍:可以容忍。

❹ 三家:鲁国当政的三家:孟孙氏、叔孙氏、季孙氏。他们都是鲁桓公的后代,称"三桓"。

❺ 《雍》:《诗经·周颂》中的一篇。古代天子祭宗庙完毕撤去祭品时唱的诗。

❻ 相维辟公,天子穆穆:《雍》诗中的两句。相,助祭者。维,语助词,无意义。辟公,指诸侯。穆穆,庄严肃穆。

> 解读

孔子谈到季氏,说:"他用六十四人在自己的庭院中奏乐起舞,这样的事都可以容忍，还有什么事不可以容忍的呢？"

孟孙氏、叔孙氏、季孙氏三家在祭祖完毕撤去祭品时，也命乐工唱《雍》这篇诗。孔子说："《雍》诗里说：'助祭的是诸侯，天子严肃静穆地在那里主祭。'这样的礼仪，怎么能用在你们三家的庙堂里呢？"

感悟

孔子谴责季氏超越等级名分的越礼行为。按《周礼·祭法》规定，祭祀祖先，天子用八佾，诸侯用六佾，大夫用四佾，士用二佾，依次递减，等级森严，不可逾越。而季氏在家庙祭祀中跳八佾舞，逾越了君臣之间的界限，破坏了固有的等级制度，这对于以维护周礼为己任的孔子来说，是决不能容忍的。

对此，孔子表现出极大的愤慨，我们从"是可忍孰不可忍"这句话中，就可以想象孔子的愤怒程度：如果这种事都能容忍，那么还有什么事不能容忍呢？

周礼规定的等级制度是为了稳定社会，也确实稳定了数百年之久。到春秋末期礼崩乐坏的时代，有些有权有势的卿大夫敢于僭越周礼，自行其是，越制享受，这表明周天子已经失去权威性，失去控制诸侯、卿大夫的实际能力。孔子维护周礼，是为了社会稳定，但他维护不了，礼崩乐坏乃大势所趋。孔子以后，社会就进入几百年战乱的战国时期。

论 语

人而不仁

子曰:"人而不仁,如礼何?人而不仁,如乐何?"

林放❶问礼之本。子曰:"大哉问!礼,与其奢也,宁俭。丧,与其易也,宁戚。"

子曰:"夷狄之有君,不如诸夏之亡❷也。"

注释

❶ 林放:鲁国人,字子丘。
❷ 亡:同"无"。古书中的"无"字多写作"亡"。

解读

孔子说:"一个人没有仁德,他怎么能实行礼呢?一个人没有仁德,他怎么能运用乐呢?"

林放问礼的本质。孔子回答说:"这个问题意义重大啊!礼,与其办得浪费,不如节俭。丧礼,与其办得周全,不如真正哀伤。"

孔子说:"夷狄虽然有君主,还不如中原诸国没有君主呢。"

感悟

林放问孔子什么是礼的根本,对于林放的问题,孔子似乎没有正面回答他,但是仔细琢磨后,孔子还是明确解答了礼之根本的问题。这就是,礼节仪式只是表达礼的一种形式,但根本不在于形式,而在于内心。

君子无所争

季氏旅❶于泰山，子谓冉有❷曰："女弗能救与？"对曰："不能。"子曰："呜呼！曾谓泰山不如林放乎？"

子曰："君子无所争，必也射❸乎！揖❹让而升，下而饮，其争也君子。"

注释

❶ 旅：祭祀名。祭祀山川为旅。当时，只有天子和诸侯才有祭祀名山大川的资格。

❷ 冉有：姓冉名求，字子有，孔子的弟子。

❸ 射：原意为射箭，此处指古代的射礼。

❹ 揖：拱手行礼，表示尊敬。

解读

季孙氏去祭祀泰山。孔子对冉有说："你难道不能劝阻他吗？"冉有说："不能。"孔子说："唉！难道说泰山神还不如林放知礼吗？"

孔子说："君子没有什么可与别人争的事情。如果有的话，那就是射箭比赛了。比赛时，先相互作揖谦让，然后上场。射完后，又相互作揖再退下来，然后登堂喝酒。这样的争，也是君子之争。"

论　语

感悟

孔子坚决反对季氏去祭祀泰山的越礼行为。季氏欲去祭祀泰山，这就是越礼的行为。而作为季氏宰相的冉求不能谏阻，因而孔子赞美林放的美德，用以讽刺泰山神，以表明自己维护礼制的态度。

孔子在这里所说的"君子无所争"，表明即使要争，也要彬彬有礼地争，这反映了孔子和儒家思想的一个重要特点，就是强调谦逊礼让，而鄙视无礼的、不公正的竞争，这在任何时候都是可取的。

绘事后素

子夏问曰:"'巧笑倩兮❶,美目盼兮❷,素以为绚兮❸。'何谓也?"子曰:"绘事后素❹。"曰:"礼后乎?"子曰:"起予者商也❺,始可与言《诗》已矣。"

子曰:"夏礼吾能言之,杞❻不足征❼也;殷礼吾能言之,宋❽不足征也。文献❾不足故也。足,则吾能征之矣。"

注释

❶ 巧笑倩兮:出自《诗经·卫风·硕人》。倩,笑靥美好的样子。巧笑倩兮指女子笑得美,笑得迷人。

❷ 美目盼兮:出自《诗经·卫风·硕人》。指美人眼珠黑白分明,非常美丽。

❸ 素以为绚(xuàn)兮:出自《诗经·卫风·硕人》。白底子上画着花卉呀。

❹ 绘事后素:绘,画。素,白色。

❺ 起予者商也:起,启发。予,我,孔子自指。商,子夏名商。

❻ 杞:春秋时国名,是夏禹的后裔,在今河南杞县一带。

❼ 征:证明。

⑧ 宋：春秋时国名，是商汤的后裔，在今河南商丘一带。

⑨ 文献：文，指历史典籍；献，指贤人。

解读

子夏问孔子："'笑得真好看啊，美丽的眼睛真明亮啊，用素粉来打扮啊。'这几句话是什么意思呢？"孔子说："这是说先有白底然后画画。"子夏又问："那么，是不是说礼乐也是在仁义之后呢？"孔子说："商，你真是能启发我的人，现在可以同你讨论《诗经》了。"

孔子说："夏朝的礼，我能说出来，但是它的后代杞国不足以证明我的话；殷朝的礼，我能说出来，但它的后代宋国不足以证明我的话。这都是由于文字资料和熟悉夏礼和殷礼的人不足的缘故。如果足够的话，我的话就可以得到证明了。"

感悟

子夏从孔子所讲的"绘事后素"中，领悟到仁先礼后的道理，他受到了孔子的称赞。就伦理学说而言：礼是指对行为起约束作用的外在形式，即礼节仪式；仁是指行礼的内心情操。

孔子删定五经，作《春秋》，虽能言夏、殷之礼，但其后代杞、宋二国，既无文献，又无贤人，无法验证，因而只好将行之于周的典制加以删定，付之记载成典。可见文献之重要，也可见孔子删定五经是多么注意求实、验证这样严谨的学风。

知其说者之于天下

子曰:"禘❶自既灌❷而往者,吾不欲观之矣❸。"

或问禘之说❹,子曰:"不知也。知其说者之于天下也,其如示诸斯❺乎!"指其掌。

祭如在,祭神如神在。子曰:"吾不与祭,如不祭。"

注释

❶ 禘:古代只有天子才可以举行的祭祀祖先的非常隆重的典礼。
❷ 灌:禘礼中第一次献酒。
❸ 吾不欲观之矣:我不愿意看了。
❹ 禘之说:说,理论、道理、规定。禘之说,意为关于禘祭的规定。
❺ 示诸斯:斯指后面的"掌"字。

解读

孔子说:"对于行禘礼的仪式,从第一次献酒以后,我就不愿意看了。"

有人问孔子关于举行禘祭的规定,孔子说:"我不知道。知道这种规定的人,对治理天下的事,就会像把东西摆在这里一样容易吧!"一面说一面指着他的手掌。

论 语

祭祀祖先就像祖先真在面前，祭神就像神真在面前。孔子说："我如果不亲自参加祭祀，那就和没有祭祀一样。"

感悟

在孔子看来，一个人如果活着时候创造了荣誉，去世后就不可能改变。在生时创造了无上荣誉，去世后也会享受到无上荣誉。

在这里，孔子对行禘礼的议论，反映出当时礼崩乐坏的状况，也表现了他对现状的不满。在孔子看来，调整人与人之间的关系，稳定社会秩序，是治国安邦的根本，所以掌握禘的仪式、程序和理论，也就掌握了治国的方法。

祭祀本来是一种信仰活动。人类最原始的两种信仰：一是天地信仰，二是祖先信仰。天地信仰和祖先信仰的产生是源于人类初期对自然界以及祖先的崇拜，由此产生了各种崇拜祭祀活动，拜天地、祭神明，祈求神明和祖先保佑风调雨顺，祈祷降福免灾。

自古祭祀对象分为三类：天神、地祇、人神。天神称祀，地祇称祭，宗庙称享。古代中国"神不歆非类，民不祀非族"，祭祀有严格的等级限制。天神地祇由君主祭，诸侯大夫祭山川，士庶祭祖先和灶神。

在鲁国的禘祭中，有些人不讲礼制，令孔子非常气愤。孔子认为，鲁国的禘祭，名分颠倒，不值得一看。所以有人问他关于禘祭的规定时，他故意说不知道。但紧接着又说，谁能懂得禘祭的道理，治天下就容易了。这就是说，谁懂得禘祭的规定，谁就可以恢复紊乱的"礼"了。

其媚于奥，宁媚于灶

王孙贾①问曰："与其媚②于奥③，宁媚于灶④，何谓也？"

子曰："不然。获罪于天⑤，无所祷也。"

子曰："周监⑥于二代⑦，郁郁乎文哉，吾从周。"

注释

① 王孙贾：卫灵公的大臣，时任大夫。

② 媚：谄媚、巴结、奉承。

③ 奥：这里指屋内位居西南角的神。

④ 灶：这里指灶旁管烹饪做饭的神。

⑤ 天：以天喻君，一说天即理。

⑥ 监：同鉴，借鉴的意思。

⑦ 二代：这里指夏代和商代。

解读

王孙贾问道："与其奉承奥神，不如奉承灶神。这话是什么意思？"

孔子说："不是这样的。如果得罪了天，在哪里祷告也没有用。"

孔子说："周朝的礼仪制度借鉴于夏、商二代，是多么丰富多彩啊。我遵从周朝的制度。"

论 语

感悟

从表面上看,孔子似乎回答了王孙贾的有关拜神问题,实际上讲出了一个深奥道理:地方上的官员直接管理着百姓的生产与生活,是非常辛苦的,在朝廷内的官员与君主往来密切,是得罪不得的。

孔子对夏商周的礼仪制度等有深入的研究,他认为历史是不能割断的,后一个王朝要对前一个王朝必然有承继和沿袭。遵从周礼,这是孔子的基本态度,但这不是绝对的,在前面篇章里,孔子就提出要对夏商周的礼仪制度都应有所"损益"。

周代礼制完整地讲应称之为礼乐制度,分礼和乐两个部分:礼的部分主要是对人的身份进行划分和社会规范,最终形成等级制度;乐的部分主要是基于礼的等级制度,运用音乐缓解社会矛盾。前者是所有制度的基础和前提,后者是制度运行的形式和保障。周礼是以周人的标准来规范各族和各代礼乐内容,并通过制度形式推行到各个不同等级的人群中去,以维护社会等级秩序。

每事问

子入太庙❶,每事问。或曰:"孰谓鄹❷人之子知礼乎?入太庙,每事问。"子闻之,曰:"是礼也。"

子曰:"射不主皮❸,为力不同科❹,古之道也。"

子贡欲去告朔❺之饩羊❻。子曰:"赐也!尔爱❼其羊,我爱其礼。"

子曰:"事君尽礼,人以为谄也。"

注释

❶ 太庙:君主的祖庙。鲁国太庙,即周公旦的庙,供鲁国祭祀周公。

❷ 鄹(zōu):春秋时鲁国地名,在今山东曲阜附近。

❸ 皮:箭靶子。

❹ 科:等级。

❺ 告朔:朔,农历每月初一为朔日。告朔,古代制度,天子每年秋冬之际,把第二年的历书颁发给诸侯,告知每个月的初一日。

❻ 饩(xì)羊:祭祀用的活羊。饩,活的牲口。

❼ 爱:爱惜的意思。

论　语

解读

孔子到太庙，每件事情都要问。有人说："谁说孔子懂得礼？他进了太庙，每件事都要问别人。"孔子听了这话，说："这正是礼啊！"

孔子说："比赛射箭，不在于穿透靶子，因为各人的力气大小不同。自古以来就是这样。"

子贡提出免去每月初一日告祭祖庙用的活羊。孔子说："赐，你爱惜那只羊，我却爱惜那种礼。"

孔子说："奉事君主，竭尽臣礼，别人以为是谄媚。"

感悟

孔子以谦虚好问、恭敬诚实为好礼。太庙即周公庙，周公为鲁国始封之君，故其庙称太庙。所以孔子入太庙助祭。这说明孔子并不以"礼"学专家自居，而是虚心向人请教，同时也说明孔子对周礼的恭敬态度。

谦虚是指虚心，不夸大自己的能力或价值，没有虚夸或自负，不鲁莽或不一意孤行。还指当一个人有信心地做出决定或采取行动之前，能够主动向他人请教或征求意见的习惯。谦卑是一种智慧，是为人处世的黄金法则，懂得谦卑的人，必将得到人们的尊重，受到世人的敬仰。

孔子在太庙事事都向人询问，正是他谦虚品质的体现。他的行为虽然不被少数人理解，但是却被后世千秋万代人所景仰。

孔子崇德尚礼而叹周礼废弛。春秋以来，诸侯兼并，崇尚武力，把弓箭作为锐利武器，孔子对此表示非常不满，认为背弃了古礼，实质是反对诸侯兼并战争。

成事不说，遂事不谏

定公❶问："君使臣，臣事君，如之何？"孔子对曰："君使臣以礼，臣事君以忠。"

子曰："《关雎》❷，乐而不淫❸，哀而不伤❹。"

哀公问社❺于宰我，宰我❻对曰："夏后氏以松，殷人以柏，周人以栗，曰：使民战栗。"

子闻之，曰："成事不说，遂事不谏，既往不咎。"

注释

❶ 定公：鲁国国君，姓姬名宋，定是谥号。公元前509—前495年在位。

❷ 《关雎》：《诗经·国风》的第一首诗歌，是一首描写男女恋爱的情歌。

❸ 乐而不淫：快乐却不是没有节制。淫，过分。朱熹《集注》："淫者，乐之过而失其正者也。"

❹ 哀而不伤：悲哀却不至于过于悲伤。朱熹《集注》："伤者，哀之过而害于和者也。"

❺ 社：土地神，祭祀土神的庙也称社。

❻ 宰我：名予，字子我，孔子的学生。

论 语

解读

鲁定公问孔子:"君主怎样使唤臣下,臣子怎样侍奉君主呢?"孔子回答说:"君主应该按照礼的要求去使唤臣子,臣子应该以忠来侍奉君主。"

孔子说:"《关雎》这首诗,快乐而不放荡,悲哀而不痛苦。"

鲁哀公问宰我,土地神的神主应该用什么树木,宰我回答:"夏朝用松树,商朝用柏树,周朝用栗子树。用栗子树的意思是说使老百姓战栗。"

孔子听到后说:"已经做过的事不用提了,已经完成的事不用再去劝阻了,已经过去的事也不必再追究了。"

感悟

鲁定公继位时,公室更加衰弱,臣子经常有失礼的地方,所以向孔子请教,以救其弊。孔子根据昭公失败被逐的惨痛历史教训,提出"君使臣以礼,臣事君以忠"的君臣关系原则,认为只有君王尊敬臣子,臣子才会忠诚于君王。

忠诚简而言之就是捍卫。就是为了正义事业无条件地付出自己的一切,全方位精准打击敌对势力,不遗余力地匡扶正义正气。竭尽全力,肝脑涂地,让使命必然获得成功。

在古代,"忠诚"就是指忠君爱国,对君主忠贞,对国家挚爱。"忠君"就是要忠于自己的君主,"爱国"就是要热爱自己的父母之邦。在古代君主制国家,客观上来讲,君主是国家利益的代表,忠君与爱国具有历史和逻辑的统一性。

管仲之器小哉

子曰:"管仲①之器小哉!"或曰:"管仲俭乎?"曰:"管氏有三归②,官事不摄③,焉得俭?"

"然则管仲知礼乎?"曰:"邦君树塞门,管氏亦树塞门④;邦君为两君之好有反坫,管氏亦有反坫⑤。管氏而知礼,孰不知礼?"

注释

① 管仲:姓管名夷吾,字仲,齐国人,齐桓公的宰相,辅助齐桓公成为诸侯的霸主。
② 三归:相传是三处藏钱币的府库。
③ 摄:兼任。
④ 树塞门:树,树立。塞门,在大门口筑的一道短墙,以别内外,相当于屏风、照壁等。
⑤ 反坫(diàn):古代君主招待别国国君时,放置献过酒的空杯子的土台。

解读

孔子说:"管仲这个人的器量真是狭小呀!"有人说:"管仲节俭吗?"孔子说:"他有三处豪华的藏金府库,他家里的管事也是一人一职而不兼任,怎么谈得上节俭呢?"

论 语

那人又问:"那么管仲知礼吗?"孔子回答:"国君大门口设立照壁,管仲在大门口也设立照壁。国君同别国国君举行会见时,在堂上有放空酒杯的土台,管仲也有这样的土台。如果说管仲知礼,那么还有谁不知礼呢?"

感悟

齐国国相管仲在政治上"官事不摄",不能扼要统率,因人设官,叠床架屋,这些都是不节俭的表现,孔子因此得出"焉得俭"的看法。

孔子由"俭"又引出"知礼"的问题,他提出管仲有"树塞门"和"反坫"的事实,与国君分庭抗礼,认为他有违礼制,因而得出"管氏而知礼,孰不知礼"的结论。不过,在另外篇章里,孔子也对管仲有肯定性评价。

子语鲁大师乐

子语①鲁大师②乐曰："乐其可知也：始作，翕③如也；从之，纯如也，皦④如也，绎如也，以成。"

仪封人⑤请见，曰："君子之至于斯也，吾未尝不得见也。"从者见之。出曰："二三子何患于丧乎？天下之无道也久矣，天将以夫子为木铎。"

子谓《韶》⑥："尽美矣，又尽善也。"谓《武》⑦："尽美矣，未尽善也。"

子曰："居上不宽，为礼不敬，临丧不哀，吾何以观之哉？"

> **注释**
>
> ① 语：告诉，动词用法。
> ② 大师：乐官名。
> ③ 翕（xī）：意为合、聚、协调。
> ④ 皦（jiǎo）：音节分明。
> ⑤ 仪封人：仪为地名，在今河南兰考县境内。封人，系镇守边疆的官。
> ⑥ 《韶》：相传是虞舜时的乐曲名，歌颂舜的功业。
> ⑦ 《武》：相传是周武王时的乐曲名，歌颂周武王的功业。

论　语

解读

孔子对鲁国乐官谈论演奏音乐的道理说："奏乐的道理是可以知道的：开始演奏，各种乐器合奏，声音繁美；继续展开下去，悠扬悦耳，音节分明，连续不断，最后完成。"

仪这个地方的长官请求见孔子，他说："凡是君子到这里来，我从没有见不到的。"孔子的随从学生引他去见了孔子。他出来后对孔子的学生们说："你们几位何必为没有官位而发愁呢？天下无道已经很久了，上天将以孔夫子为圣人来传道于天下。"

孔子谈论《韶》乐："音调优美而内容完善。"谈论《武》乐："音调优美而内容不够完善。"

孔子说："居于执政地位的人，不能宽厚待人，行礼的时候不严肃，参加丧礼时也不悲哀，这种情况我怎么能看得下去呢？"

感悟

孔子对学生的教育内容极为丰富和全面，乐理就是其中之一，反映了他的音乐思想和音乐欣赏水平。

孔子的弟子通过仪封人之口说明孔子的思想是复兴圣道。不管在位施政也好，在野宣传教化也好，仪封人和孔子的弟子都把孔子看成是秉承天命而生、创立法度以垂教后世者，是复兴圣道的旗帜。

里仁篇第四

本篇是《论语》的第四篇，共二十六章。编者取第一章"里仁为美"一句中的"里仁"两字为篇名。其中，记孔子直接论述二十四章，记孔子与曾子对话一章，记子游论述一章。

本篇孔子集中地论述了仁的学说。仁是孔子思想的核心，也是他心目中最高的、最完美的道德追求。

一、从"择仁以处"出发阐明仁的重要性。只有仁者，才能"长处乐"，才能"成名"，才能"去恶"，成为一个完人。因而教育人们努力求仁，做到"无终食之间违仁，造次必于是，颠沛必于是"。

二、从自己"一以贯之"追求仁出发，论述仁的体与用。仁之体，是内心修养、达到仁的境界。仁之用，具有推己及人等精神，即曾子所理解的"忠、恕"之道等。它包容万象，涵盖面广，忠、孝、礼、义、敬、敏、惠、让等都是它的外用。以这些来感化他人，使其成仁。

三、以子游的话作结，勉励人们实行仁道也要注意方式方法。要多体会历史，多体会人生，因地、因时制宜去实行它。

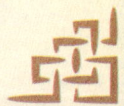

论 语

里仁为美

子曰:"里仁❶为美。择不处仁,焉得知?"

子曰:"不仁者,不可以久处约❷,不可以长处乐。仁者安仁,知者利仁。"

注释

❶ 里仁:居住在有仁德的地方。里,居住。
❷ 约:穷困、困窘。

解读

孔子说:"跟有仁德的人住在一起,才是好的。如果你选择的住处,不是跟有仁德的人在一起,怎么能说你是明智的呢?"

孔子说:"没有仁德的人不能长久处在贫困中,也不能长久处在安乐中。有仁德的人是安于仁道的,有智慧的人则是知道仁对自己有利才去行仁的。"

感悟

孔子针对时弊,教育学生施行礼治要以宽、敬、哀为准则。对于当政者,孔子认为,倘若为官执政者做不到"礼"所要求的那样,自身的道德修养不够,那么这个国家就无法得到治理。孔子还认为,环境对人的影响很大,耳濡目染,相沿成习,所以择地而居,是古代的优良传统。

唯仁者能好人

子曰："唯仁者，能好①人，能恶②人。"

子曰："苟③志④于仁矣，无恶也。"

子曰："富与贵⑤，是人之所欲⑥也；不以其道得之，不处也。贫与贱，是人之所恶也；不以其道得之，不去也。君子去仁，恶乎成名？君子无终食之间违仁，造次必于是，颠沛必于是。"

注释

① 好（hào）：喜爱的意思。
② 恶（wù）：憎恶、讨厌。
③ 苟：如果。
④ 志：立定志向。
⑤ 富与贵：富，财富。贵，身份高贵。
⑥ 欲：欲望，盼望，想要得到。

解读

孔子说："只有那些有仁德的人，才能公正地做到喜爱人和厌恶人。"

孔子说："如果立志于仁，就不会做坏事了。"

论 语

孔子说:"发财和显贵是人们所盼望的,假如用不正当的手段去得到它们,君子是不会接受的。穷困和低贱是人们所厌恶的,假如不是通过正当的途径摆脱它们,君子是不会去做的。君子离开了仁,怎么成就他的名声呢?君子即使是一顿饭的时间也不会违背仁德;仓促、匆忙的时候坚守仁德;颠沛流离的时候也会坚守仁德。"

感悟

孔子认为论述只有以仁为依据,才能审察人的善恶。仁者,是具有最高美德的人,其心中坦荡无私,站在公正立场上,所以能够明善辨恶。

只要养成了仁德,就不会去做坏事,就不会犯上作乱、为非作歹,也不会骄奢淫逸、随心所欲,就可以做有益于国家、有利于百姓的善事了。

孔子首先论述的是有仁心的人怎样对待富贵贫贱。富与贵、功名与地位都是人们所喜欢的,但是,如果不以正当途径得来,君子是看不起的。

好仁恶不仁

子曰:"我未见好仁者①,恶②不仁者。好仁者,无以尚③之;恶不仁者,其为仁矣,不使不仁者加乎其身。有能一日用其力④于仁矣乎?我未见力不足者。盖⑤有之矣,我未之见也。"

子曰:"人之过⑥也,各于其党⑦。观过,斯知仁矣。"

子曰:"朝闻道⑧,夕⑨死可矣!"

注释

① 好(hào)仁者:好,喜爱。喜欢仁德的人。
② 恶(wù):厌恶。与"好"相对。
③ 尚:动词,超过,再好不过。
④ 用其力:用他自己的力量。
⑤ 盖:副词,带疑问语气,大概、或许。
⑥ 过:过错,过失。
⑦ 党:古代地方户籍编制单位,500家为党。党人,指同乡人。党友,指志向相近、立场相似、经常在一起的人。
⑧ 朝闻道:朝,早上;道,仁道,真理。
⑨ 夕:晚上。

论　语

解读

　　孔子说："我未曾见过爱好仁的人，也未曾见过憎恶不仁的人。爱好仁的人，那是再好也没有的了；憎恶不仁的人，他对待仁，只是不使不仁的东西加在自己的身上。有谁能花一天之力来用在仁上吗？我未曾见过心有余而力不足的。大概这样的人还是有的，但我没有见过罢了。"

　　孔子说："人们的错误，总是与他那一类人所犯错误性质是一样的。所以，考察一个人所犯的错误，就可以知道他有没有仁德了。"

　　孔子说："早晨理解了真理，就是当天晚上死去也心甘。"

感悟

　　孔子特别强调个人的道德修养，尤其是仁德的情操。但是在当时动荡的社会中，爱好仁德的人已经不多了，所以孔子说他没有见到这样的人。孔子认为，仁德的修养，主要是靠个人自觉努力，因为经过个人努力，是完全可以达到仁的境界的。

　　孔子还认为，人之所以犯错误，从根本上讲是他没有仁德。有仁德的人往往会避免错误，没有仁德的人就无法避免错误。这从另一角度讲了加强道德修养的重要性。

　　在儒家看来，人生修养主要是道德的自我修养，也就是保持人的本心，造就道德上的完满人格，最终实现人生的最高理想。儒家认为，人性之善也就是自然界至高无上的善，通过后天的学习、教育等过程，人性可以向更加完善的境界发展，最终达到一个共同的善的境界。所以，人经过不断地修身努力，在现实世界就可以成就理想人格。

士志于道

子曰："士志于道，而耻恶衣恶食❶者，未足与议也。"

子曰："君子之于天下也，无适❷也，无莫❸也，义之与比❹。"

子曰："君子怀德❺，小人怀土❻；君子怀刑❼，小人怀惠。"

注释

❶ 恶（è）衣恶食：穿破衣，吃粗粮。

❷ 适：意为亲近、厚待。

❸ 莫：这里的意思为疏远、冷淡。

❹ 义之与比：符合道义，就向它靠拢。义，适宜、妥当；比，亲近、相近、靠近。

❺ 怀德：怀念道德修养。怀，思念。

❻ 小人怀土：小人怀恋土地。小人，道德品质不好的人。

❼ 刑：法制、惩罚。

解读

孔子说："有些人立志于追求真理，但又以自己穿破旧的衣服吃粗糙的食物为耻辱，对这种人，是不值得与他讨论的。"

孔子说："君子对天下的事情，没先入为主地规定可以干什么，也没规定不可以干什么，只是按照义来办事。"

论 语

孔子说:"君子关心的是道德教化,小人关心的是乡土田宅;君子关心的是法度,小人关心的是恩惠。"

感悟

孔子勉励学生要专心致志地求道,要不为世俗所累。他认为,一个人斤斤计较于个人的吃穿等生活琐事,是不会有远大志向的。因此,根本就不必与这样的人去讨论什么道的问题。

孔子眼中的君子,处世刚毅坚卓,发愤图强,永不停息;有所为有所不为,达则兼济天下,穷则独善其身;为人如大地一般,厚实和顺,仁义道德,容载万物。

小人卑鄙无耻、阴险狡诈、口是心非、颠倒是非、厚颜无耻、贪得无厌、自私自利、唯利是图、见利忘义、背信弃义。谁得势就依附谁,谁失势就舍弃谁,当面是人,背后是鬼。

君子与小人是两个不同类型的人格形态,孔子认为君子具有高尚的道德,他们胸怀远大,视野开阔,考虑的是国家和社会的事情,而小人则只知道思恋乡土、小恩小惠,考虑的只有个人和家庭的生计。因此,君子是可敬的,小人是可鄙的。

不患无位

子曰:"放❶于利而行,多怨。"

子曰:"能以礼让❷为国乎?何有❸?不能以礼让为国,如礼何❹?"

子曰:"不患无位❺,患所以立❻。不患莫己知❼,求为可知也。"

注释

❶ 放:同"仿",引申为追求。

❷ 礼让:有礼貌地谦让。礼,礼仪、礼貌。

❸ 何有:其意为"何难之有"。

❹ 如礼何:把礼怎么办?

❺ 不患无位:不要担心没有职位。患,担心、忧虑;位,职位,这里指官职。

❻ 立(wèi):通"位"。立身的职位。

❼ 莫己知:不了解自己。为"莫知己"的倒装句,宾语提前。

解读

孔子说:"为追求个人利益而行动,就会招致很多的怨恨。"

论 语

孔子说:"能够用礼让原则来治理国家,那还有什么困难呢?不能用礼让原则来治理国家,还要礼干什么?"

孔子说:"不担忧没有职位,只担忧没有能够胜任职位的本领;不怕没有人知道自己,去追求足以使别人知道自己的本领好了。"

感悟

孔子主张礼让,认为能以礼让治国,治国其实并不难。但是礼有本质与形式的区别,国家的礼仪,必须要有"礼让为国"的本质,使内在与形式统一。如果只讲究礼的表面形式,而舍弃了礼的本质,也就没有作用了。礼在我国古代是社会的典章制度和道德规范。作为典章制度,它是社会政治制度的体现,是维护上层建筑的。

在孔子以前,已有夏礼、殷礼、周礼。夏、殷、周三代之礼,因革相沿,到周公时代的周礼,已比较完善。孔子说:"人而不仁,如礼何?"治国无礼则"官失其体,政事失其施",所以"礼之所兴,众之所治也;礼之所废,众之所乱也"。显而易见,放弃礼和礼治,理想的社会便无法建立和维持了。

在本章,孔子还说:"不患无位,患所以立。"孔子并非不想成名成家,并非不想身居要职,而是希望他的学生必须首先立足于自身的学问、修养、才能的培养,具备足以胜任官职的各方面素质,而后再去实现自己的抱负。

君子喻于义

子曰:"参乎,吾道一以贯①之。"曾子曰:"唯。"子出,门人问曰:"何谓也?"曾子曰:"夫子之道,忠恕而已矣。"

子曰:"君子喻②于义,小人喻于利。"

子曰:"见贤③思齐焉,见不贤而内自省④也。"

注释

① 贯:贯穿、贯穿始终。
② 喻:明白、懂得、知道。
③ 贤:有德行的人,有才能的人,也称贤士。
④ 省:反省,自我反省。

解读

孔子说:"参啊,我讲的道是由一个基本的思想贯彻始终的。"曾子说:"是。"孔子出去之后,同学便问曾子:"这是什么意思?"曾子说:"老师的道,就是忠恕罢了。"

孔子说:"君子明白大义,小人只知道小利。"

孔子说:"见到贤人,就应该向他学习、看齐;见到不贤的人,就应该自我反省。"

论 语

感悟

　　孔子认为自己学说中始终贯穿如一的是"道"。在这里,孔子提出了"吾道以一贯之"的问题,但用什么贯穿没有明确解释。

　　孔子提出提高个人道德修养的方法之一,即见贤思齐,见不贤内自省。实际上这就是取人之长补己之短,同时又以别人的过失为鉴,不重蹈别人覆辙,这是一种理性主义态度,在今天仍不失为精辟之见。

事父母几谏

子曰："事父母，几❶谏。见志不从，又敬不违，劳❷而不怨。"

子曰："父母在，不远游❸。游必有方❹。"

子曰："三年无改于父之道，可谓孝矣。"

子曰："父母之年，不可不知也。一则以喜❺，一则以惧❻。"

注释

❶ 几：轻微、婉转的意思。

❷ 劳：忧愁、烦劳的意思。

❸ 游：指游学、经商等外出活动。"父母在，不远游"是先秦儒家关于孝道的具体内容之一。

❹ 方：一定的地方，含安顿父母之意。

❺ 喜：高兴，为什么而高兴。

❻ 惧：害怕、恐惧，为什么而害怕。

解读

孔子说："侍奉父母，如果他们有不对的地方，应婉转地劝说他们。看到自己的意见没有被听从，也依然恭敬而不冒犯他们，虽然忧愁但不埋怨。"

孔子说："父母在世，不远离家乡；如果不得已要出远门，也必须要

论 语

有一定的去处。"

孔子说:"三年之内不改变父亲生前奉行的准则,可以说是孝了。"

孔子说:"父母的年龄,不可以不知道。一方面为他们的长寿而高兴,一方面又为他们的衰老而担忧。"

感悟

孔子谈论孝道时,鼓励人们劝谏父母应持正确方法,还教人们远游时讲清去处,安顿好父母,免得父母担心。孔子教育人们应当看到父母年寿已高就要及时行孝,这样才做到了孝道。

春秋末年,社会动荡不安,臣弑君、子弑父的犯上作乱之事时有发生。为了维护宗法家族制度,孔子特别强调了"孝"。

孔子认为,孝悌关乎国家的安危,社稷的兴衰,只要推行孝悌便会政治清明,国泰民安。这与当时的时代背景是有一定关系的,在当时,周天子实行嫡长子继承制,其余庶子则分封为诸侯,诸侯以下也是如此。整个社会从天子、诸侯到大夫这样一种政治结构,其基础是封建的宗法血缘关系,而孝悌说正反映了当时宗法制社会的道德要求。

孝悌与社会的安定有直接关系。孔子看到了这一点,所以他的全部思想主张都是由此出发的,他从为人孝悌就不会发生犯上作乱之事这点上,说明"孝悌即为仁的根本"这个道理。

里仁篇第四

古者言之不出

子曰："古者言之不出❶，耻躬之不逮也❷。"

子曰："以约失❸之者鲜矣。"

子曰："君子欲讷❹于言而敏于行。"

子曰："德不孤，必有邻❺。"

子游曰："事君数❻，斯辱矣；朋友数，斯疏矣。"

注释

❶ 古者：古之君子；言之不出，话不轻易说出口。

❷ 耻躬之不逮也：（他们）以自己说了做不到为耻。耻，以……为耻；躬，亲自，自身；逮，及，赶上。

❸ 失：过失、错误。

❹ 讷：迟钝。这里指说话要谨慎。

❺ 德不孤，必有邻：有道德的人不会孤独，一定会有知音与他为邻。孤，孤单、孤立。

❻ 数（shuò）：屡次、多次，引申为烦琐的意思。

解读

孔子说："古代人不轻易把话说出口，因为他们以自己做不到为可

论 语

耻啊！"

孔子说："用礼来约束自己还是要犯错误的人，很少。"

孔子说："君子说话要谨慎，而行动要敏捷。"

孔子说："有道德的人是不会孤立的，一定会有人来与他亲近。"

子游说："侍奉君主太过烦琐了，就会受到侮辱；对待朋友太烦琐了，就会被疏远。"

感悟

孔子教人要少说多做，言行一致，教导人们出言要慎重，一言既出，驷马难追，必须言而有信，认为这也是一种仁的修养。他还认为，有仁德的人"重然诺"，言必信，说到做到。"轻诺则寡信"，所以不能轻易地对人许诺，而应当慎言。

从这里我们可以看出，孔子不仅重视学生德行的培养，其实对语言艺术也非常重视，特别是主张慎言。他不但对学生如此，对自己也是这样。我们看《春秋》就可以发现，他用语极为简练，几乎每一字都暗藏褒贬，所以人们称之为"春秋笔法"。

另外，我们通过孔子到鲁国太庙，每事都要询问，也可以看出孔子在言谈举止上确实做到了谨言慎行。所以，他教育弟子"言之不出"，唯恐"耻躬之不逮也"，应"讷于言而敏于行"，最终培养出了如宰我、子贡等一批擅长论辩的弟子。

公冶长篇第五

本篇是《论语》的第五篇,共二十八章。编者取第一章第一句"子谓公冶长"中的"公冶长"为篇名。其中,记孔子直接论述十七章,记孔子与大夫、学生、他人对话十章,记子贡赞美孔子一章。

本篇以仁德为依据,采用孔子直接评论,与学生、他人讨论、对话等方式评述古今人物的贤愚得失,体现了孔子的道德准则和政治理想。评论分三种类型:

一、表彰善人、贤人,并肯定其德行。如表扬南容,肯定其善于处世;赞扬晏平仲,肯定其善与人交;赞扬子产,肯定其有君子之道等。

二、既有表扬,又有批评。如赞扬子路之勇,又指出其好斗;赞扬季文子能三思而行,又指出其多思之失等。

三、批评愚人、懒人。如批评臧文仲奢侈愚蠢;批评宰予懒惰、申枨不刚、微生高不直等。

在评论中我们还可以看出孔子如下思想:首先他从不以仁轻易许人。最多肯定人"有道""君子""忠""清"等,而把仁看作是最高的道德,很难达到。其次是评论人物以德为标准,没有偏见。再次是他的政治社会理想是"老者安之,朋友信之,少者怀之"。最后是熟悉教育对象,知人善任。

论 语

子谓公冶长

子谓公冶长❶："可妻也,虽在缧绁❷之中,非其罪也!"以其子❸妻之。

子谓南容❹："邦有道❺不废,邦无道免于刑戮。"以其兄之子妻之。

子谓子贱❻："君子哉若人,鲁无君子者,斯焉取斯?"

子贡问曰："赐❼也何如?"子曰："女,器也。"曰："何器也?"曰："瑚琏也。"

注释

❶ 公冶长:姓公冶名长,齐国人,孔子的弟子。
❷ 缧绁:捆绑犯人用的绳索,这里指牢狱。
❸ 子:古时无论儿、女均称子。
❹ 南容:姓南宫名适,字子容,孔子的学生。
❺ 道:孔子这里所讲的道,是说国家的政治符合最高的和最好的原则。
❻ 子贱:姓宓名不齐,字子贱,比孔子小49岁。
❼ 赐:子贡的名字。

解读

孔子评论公冶长说:"可以把女儿嫁给他,他虽然被关在牢狱里,但这并不是他的罪过呀。"于是,孔子就把自己的女儿嫁给了他。

孔子评论南容说:"国家有道时,他有官做;国家无道时,他也可以免去刑罚。"于是把自己的侄女嫁给了他。

孔子评论子贱说:"这个人真是个君子呀。如果鲁国没有君子的话,他是从哪里学到这种品德的呢?"

子贡问孔子说:"我是一个怎样的人?"孔子说:"你,是一个有用的器具。"子贡又问:"是什么器具呢?"孔子说:"是宗庙祭祀时盛黍稷的玉制瑚琏。"

感悟

孔子要求实事求是地对待公冶长。至于孔子为什么愿意将女儿嫁给公冶长,没有说明。但据资料记载,公冶长自幼家贫,勤俭节约,聪颖好学,博通书礼,德才兼备。相传他通鸟语,并因此无辜获罪。

孔子出于对诸侯干政的不满,又因对公冶长身陷囹圄而痛惜,便说:"公冶长虽在缧绁之中,非其罪也。"所以将女儿许他为妻。人们按孔子察人以德为标准加以推测,估计公冶长是一位有德的贤人。

在本章,孔子弟子宓子贱因为能够听取各方面意见,集思广益,出色地用德政治理单父,所以得到孔子的高度评价,被称之为君子。

孔子还评论子贡为瑚琏之器,认为他是国家的栋梁之材。瑚琏,虽然珍贵,但不常用,国家有重大祭祀,才取出来供在庙堂之上,孔子把子贡比为瑚琏之器,显示了他对子贡的重视。

论　语

雍也仁而不佞

或曰："雍❶也仁而不佞❷。"子曰："焉用佞？御人以口给❸，屡憎于人，不知其仁❹。焉用佞？"

子使漆雕开❺仕，对曰："吾斯之未能信。"子说❻。

子曰："道不行，乘桴浮于海，从我者，其由与！"子路闻之喜。子曰："由也好勇过我，无所取材。"

注释

❶ 雍：姓冉名雍，字仲弓，孔子的学生。
❷ 佞（nìng）：能言善辩，口才好。
❸ 口给：言语便捷、嘴快话多。
❹ 不知其仁：指冉雍有仁与否不可知。
❺ 漆雕开：姓漆雕名开，字子开，生于公元前540年，孔子的门徒。
❻ 说：同"悦"。

解读

有人说："冉雍这个人有仁德但不善辩。"孔子说："何必要能言善辩呢？靠伶牙利齿和人辩论，常常招致别人的讨厌，这样的人我不知道他是不是做到了仁，但何必要能言善辩呢？"

孔子让漆雕开去做官。漆雕开回答说："我对做官这件事还没有信心。"孔子听了很高兴。

孔子说："如果我的主张行不通，我就乘上木筏子到海外去。能跟从我的大概只有仲由吧！"子路听到这话很高兴。孔子说："仲由啊，好勇超过了我，其他方面就不可取了。"

感悟

孔子针对有人对弟子冉雍的评论，提出了自己的看法。他认为人只要有仁德就足够了，根本不需要能言善辩和伶牙俐齿，这两者在孔子观念中是对立的。善说的人肯定没有仁德，而有仁德者则不必有辩才。要以德服人，不要以嘴服人。

冉雍在孔门弟子中以德行著称，孔子对其有"雍也可使南面"之誉。这是孔子对其他弟子从来没有的最高评价。孔子临终时在弟子们面前夸奖他说："贤哉雍也，过人远也。"

束带立于朝

　　孟武伯问："子路仁乎？"子曰："不知也。"又问。子曰："由也，千乘之国，可使治其赋①也，不知其仁也。"

　　"求也何如？"子曰："求也，千室之邑②，百乘之家③，可使为之宰④也，不知其仁也。"

　　"赤⑤也何如？"子曰："赤也，束带立于朝⑥，可使与宾客⑦言也，不知其仁也。"

注释

① 赋：兵赋，向居民征收的军事费用。
② 千室之邑：邑是古代居民的聚居点，大致相当于后来的城镇。有一千户人家的大邑。
③ 百乘之家：指卿大夫的采地，当时大夫有车百乘，是采地中的较大者。
④ 宰：家臣、总管。
⑤ 赤：姓公西名赤，字子华，孔子的学生。
⑥ 束带立于朝：指穿着礼服立于朝廷。
⑦ 宾客：指客人和来宾。

解读

孟武伯问孔子:"子路做到仁了吧?"孔子说:"我不知道。"孟武伯又问。孔子说:"仲由嘛,在拥有一千辆兵车的国家里,可以让他管理军事,但我不知道他是不是做到了仁。"

孟武伯又问:"冉求这个人怎么样?"孔子说:"冉求这个人,可以让他在一个有千户人家的公邑或有一百辆兵车的采邑里当总管,但我也不知道他是不是做到了仁。"

孟武伯又问:"公西赤又怎么样呢?"孔子说:"公西赤嘛,可以让他穿着礼服,站在朝廷上,接待贵宾,我也不知道他是不是做到了仁。"

感悟

孔子评述弟子子路、冉求、公西赤之才而不言其仁,说明仁道至大,仁道难求。孟武伯问子路、冉求、公西赤是否具备仁德,因为他们都是孔子门下著名的弟子,但孔子含笑不作肯定的答复,意思是还没有达到仁的境界。

在孔子看来,他们虽然各有自己的专长,但所有这些专长都必须服务于礼制、德治的政治需要,必须要以具备仁德情操为前提。所以,孔子把"仁"放在了更高的地位上。

孔子把"仁"定义为"爱人",并解释说:"夫仁者,己欲立而立人,己欲达而达人。""为仁由己,而由乎人哉?"孔子在回答子张问仁时还说,"能行五者于天下,为仁矣",五者为恭、宽、信、敏、惠。也就是说,"仁"是最高的道德原则、道德标准和道德境界,不是每个人都能轻易达到的。

论 语

朽木不可雕

子谓子贡曰:"女与回也孰愈❶?"对曰:"赐也何敢望回?回也闻一以知十❷,赐也闻一以知二。"子曰:"弗如也。吾与❸女弗如也。"

宰予❹昼寝❺,子曰:"朽木不可雕也,粪土之墙不可杇❻也;于予与何诛?"

子曰:"始吾于人也,听其言而信其行;今吾于人也,听其言而观其行。于予与改是。"

注释

❶ 愈:胜过、超过。
❷ 十:指数的全体。
❸ 与:赞同、同意。
❹ 宰予:字子我,孔子的学生。
❺ 昼寝:白天睡觉。
❻ 杇(wū):泥工抹墙的工具,指把墙面抹平。

解读

孔子对子贡说:"你和颜回两个相比,谁更好一些?"子贡回答说:

"我怎么敢和颜回相比呢？颜回他听到一件事就可以推知十件事；我呢，知道一件事，只能推知两件事。"孔子说："是不如他呀，我和你都不如他。"

宰予在白天睡觉，孔子说："腐烂的木头是不能雕刻的，粪土垒的烂墙也不能粉刷；对于宰予啊！不值得我去责备他了。"

孔子说："最初，我对于他人，听到他的话，就相信他的行为；现在，我对他人，听到他的话，却还要考察他的行为了。从宰予这件事以后，我改变了观察人的方法。"

感悟

颜回是孔子最得意的弟子之一，他勤于学习，而且善于独立思考，能够做到闻一知十，推知全体，融会贯通。所以，孔子对他大加赞扬。而且，希望他的其他弟子都能像颜回那样，刻苦学习，举一反三，由此及彼，在学业上尽可能地事半功倍。

宰予昼寝，在课堂上打瞌睡，被孔子形容为"朽木"和"粪土之墙"。孔子说自己"以言取人，失之宰予"，并且从宰予那里改变了自己以往的不足，说："始吾于人也，听其言而信其行；今吾于人也，听其言而观其行。于予与改是。"

古时人们普遍认为应当遵循太阳的起落来调整自己的作息，做到日出而作，日落而息。孔子认为白天时光短暂，应该努力奋发。因此，他把宰予白天睡觉这一违背正常作息的举措看作懒惰和愚昧的表现，并加以严厉的斥责。

孔子提出了判断一个人的正确方法，即听其言而观其行。结合前后篇章有关内容可以看出，孔子对宰予的言论、行为均有不满，所以对其进行了严厉的斥责。

| 论 语

吾亦欲无加诸人

子曰："吾未见刚者。"或对曰："申枨①。"子曰："枨也欲，焉得刚？"

子贡曰："我不欲人之加诸②我也，吾亦欲无加诸人。"子曰："赐也，非尔所及③也。"

子贡曰："夫子之文章④，可得而闻也；夫子之言性⑤与天道⑥，不可得而闻也。"

注释

① 申枨（chéng）：姓申名枨，字周，孔子的学生。
② 诸：之于。
③ 非尔所及：不是你能做到的。
④ 文章：这里指孔子传授的诗、书、礼、乐等。
⑤ 性：人性。
⑥ 天道：天命。

解读

孔子说："我没有见过刚强的人。"有人回答说："申枨就是刚强的人。"孔子说："申枨这个人欲望太多，怎么能说是刚强呢？"

公冶长篇第五

子贡说:"我不愿别人强加在我身上的事情,我也不愿意强加于别人。"孔子说:"赐啊!这不是你所能做到的了。"

子贡说:"老师讲授的礼、乐、诗、书的知识,我们听得到;老师讲授的人性和天道的理论,我们就难得听到了。"

感悟

孔子向来认为,一个人的欲望多了,就会违背周礼。从这点来看,人的欲望过多不仅做不到"义",甚至也做不到"刚"。其实,孔子并不普遍反对人们的欲望,但他认为,如果要想成为有崇高理想的君子,就要舍弃各种欲望,一心向道。

在子贡看来,孔子所讲的礼乐诗书等具体知识是有形的,只靠耳闻就可以学到,但是关于人性与天道的理论,十分深奥神秘,不是通过耳闻就可以学到的,必须从内心进行感悟,才有可能把握得住。

子贡在孔门十哲中以言语闻名,利口巧辞,善于雄辩,办事通达,富有才干,曾任鲁国、卫国之相。孔子在评价时也说"赐(子贡)也达",所谓"达"就是通达事理,机敏权变。

敏而好学，不耻下问

子路有闻，未之能行，唯恐有闻。

子贡问曰："孔文子^❶何以谓之'文'也？"子曰："敏^❷而好学，不耻下问^❸，是以谓之'文'也。"

子谓子产^❹："有君子之道四焉：其行己也恭，其事上也敬，其养民也惠，其使民也义。"

子曰："晏平仲^❺善与人交，久而敬之^❻。"

子曰："臧文仲居蔡，山节藻棁，何如其知也？"

注释

❶ 孔文子：原名孔圉，卫国大夫，"文"是谥号，"子"是尊称。

❷ 敏：敏捷、勤勉。

❸ 不耻下问：比喻谦虚好学，不介意向学识和地位都不及自己的人请教。

❹ 子产：姬姓，公孙氏，名侨，字子产，又字子美，春秋末期郑国杰出的政治家和外交家。

❺ 晏平仲：齐国的贤大夫，名婴。

❻ 久而敬之："之"在这里指代晏平仲。

公冶长篇第五

解读

子路在听到一条道理但没有亲自实行的时候,唯恐又听到新的道理。

子贡问道:"为什么给孔文子一个'文'的谥号呢?"孔子说:"他聪敏,爱好学问,又谦虚,不以向不如自己的人请教为耻,因此用'文'字来作为他的谥号。"

孔子评论子产说:"他有君子的四种道德:行为庄重;侍奉君主恭敬认真;教养人民有恩惠;役使百姓有法度。"

孔子说:"晏平仲善于与人交朋友,相识久了,别人越发尊敬他。"

孔子说:"藏文仲盖房子给大乌龟住,柱子上雕着有山形的斗拱,大梁的短柱上画着花草,这样的人怎能算得上聪明呢?"

感悟

孔子认为孔文子有敏而好学和不耻下问的作风。认为子路能够闻善必行,有好勇之称,性格爽快,虽然鲁莽,但是专心向善,追求美好的德行,所以深得孔子喜爱。

子路勇于实践正道的精神是可贵的,但是过于拘泥,不会变通,以致在卫国发生父子争位之乱时,被卫灵公之子蒯聩杀死,白白断送了自己的性命。

子路少年时家贫,后来通过孔子学生的引荐,请求成为孔子的学生。他为人耿直鲁莽,果烈刚直,敢于对孔子提出批评,勇于改正错误,且多才多艺,事亲至孝,性格爽直,为人勇武,信守承诺,忠于职守,但因其逞勇好斗,常遭孔子痛责,说他"好勇过我,无所取材","不得其死"。

论　语

三已之，无愠色

子张问曰："令尹子文❶三仕为令尹，无喜色；三已❷之，无愠色❸。旧令尹之政，必以告新令尹。何如？"

子曰："忠矣。"曰："仁矣乎？"曰："未知。焉得仁？"

"崔子❹弑齐君，陈文子❺有马十乘，弃而违之，至于他邦，则曰：'犹吾大夫崔子也。'违之。之一邦，则又曰：'犹吾大夫崔子也。'违之，何如？"

子曰："清矣。"曰："仁矣乎？"曰："未知，焉得仁？"

注释

❶ 令尹子文：令尹，楚国的官名，相当于宰相。子文是楚国的著名宰相。

❷ 三已：已，停止，指免职。三已就是三次被免职。

❸ 愠色：恼怒、怨恨的神色。

❹ 崔子：齐国大夫崔杼。

❺ 陈文子：齐国的大夫，名须无。

解读

子张问孔子说："令尹子文几次做楚国宰相，没有显出高兴的样子；

几次被免职，也没有显出怨恨的样子。（他每一次被免职）一定把自己施行的一切政事都告诉新宰相。您看这个人怎么样？"

孔子说："可算得上忠了。"子张问："算得上仁了吗？"孔子说："不知道。这怎么能算得上仁呢？"

"崔杼杀了他的君主齐庄公，陈文子家有四十匹马，都舍弃不要了，离开了齐国，到了另一个国家，他说，这里的执政者也和我们齐国的大夫崔子差不多，就离开了。到了另一个国家，又说，这里的执政者也和我们的大夫崔子差不多，又离开了。这个人您看怎么样？"

孔子说："可算得上清高了。"子张说："可说是仁了吗？"孔子说："不知道。这怎么能算得上仁呢？"

感悟

孔子认为楚国宰相子文和陈文子，一个忠于君主，算是尽忠了；一个不与逆臣共事，算是清高了，但他们两人都还算不上仁。在孔子看来，"忠"只是仁的一个方面，"清"则是为了维护礼而献身的殉道精神。所以，仅有忠诚和清高还是远远不够的。

仁是孔子理想的最高境界，它不是个人处世的匹夫之仁或小恩小惠的妇人之仁，而是治理有方为民造福的大仁大义。

孔子说的这个仁，是有权势在手的统治者的仁，要这些人克服自己的私心欲望，遵守秩序，有步骤地管理国家。这很不容易，自古只有极少数的统治者能做到。孔子认为，他自己也不能做到，但他好学，常自我反省，希望能够接近仁。

三思而后行

季文子[1]三思而后行,子闻之曰:"再斯可矣。"

子曰:"宁武子[2],邦有道则知,邦无道则愚。其知可及也,其愚不可及也。"

子在陈曰:"归与!归与!吾党之小子狂简,斐然成章,不知所以裁之。"

注释

[1] 季文子:即季孙行父,春秋时期鲁国的正卿。
[2] 宁武子:姓宁名俞,卫国大夫,"武"是他的谥号。

解读

季文子做一件事要考虑多次。孔子听到了说:"考虑两次就行了。"

孔子说:"宁武子在国家有道时,就显得聪明;国家无道时,他就装傻。他的聪明别人可以做到,他装傻别人做不到。"

孔子在陈国说:"回去吧!回去吧!家乡的学生有远大志向,文采斐然,真不知该怎么指导他们。"

感悟

"三思而后行"是古人留下来的美德,孔子大体是赞成的,不过他又反对思虑过多而导致小心谨慎,所以他又说,考虑两次就行了。

伯夷叔齐不念旧恶

子曰:"伯夷、叔齐①不念旧恶,怨是用希。"

子曰:"孰谓微生高②直?或乞醯③焉,乞诸其邻而与之。"

子曰:"巧言、令色、足恭④,左丘明耻之,丘亦耻之。匿怨而友其人,左丘明耻之,丘亦耻之。"

注释

① 伯夷、叔齐:殷朝末年孤竹君的两个儿子。父亲死后,二人互相让位来到周文王那里。周武王起兵伐纣,他们认为是不忠不孝的行为。周灭商后,他们以吃周朝的粮食为耻,后饿死在首阳山中。

② 微生高:姓微生名高,鲁国人。

③ 醯(xī):醋。

④ 足恭:过分恭敬讨好人。

解读

孔子说:"伯夷、叔齐两个人不记过去的仇恨,心中的怨恨因此也就少了。"

孔子说:"谁说微生高这个人直率?有人向他讨点醋,他到他邻居家里讨了点给人家。"

孔子说:"花言巧语、装出好看的脸色、低三下四地逢迎他人,这

论 语

样的态度左丘明认为是可耻的，我也认为是可耻的。内心隐藏着怨恨而表面上却要和他人结交朋友，这样的人左丘明认为是可耻的，我也认为是可耻的。"

感悟

孔子赞美伯夷、叔齐不念旧恶的品德。他对于伯夷、叔齐是非常敬佩的，因为他们为了道德，为了信仰和人格，国君可以不当，出将入相的富贵功名也可以不要，这是明忠孝而识礼义的表现。

伯夷、叔齐是商朝末年孤竹君的两个儿子。孤竹君晚年立他的第三个儿子叔齐为继承人。孤竹君死后，叔齐要让位给长兄伯夷。伯夷不答应，叔齐也不愿继位，两人先后都逃往周国，投奔周文王。

周文王死后，周武王东进伐纣，叔齐和伯夷拉住武王的马劝谏，认为父丧而用兵，是不孝不仁。周武王大怒要杀死他们，被姜太公以义人之名制止，并命人搀扶他们离开。

周武王灭商后，他们二人逃到首阳山，不吃周朝的粮食，每天采野菜而食，最后饿死于首阳山。所以，孔子认为他们是仁人。这里则赞美他们不念旧恶的美德，能实行恕道，也就是具有仁德。

和鲁国太史左丘明一样，孔子反感"巧言令色"的做法，这在《学而》篇中已经提及。他提倡人要正直、坦率、诚实，不要口是心非或表里不一。

各言尔志

颜渊、季路侍❶。子曰:"盍❷各言尔志?"子路曰:"愿车马、衣轻裘,与朋友共,敝之而无憾。"颜渊曰:"愿无伐❸善,无施劳❹。"子路曰:"愿闻子之志。"子曰:"老者安之,朋友信之,少者怀之❺。"

子曰:"已矣乎,吾未见能见其过而内自讼者也。"

子曰:"十室之邑,必有忠信如丘者焉,不如丘之好学也。"

注释

❶ 侍:服侍,站在旁边陪着尊贵者叫侍。
❷ 盍(hé):何不。
❸ 伐:夸耀。
❹ 施劳:施,表白。劳,功劳。
❺ 少者怀之:让少者怀念我。

解读

颜渊、季路两个人侍立在孔子身边。孔子说:"何不各自说说你们自己的志向?"子路说:"我愿意把我的车、马和衣服与朋友共同使用,即使用破旧了,我也不抱怨。"颜渊说:"我不夸耀自己的优点和才干,不张扬自

论 语

己的功劳和业绩。"子路对孔子说:"很想听听老师您的志向。"孔子说:"我的志向是让年老的安心,让朋友们信任我,让年轻的弟子们怀念我。"

孔子说:"过去的就算了吧,我还没有看见过自己发现错误而能从内心深处责备自己的人。"

孔子说:"即使只有十户人家的小村子,也一定有像我一样讲忠信的人,只是不如我那样好学罢了。"

感悟

弟子颜渊、季路陪孔子闲坐,各言其志。子路表达了重义轻财之志,颜渊表达了仁人之志,孔子表达了天下大同的圣人之志。孔子及其弟子们自述志向,主要谈的还是个人道德修养以及为人处世的态度。

孔子以自己好学为榜样,激发弟子勤奋学习。他从来不认为自己是生而知之,而是学而知之者。他认为,即使十户人家的小邑中,也不难找到像自己一样的人。但是自己高于别人的地方,只是好学而已。

雍也篇第六

　　本篇是《论语》的第六篇，共三十章。编者取其首章"雍也可使南面"一句中的"雍也"两字为篇名。其中，记孔子直接论述二十章，记孔子答君主、大夫、学生问九章，记闵子骞辞费宰一章。

　　本篇承上篇，继续评述古今人物的贤愚得失，围绕"仁"展开。

　　一、评述学生的德、才。着眼于学生的品德、才能和知识等方面。如评论冉雍有治政之才，评论颜渊仁而好学，评论子路"果敢"、子贡"通达"、冉求"多艺"，均为从政之才等。

　　二、评论古今人物的才德。如评孟之反"不伐"，不自夸其功，评祝鮀之佞、宋朝之美等。

　　三、在评论中教给人们求仁之道。孔子认为，"仁"是人们追求的最高目标，人们修身养德都要经过这一阶段。他要求人们推己及人，将心比心，追求仁道，鼓励学生不要"中道而废"，要成为一个于国家有利的"君子儒"。

居敬而行简

子曰:"雍[1]也可使南面[2]。"

仲弓问子桑伯子[3]。子曰:"可也,简[4]。"仲弓曰:"居敬而行简[5],以临[6]其民,不亦可乎?居简而行简[7],无乃大简乎[8]?"子曰:"雍之言然[9]。"

注释

[1] 雍:孔子的学生,名冉雍,字仲弓。冉雍与冉耕,字伯牛,冉求,字子有,皆在孔门十哲之列,世称"一门三贤"。

[2] 南面:面朝南而坐,借指为官治政。

[3] 桑伯子:人名。事迹无考。

[4] 简:简要,不烦琐。

[5] 居敬而行简:平时态度严肃而办事简练。居敬,做事心存恭敬;行简,指推行政事简而不繁。

[6] 临:面临、面对。此处有"治理"的意思。

[7] 居简而行简:平时简单粗疏而办事简单。

[8] 无乃大简乎:岂不是太简单了吗?无乃,岂不是,用于反问;大,同"太"。

[9] 言然:说得对。

解读

孔子说:"冉雍这个人,可以让他去做官理政。"

仲弓问孔子桑伯子这个人怎么样。孔子说:"此人还可以,办事简要而不烦琐。"仲弓说:"居心恭敬严肃而行事简要,像这样来治理百姓,不是也可以吗?自己马马虎虎,又以简要的方法办事,这岂不是太简单了吗?"孔子说:"冉雍,这话你说得对。"

感悟

孔子肯定冉雍可使理政,冉雍便问鲁国桑伯子这个人的德行如何,孔子肯定了桑伯子为政精简和刑法较轻,不扰乱百姓,是难得的治国之才。

冉雍听后,对孔子的说法加以补充,提出桑伯子有"居敬行简"和"居简行简"的区别,前者主张政简刑轻而结合礼治,后者则不考虑礼治而是一味从简,而桑伯子之简正是后一类。

桑伯子是个隐士,因看不惯当时的社会现象而隐居山野,冉雍认为他居心无敬,而有倨傲之心,表现为倨傲的行为,其实也就是办事草率马虎。孔子认为冉雍的这种认识是对的。

孔子的学生跟随孔子学习,常向孔子提些问题,提出自己的看法和意见。孔子对他们的观点和看法该批评的批评,该肯定的肯定。这其实正是孔子向学生灌输自己价值观和人生观的一种教育方法。

论 语

不迁怒，不贰过

哀公问："弟子孰为好学？"

孔子对曰："有颜回者好学，不迁怒❶，不贰过❷，不幸短命❸死矣。今也则亡，未闻好学者也。"

子华❹使于齐，冉子❺为其母请粟❻，子曰："与之釜❼。"请益❽，曰："与之庾❾。"冉子与之粟五秉❿。子曰："赤之适齐也，乘肥马，衣轻裘。吾闻之也，君子周⓫急不继富。"

注释

❶ 不迁怒：不把怒气移到别的人身上去。

❷ 不贰过：不重犯同样的错误。贰，再次。

❸ 短命：古代称三十岁以前去世为短命。据《孔子家语》等书记载，孔子的得意门生颜回死时年仅三十一岁。

❹ 子华：姓公西名赤，字子华，孔子的学生，比孔子小42岁。

❺ 冉子：姓冉名求，字子有，通称冉有，冉子为尊称。孔门七十二贤之一。

❻ 请粟：请求发给安家口粮。粟，小米。

❼ 釜：计量单位，古代六斗四升为一釜。约合今天容量为一斗二升八合。

❽ 益：增加。

❾ 庾（yǔ）：古代十六斗为一庾。

❿ 秉：古代十六斛为一秉，十斗为一斛，约合今天容量为三石二斗。五秉为八十斛，合今天容量为十六石。

⓫ 周：通"赒"，救济的意思。

解读

鲁哀公问："你的学生中哪个最好学呢？"

孔子回答说："有一个叫颜回的学生好学，不把怒气发泄到别人身上，也不会重复犯同样的错误，他不幸短命死了，现在就再也没有听说好学的人了。"

子华出使齐国，冉求替他的母亲向孔子请求补助一些谷米。孔子说："给他一釜。"冉求请求再增加一些。孔子说："再给他一庾。"冉求却给他五秉。孔子说："公西赤到齐国去，乘坐着肥马驾的车子，穿着又暖和又轻便的皮袍。我听说，君子只是周济急需救济的人，而不是周济富人。"

感悟

鲁哀公问孔子，弟子中谁最好学，孔子回答说颜回。孔子认为颜回好学上进，自其之后，已经没有如此好学的学生了。

在孔子对颜回的评价中，特别谈到"不迁怒，不贰过"这两点，从中可以看出孔子教育学生，重在培养他们的道德情操。

| 论 语

三月不违仁

原思①为之宰②,与之粟九百,辞。子曰:"毋,以与尔邻里乡党③乎!"

子谓仲弓,曰:"犁牛④为之骍且角⑤。虽欲勿用,山川其舍诸⑥?"

子曰:"回也,其心三月⑦不违仁⑧,其余则日月⑨至焉而已矣。"

> 注释

❶ 原思:姓原名宪,字子思,鲁国人,孔子的学生。孔子在鲁国任司法官的时候,原思曾做他家的总管。

❷ 宰:家宰、总管。

❸ 邻里乡党:相传古代以5家为邻,25家为里,500家为党,12500家为乡。此处指原思的同乡,或家乡周围的百姓。

❹ 犁牛:杂毛耕牛。借指冉雍出身于平民家庭。

❺ 骍且角:祭祀用的牛,毛色为红,角长得端正。

❻ 其舍诸:其,有"怎么会"的意思。舍,舍弃。诸,"之于"二字的合音。

❼ 三月:指较长时间。三,虚数,指多,不是实际时间。

❽ 不违仁:不离开仁德。违,违背、背弃。

❾ 日月：这里指较短时间。

解读

原思给孔子家当总管，孔子给他俸米九百，原思推辞不要。孔子说："不要推辞，可分给你的乡亲们。"

孔子在评论仲弓的时候说："耕牛产下的牛犊长着红色的毛，角也长得整齐端正，人们虽不想用它做祭品，但山川之神难道会舍弃它吗？"

孔子说："颜回这个人，他的心可以长时间内不离开仁德，其余的学生则只能在短时间内做到仁而已。"

感悟

以"仁爱"之心待人，这是儒家的传统。孔子提倡周济贫困者，是极富同情心的做法，这要与孔子的仁德政治等内容联系起来思考。孔子很少以"仁"赞许人，这是统率忠恕、孝悌、敬爱各种德行的总德，其归结点是无私。

在《论语》中，孔子对冉雍评价很高，认为他虽然出身贫贱，但才堪大用。

孔子在评价颜回时说，颜回的修养达到了很高境界，可以三个月不违背"仁"，而其他弟子只能"日月至焉"而已，在短时间内能够做到，时间长了就难了。所以，孔子特别赞扬了颜回。

颜回素以德行著称。他严格按照孔子关于"仁""礼"的要求，"敏于事而慎于言"。所以，孔子常称赞颜回具有君子四德，那就是强于行义，弱于受谏，怵于待禄，慎于治身。他终生所向往的就是出现一个"君臣一心，上下和睦，丰衣足食，老少康健，四方咸服，天下安宁"的无战争、无饥饿的理想社会。

论　语

仲由可使从政也与

季康子❶问："仲由可使从政❷也与❸？"子曰："由也果❹，于从政乎何有❺？"曰："赐也可使从政也与？"曰："赐也达❻，于从政乎何有？"曰："求❼也可使从政也与？"曰："求也艺，于从政乎何有？"

注释

❶ 季康子：春秋时期鲁国的正卿。
❷ 从政：管理政事。
❸ 也与：吗。语气词连用，表示疑问。
❹ 果：果断，决绝。
❺ 何有：有什么。"有何"的倒装句，宾语前置。
❻ 达：通达、明达。
❼ 求：即孔子的弟子冉求，字子有，通称冉有，尊称冉子，孔门七十二贤之一，多才多艺，尤擅长理财，曾担任季氏宰臣。

解读

季康子问孔子："仲由这个人，可以让他管理国家政事吗？"孔子说："仲由做事果断，对于管理国家政事有什么困难呢？"又问："端木赐这个人，可以让他管理国家政事吗？"孔子说："端木赐通达事理，对于管理政事有什么困难呢？"又问："冉求这个人，可以让他管理国家政事吗？"孔子说："冉求有才能，对于管理国家政事有什么困难呢？"

感悟

孔子评论弟子子路、子贡、冉求各有不同的从政才能。他对学生的特点非常了解，用果、达、艺三个字概括了子路、子贡、冉求的才能，认为有了这些才能，从政就没有什么困难了。

论　语

一箪食，一瓢饮

季氏使闵子骞❶为费❷宰，闵子骞曰："善为我辞焉！如有复我者，则吾必在汶上❸矣。"

伯牛❹有疾，子问之，自牖❺执其手，曰："亡之❻，命矣夫❼！斯人也而有斯疾也！斯人也而有斯疾也！"

子曰："贤哉回也！一箪❽食，一瓢饮，在陋巷，人不堪❾其忧，回也不改其乐。贤哉，回也！"

注释

❶ 闵子骞：姓闵名损，字子骞，鲁国人，孔子的学生。

❷ 费（bì）：季氏的封邑，在今山东费县西北一带。

❸ 汶上：在今山东大汶河之北。这里暗指齐国。

❹ 伯牛：姓冉名耕，字伯牛，鲁国人，孔子的学生。孔子认为他的德行较好。

❺ 牖（yǒu）：窗户。

❻ 亡之：作死亡解。

❼ 夫（fú）：语气词，相当于"吧"。

❽ 箪（dān）：古代盛饭的圆形竹器。

❾ 不堪：不可以忍受。

雍也篇第六

> **解读**

　　季氏派人请闵子骞去做费邑的长官,闵子骞说:"请你好好替我推辞吧!如果再来召我,那我一定跑到汶水那边去了。"

　　伯牛病了,孔子前去探望他,从窗户外面握着他的手说:"活不久了,这是命里注定的吧!这样的人竟会得这样的病啊!这样的人竟会得这样的病啊!"

　　孔子说:"颜回的品质是多么高尚啊!一箪饭食,一瓢水,住在简陋的小巷子中,别人忍受不了那穷困的忧愁,而他却不改变他自己乐观的态度。颜回的品质是多么高尚啊!"

> **感悟**

　　在本章,孔子主要饱含深情地赞扬了颜回安贫乐道的美德。颜回在不堪忍受的艰苦环境中,仍然致力于仁的追求,不减其乐,体现了儒家追求精神生活、轻视物质享受的安贫乐道态度。

　　这里包含了一个具有普遍意义的道理,即人总是要有一点精神的。为了自己的理想,为了在德行上达到"仁"的境界,就要不断地追求,不断地修养,即使生活清苦、贫困,也不改初衷。

　　颜回一生,大多追随孔子奔走于列国,归鲁后也未入仕,而是穷居陋巷。他生活于天下大乱、礼崩乐坏的社会,儒家的仁义之志、王者之政常被斥为愚儒、讥为矫饰,"世以混浊莫能用",唯以"愿贫如富、贱如贵,无勇而威,与士交通,终身无患难"自勉自慰。

　　孔子称赞他"用之则行,舍之则藏;惟我与尔有是夫"。颜回这种注重志气、追求真理并以之为乐的精神,与孔子本人的高远志向是一致的,所以,孔子在很多场合都称赞过他。

为君子儒，无为小人儒

冉求曰："非不说子之道，力不足也。"子曰："力不足者，中道而废。今女画。"

子谓子夏曰："女为君子儒，无为小人儒。"

子游为武城宰，子曰："女得人焉尔乎？"曰："有澹台灭明[1]者，行不由径，非公事，未尝至于偃之室也。"

注释

[1] 澹台灭明：姓澹台名灭明，字子羽，武城人，孔子的弟子。

解读

冉求说："我不是不喜欢老师讲的道，而是我的能力不够呀。"孔子说："能力不够是到半路停下来，现在你是自己给自己划定了界限不想前进。"

孔子对子夏说："你要做君子儒，不要做小人儒。"

子游做了武城长官。孔子说："你在那里得到人才没有？"子游说："有一个叫澹台灭明的人，从来不走邪路，没有公事从不到我屋子里来。"

感悟

孔子在这里要求弟子做君子儒，不做小人儒。"君子儒"是指地位高贵、通晓礼法并具有理想人格的人，而"小人儒"则是地位低贱、不通礼仪的人。

出不由户

子曰:"孟之反❶不伐❷,奔❸而殿❹,将入门,策其马,曰:'非敢后也,马不进也。'"

子曰:"不有祝鲍❺之佞,而❻有宋朝❼之美,难乎免于今之世矣。"

子曰:"谁能出不由户,何莫由斯道❽也?"

> 注释

❶ 孟之反:又名孟之侧,鲁国大夫。

❷ 不伐:不夸耀自己。《朱子集注》解释说:"伐,夸功也。"

❸ 奔:败走。

❹ 殿:殿后,在全军最后作掩护。

❺ 祝鲍(tuó):字子鱼,卫国大夫,有口才,以能言善辩受到卫灵公重用。

❻ 而:这里是"与"的意思。

❼ 宋朝:宋国的公子朝,《左传》中曾记载他因美丽而惹乱子的事情。

❽ 道:道路。这里指孔子的学说。

论 语

解读

孔子说:"孟之反不喜欢夸耀自己。败退的时候,他留在最后掩护全军。快进城门的时候,他鞭打着自己的马说:'不是我敢于殿后,是马跑得不快。'"

孔子说:"如果没有祝鮀那样的口才,只有宋朝的美貌,那在今天的社会上恐怕不容易避开祸难。"

孔子说:"谁能不经过屋门而走出去呢?为什么没有人走我这条道路呢?"

感悟

孔子在这里以出房必经房门为比喻,劝勉人们要行正道,走正路。人常习礼而行,循道而行,但是有时会形成自然而不自觉的习惯。所以,孔子用走出屋子要经过门的比喻,提醒人们要自觉地遵循礼制。

孔子认为,推行礼制是治理国家,管理人民的根本方法。国之治乱系于礼之兴废。正如《礼记》上所说,治国以礼则"官得其体,政事得其施",治国无礼则"官失其体,政事失其施","礼之所兴,众之所治也;礼之所废,众之所乱也"。

后来儒家的代表人物荀子也说:"礼者治辨之极也,强国之本也,威行之道也,功名之总也,王公由之所以得天下也,不由所以陨社稷也。"显而易见,放弃礼和礼制,社会就会混乱,理想的社会便无法建立和维持。

质胜文则野

子曰:"质❶胜文则野❷,文胜质则史。文质彬彬❸,然后君子。"

子曰:"人之生也直,罔❹之生也幸而免。"

子曰:"知之者不如好之者,好之者不如乐之者。"

子曰:"中人以上,可以语上也;中人以下,不可以语上也。"

注释

❶ 质:朴实、自然,无修饰的。
❷ 野:此处指粗鲁、鄙野,缺乏文采。
❸ 彬彬:指文与质的配合很恰当。
❹ 罔:诬罔不直的人。

解读

孔子说:"质朴多于文采,就像个乡下人,流于粗俗;文采多于质朴,就流于虚伪、浮夸。只有质朴和文采配合恰当,才是个君子。"

孔子说:"一个人的生存是由于正直,而不正直的人也能生存,那只是他侥幸避免了灾祸。"

孔子说:"懂得它的人,不如爱好它的人;爱好它的人,又不如以它为乐的人。"

论 语

孔子说:"具有中等以上才智的人,可以给他讲授高深的学问;在中等水平以下的人,不可以给他讲高深的学问。"

感悟

孔子认为要正确处理文与质的问题和君子的人格模式。他认为,文与质是对立统一、互相依存和不可分离的关系。

孔子的文与质思想经过两千多年的实践,不断得到了丰富和发展,极大影响了人们的思想和行为,产生了深远的影响。

知者乐水，仁者乐山

樊迟问知❶。子曰："务民之义❷，敬鬼神而远之，可谓知矣。"问仁。曰："仁者先难而后获❸，可谓仁矣。"

子曰："知者乐水，仁者乐山❹。知者动，仁者静。知者乐❺，仁者寿。"

子曰："齐一变❻，至于鲁❼；鲁一变，至于道。"

子曰："觚❽不觚，觚哉！觚哉！"

注释

❶ 知（zhì）：同"智"。智慧、聪明的意思。

❷ 务民之义：务，从事、致力。教育人民达到"义"的要求。

❸ 先难而后获：先经受磨难，后获得成果。

❹ 知者乐水，仁者乐山：乐，喜爱的意思。聪明的人喜欢水，仁德的人喜欢山。

❺ 知者乐（lè）：乐，快乐。聪明人快乐。

❻ 齐一变：齐，齐国；变，指变革。

❼ 鲁：指鲁国。

❽ 觚：古代盛酒的器具，上圆下方，有棱，容量约有二升。后来觚被改变了，所以孔子认为觚不像觚。

论　语

解读

樊迟问孔子怎样才算是智。孔子说："专心致力于让百姓遵从'义'的要求，尊敬鬼神但要远离它，就可以说是智了。"樊迟又问怎样才是仁。孔子说："仁人对难做的事，做在人前面，有收获的结果，他要在人后，这可以说是仁了。"

孔子说："聪明人喜爱水，有仁德者喜爱山；聪明人活跃，仁德者沉静。聪明人快乐，有仁德者长寿。"

孔子说："齐国一改变，可以达到鲁国这个样子，鲁国一改变，就可以达到先王之道了。"

孔子说："觚不像觚了，这也算是觚吗？这也算是觚吗？"

感悟

孔子的弟子樊迟询问老师什么是"知"和"仁"。孔子就教他怎样追求"知"和"仁"的方法，从"务民之义"的角度给予了回答。

樊迟这时已经出仕，所以孔子教育他行知行仁。什么是知呢？孔子说："敬鬼神而远之。"什么是仁呢？孔子说："先难而后得。"

在《论语》中，有许多地方都谈到了仁。但我们仔细观察一下就会发现，在不同的语境下孔子对仁的表述是不一样的。例如颜渊、仲弓、司马牛、樊迟都曾问过孔子何为仁，孔子的回答各不相同，这与他因材施教的教学方法有关。

不过总的来看，仁是孔子所认定的一个基本的道德行为准则，是世人尤其是君子都应该践行的基本理念，这是毫无疑问的。

博学于文，约之以礼

宰我问曰："仁者虽告之曰井有仁❶焉，其从之也？"子曰："何为其然也？君子可逝❷也，不可陷❸也；可欺也，不可罔也。"

子曰："君子博学于文，约❹之以礼，亦可以弗畔❺矣夫！"

子见南子❻，子路不说。夫子矢❼之曰："予所否❽者，天厌之！天厌之！"

注释

❶ 仁：指仁人。

❷ 逝：往。这里指到井边去看并设法救之。

❸ 陷：陷入。

❹ 约：解释为约束。

❺ 畔：同"叛"。

❻ 南子：卫灵公的夫人。

❼ 矢：同"誓"，此处讲发誓。

❽ 否：不对，不是，指做了不正当的事。

解读

宰我问道："对于有仁德的人，别人告诉他井里掉下去一位仁人，他

| 论 语

会跟着下去吗?"孔子说:"为什么要这样做呢?君子可以到井边去救,却不可以陷害他入井;君子可能被欺骗,但不可以被愚弄。"

孔子说:"君子广泛地学习古代的文化典籍,又以礼来约束自己,也就可以不至于离经叛道了。"

孔子去见南子,子路不高兴。孔子发誓说:"如果我做什么不正当的事,让上天谴责我吧!让上天谴责我吧!"

感悟

孔子认为仁者有仁人之心,但不能被表面现象所蒙蔽。弟子宰我问孔子,井里掉进一位仁人,是否跟着跳到井里去救人呢?因为跳下去也会死,而不跳下去就是见死不救。言下之意是学习仁很难,学仁有什么用呢?

孔子便耐心地开导他:"君子可逝也,不可陷也;可欺也,不可罔也。"说仁人应该懂得应变,要对具体事物进行判断,不要做蠢人,不要去干傻事。

对于宰我这个学生,孔子曾评价:"朽木不可雕也,粪土之墙不可杇也。"宰我因为白天睡大觉,孔子说他像"腐朽了的木头是不能雕刻器物的,腐秽的墙壁是不能够粉刷的"。显而易见,孔子对他是不满意的。据《史记·仲尼弟子列传》记载,宰我后来做齐国临淄的大夫,因和田常一起同谋作乱,因此被灭族,孔子为他感到羞耻。

中庸之为德也

子曰："中庸①之为德也，其至②矣乎！民鲜久矣。"

子贡曰："如有博施③于民，而能济众④，何如？可谓仁乎？"

子曰："何事于仁，必也圣乎！尧、舜⑤其犹病诸⑥！夫⑦仁者，已欲立而立人，己欲达而达人。能近取譬⑧，可谓仁之方也已。"

注释

① 中庸：中庸是孔子的最高道德标准。中，谓之无过无不及。庸，平常。

② 至：达到最高点。

③ 博施：广泛地施与。

④ 济众：济，救济。救济众人。

⑤ 尧舜：传说中上古时代的两位帝王，也是孔子心目中的"圣人"。

⑥ 其犹病诸：病，担忧。他们还担心做不到。

⑦ 夫：句首发语词。

⑧ 能近取譬：能够用自身打比方。

解读

孔子说："中庸作为一种道德，该是最高的了吧！人们缺少这种道德已经为时很久了。"

论 语

子贡说："假若有一个人,他能给老百姓很多好处又能周济大众,怎么样?可以算是仁人了吗?"

孔子说："岂止是仁人,简直是圣人了!就连尧、舜尚且很难做到呢。至于仁人,就是要想自己站得稳,也要帮助别人一同站得稳;要想自己过得好,也要帮助别人一同过得好。凡事能就近以自己作比,而推己及人,可以说就是实行仁的方法了。"

感悟

孔子感叹世人不追求中庸之德已经很久了,什么是中庸呢?中庸就是孔子的哲学方法,其原则是不偏不倚,无过不及,恰到好处。孔子认为这是一个很好的方法。后来所说中庸,则是中和的意思。

孔子的嫡孙子思所作的《中庸》一书对中庸的定义是这样说的:"喜怒哀乐之末发谓之中,发而皆中节谓之和。中也者,天下之大本也,和也者,天下之达道也。"

意思就是,人的内心没有发生喜怒哀乐等情绪时,称之为中。发生喜怒哀乐等等情绪时,始终用中的状态来节制情绪,就是和。中的状态即内心不受任何情绪的影响,保持平静、安宁、祥和的状态,是天下万事万物的本来面目。而始终保持和的状态,不受情绪的影响和左右,就是自我控制情绪,让情绪在一个合理的度里变化,则是天下最高明的道理。

述而篇第七

本篇是《论语》的第七篇，共三十八则。编者取首章"子曰：述而不作"一句中"述而"两字为篇名。其中，记孔子论述二十章，弟子记述孔子仪态风姿、行事准则、教学内容等十一章，记孔子与大夫、学生等对话六章，记冉有、子贡问孔子是否赞同卫君一章。

本篇包括"学而不厌，诲人不倦""饭疏食饮水，曲肱而枕之，乐在其中""发愤忘食，乐以忘忧，不知老之将至""三人行必有我师""君子坦荡荡，小人长戚戚""温而厉，威而不猛，恭而安"等几个方面的内容。全篇围绕孔子的学问修养开展了以下几个方面的论述：

一、论述孔子以"仁"为核心学问之道。如"志于道，据于德，依于仁，游于艺""求仁而得仁"等，要求立志于道，进行仁、德的自我修养，掌握六艺本领。通过主观努力，达到仁的境界。

二、论述孔子不是生而知之，而是学而知之的谦逊好学精神。论其择善而从、述而不作、襟怀坦荡、知过必改的高尚品格。

三、论述孔子的教育思想与教学原则。孔子以文、行、忠、信教育学生，有教无类，教学相长，不愤不启，采用启发式教育，鼓励学生提高道德修养，争取学业进步。

四、论述孔子的道德、礼仪修养。如临丧则哀，慎于齐、战、疾；不语怪、力、乱、神；钓而不纲，弋不射宿；温而厉、威而不猛，恭而安；用行舍藏等。

论语

学而不厌，诲人不倦

子曰："述而不作①，信而好古，窃②比于我老彭③。"

子曰："默而识④之，学而不厌⑤，诲⑥人不倦，何有于我哉？"

子曰："德之不修，学之不讲，闻义不能徙，不善不能改，是吾忧也。"

注释

① 述而不作：述，传述。作，创造，创作。
② 窃：谦词，私自，私下，私。
③ 老彭：人名，殷商时代一位"好述古事"的"贤大夫"。
④ 识：记住。
⑤ 厌：满足。
⑥ 诲：教诲。

解读

孔子说："只阐述而不创作，相信并且喜好古代的东西，我私下把自己比作老彭。"

孔子说："把所见到、听到的知识默默地记在心里，努力地学习而不感到满足、厌倦，教导别人而不感到疲倦，这些事情我做到了哪些呢？"

孔子说："对品德不去修养；学问不进行讲习；听到合乎道义的事不去做；有过错的地方却不能改正，这些正是我所忧虑的啊！"

感悟

孔子说了自己学和教的三件事：首先是"默而识之"，即默默地记诵古代先哲圣王的遗文；其次是"学而不厌"，即一个人的一生要坚持做到"学而不厌"，看似平凡，其实是非常难以做到的；最后是"诲人不倦"，即想要诲人不倦，就要有爱人、爱世、甘为人梯、甘为红烛的自我牺牲精神，这才是"诲人不倦"。

志于道，据于德

子之燕居❶，申申❷如也；夭夭❸如也。

子曰："甚矣吾衰也！久矣吾不复梦见周公❹。"

子曰："志于道，据于德❺，依于仁，游于艺❻。"

子曰："自行束脩❼以上，吾未尝无诲焉。"

注释

❶ 燕居："燕"与"晏"相通，安然的意思。燕居就是在家里的日常生活。

❷ 申申如也：体貌舒畅而严整。申，舒展的样子。

❸ 夭夭：行动迟缓、斯文和舒和的样子。

❹ 周公：姓姬名旦，周文王的儿子，鲁国国君的始祖，他是孔子所崇拜的所谓"圣人"之一。

❺ 德：德者，得也。能把道贯彻到自己心中而不失掉就叫德。

❻ 艺：艺指孔子教授学生的礼、乐、射、御、书、数等六艺，都是日常所用。

❼ 束脩（xiū）：脩干肉，又叫脯。束脩就是十条干肉。孔子要求他的学生，初次见面时要拿十条干肉作为学费。后来，就把学生送给老师的学费叫作"束脩"。

解读

孔子闲居在家里的时候，衣冠楚楚，仪态温和舒畅，悠闲自在。

孔子说："我衰老得很厉害了，我好久没有梦见周公了。"

孔子说："以道为志向，以德为根据，以仁为凭借，活动于六艺范围之中。"

孔子说："只要自愿拿着十条干肉来见我的人，我从来没有不给他教诲的。"

感悟

孔子在这里论述了他的学术、教学思想的中心问题。人的一生说长不长，说短不短。在孔子看来，人的一生只需要有四件事就够了。他说："志于道，据于德，依于仁，游于艺。"短短十多个字，是孔子一生教育、学术思想的总结，是他立己立人的写照。

他首先教育学生要立志，要立定远大志向。志立在什么地方呢？所谓"取乎上者得其中，取乎中者得其下"，人的立志不妨高远一点，难以达到，这一生才有奋斗的动机。当然，立志必须立足在求"道"上，即修己治人之道。

其次，讲述修己的问题。他要求学生"据于德，依于仁"，完善自我。德是道德规范，是一个人立身行事的准则。

最后，论述治人之道。就是要求游于六艺之中，掌握礼乐射御书数的本领，为将来治人做好充分的准备。

当然，修己与治人的修养应该是同步进行的。所以，这四者体现了孔子的教学思想和教育目的，中心明确，次序分明。

用之则行，舍之则藏

子曰："不愤❶不启，不悱❷不发。举一隅❸不以三隅反，则不复也。"

子食于有丧者之侧，未尝饱也。子于是日哭，则不歌。

子谓颜渊曰："用之则行，舍之则藏❹，惟我与尔有是夫！"

子路曰："子行三军❺，则谁与？"子曰："暴虎❻冯河❼，死而无悔者，吾不与也。必也临事而惧❽，好谋而成者也。"

注释

❶ 愤：苦思冥想而仍然领会不了的样子。

❷ 悱：想说又不能明确说出来的样子。

❸ 隅：角落。

❹ 舍之则藏：舍，舍弃，不用。藏，隐藏。

❺ 三军：古代大国有左、中、右三军，这里泛指军队。

❻ 暴虎：空拳赤手与老虎进行搏斗。

❼ 冯河：无船而徒步过河。

❽ 临事而惧：遇到事情便格外小心谨慎。

解读

孔子说："教导学生，不到他想弄明白而不得的时候，不去开导他；

不到他想说却说不出来的时候,不去启发他。教给他的东西,他不能举一反三,那就不用再教他了。"

孔子在有丧事的人家吃饭,从来没有吃饱过。孔子这一天哭过,就不再唱歌。

孔子对颜渊说:"用我呢,我就去干;不用我,我就归隐,只有我和你才能做到这样吧!"

子路问孔子说:"老师您如果统帅三军,那么您和谁在一起共事呢?"孔子说:"赤手空拳和老虎搏斗,徒步涉水过河,死了都不会后悔的人,我是不会和他在一起共事的。我要找的,一定要是遇事小心谨慎,善于谋划而能完成任务的人。"

感悟

孔子热心于济世,但是,他仅在鲁国做了几个月的代理宰相,不为世所用,只好归隐著书。所以,他把颜渊作为知己,他们两人都具有用行舍藏的修养。被任用时是当之无愧的济世之才,当归隐时也有归隐的志趣,这都是有德行的表现。

孔子生活在西周宗法礼制传统较深的鲁国,这时周王朝的统治权力已经名存实亡,诸侯间相互征战不断,出现了"王道哀,礼义废,政权失,家殊俗"的社会现实,"君不君、臣不臣、父不父、子不子"成了那个时代的特点。

面对这种礼崩乐坏的局面,孔子的最高政治理想就是"克己复礼",建立"天下为公"的大同社会,但社会的现实是他带领弟子周游列国十数年,却不被所用。所以,"用之则行,舍之则藏"也表现了孔子对现实的无奈和自嘲。

富而可求也

子曰："富而可求也，虽执鞭之士❶，吾亦为之；如不可求，从吾所好。"

子之所慎：齐、战、疾。

子在齐闻《韶》，三月不知肉味。曰："不图为乐之至于斯也。"

冉有曰："夫子为❷卫君❸乎？"

子贡曰："诺❹，吾将问之。"

入，曰："伯夷、叔齐何人也？"

曰："古之贤人也。"曰："怨乎？"曰："求仁而得仁，又何怨。"出，曰："夫子不为也。"

注释

❶ 执鞭之士：古代为天子、诸侯和官员出入时手执皮鞭开路的人。意思指地位低下的职事。

❷ 为：这里是帮助的意思。

❸ 卫君：卫出公辄，是卫灵公的孙子。公元前492年—前481年在位。他的父亲因得罪于卫灵公而被卫灵公驱逐出国。灵公死后，辄被立为国君，其父回国与他争位。

❹ 诺：答应的声音。

解读

孔子说:"如果富贵合乎于道就可以去追求,虽然是给人执鞭的下等差事,我也愿意去做。如果富贵不合于道就不必去追求,那就还是按我的爱好去干事。"

孔子所慎重对待的事有:斋戒、战争、疾病。

孔子在齐国听到演奏《韶》乐,长时间辨不出肉的味道。说:"没有想到听乐曲竟会达到如此美妙入神的境地。"

冉有问子贡说:"老师会帮助卫国的国君吗?"子贡说:"嗯,我去问他。"于是就进去问孔子:"伯夷、叔齐是什么样的人呢?"孔子说:"古代的贤人。"子贡又问:"他们有怨恨吗?"孔子说:"他们求仁而得到了仁,为什么有怨恨呢?"子贡出来对冉有说:"老师不会帮助卫君。"

感悟

孔子教人正道求富。在春秋末期,随着生产力的发展,发财致富已经成为社会风尚,出现了不少大商人、大工商业者,他们结驷连骑,富比王侯,名动卿相,与国君分庭抗礼。如齐之管仲、鲁之阳货、吴之陶朱公以及孔子弟子子贡等都是。所以,关于如何求富的问题,是当时的一个热门话题,孔子并不反对求富,而是主张不强求。

孔子所谨慎对待的三件事是斋戒、战争、疾病。斋戒是祭祀前的准备工作,不可不庄重。战争,意味着死亡,所以,对待战争,要慎之又慎。疾病,危害人身健康,对待这件事更不能马虎,否则就会危及生命。斋戒、战争、疾病关乎国计民生,因此,被列为孔子"所慎"之事。

论　语

乐在其中

子曰:"饭疏食❶,饮水,曲肱❷而枕之,乐亦在其中矣!不义而富且贵,于我如浮云。"

子曰:"加我数年,五十以学《易》,可以无大过矣。"

子所雅言,《诗》《书》、执礼,皆雅言也。

叶公❸问孔子于子路,子路不对。子曰:"女奚不曰,其❹为人也,发愤忘食,乐以忘忧,不知老之将至云尔。"

注释

❶ 饭疏食:饭,这里是吃的意思,疏食即粗粮。
❷ 曲肱:肱,胳膊。曲肱,即弯着胳膊。
❸ 叶公:姓沈,名诸梁,楚国的贤大夫。
❹ 其:他,孔子自指。

解读

孔子说:"吃粗粮,喝冷水,弯着胳膊当枕头睡觉,其中也自有它的乐趣。干不正当的事而得到的财富与权贵,在我看来就如同浮云。"

孔子说:"再给我几年时间,到五十岁学习《易》,我便可以没有大的过错了。"

孔子有时讲雅言,读《诗》读《书》以及执行礼仪的时候,都讲雅言。

述而篇第七

叶公向子路询问孔子的为人怎么样,子路不回答。

孔子对子路说:"你为什么不这样说:他的为人啊,用功就会忘了吃饭,快乐就会忘了忧愁,连自己快要老了都不知道,如此而已。"

感悟

孔子极力提倡"安贫乐道",认为有理想、有志向的君子,不会总是为了自己的吃穿住而奔波,"饭疏食饮水,曲肱而枕之",对于有理想的人来讲,可以说是乐在其中。

同时,孔子还提出,不符合于道的富贵荣华,他是坚决不予接受的,对待这些东西,要如对待天上的浮云一般。这种思想深深影响了古代的知识分子,也为一般老百姓所接受。

论 语

三人行必有我师

子曰:"我非生而知之者,好古❶,敏以求之❷者也。"

子不语怪、力、乱、神❸。

子曰:"三人行❹,必有我师焉!择其善者而从之,其不善者而改之。"

子曰:"天生德于予,桓魋❺其如予何?"

子曰:"二三子❻以我为隐乎?吾无隐乎尔。吾无行而不与二三子者,是丘也。"

子以四教:文、行、忠、信❼。

> 注释
>
> ❶ 好古:喜欢古代的圣贤之道。
> ❷ 敏以求之:敏,勤勉。靠勤勉才得到的。
> ❸ 怪、力、乱、神:指关于怪异、勇力、叛乱、鬼神之事。
> ❹ 三人行:几个人一起行走。三人,几个人,多人。
> ❺ 桓魋(tuí):魋,宋国司马向魋,宋桓公后代,故又称桓魋。
> ❻ 二三子:这里指孔子的学生们。
> ❼ 文、行、忠、信:文,文献、古籍等。行,指躬行,也指社会实践方面的内容。忠,忠诚,对人尽心竭力的意思。信,守信、诚实的意思。

解读

孔子说:"我不是生来就有知识的人,而是爱好古代的东西,勤奋敏捷地去求得知识的人。"

孔子不谈论怪异、暴力、变乱、鬼神。

孔子说:"几个人一起走路,其中必定有人可以做我的老师。我学习他好的品德,看到他不好的地方就作为借鉴,改掉自己的缺点。"

孔子说:"上天把德赋予了我,桓魋能把我怎么样?"

孔子说:"学生们,你们以为我对你们有什么隐瞒的吗?我是丝毫没有隐瞒的。我没有什么事不是和你们一起干的,这就是我孔丘的为人。"

孔子以文、行、忠、信四项内容教授给学生。

感悟

孔子说自己并非生而知之,是学而知之。他虚心向别人学习,认为三个人中一定有一个可以当自己老师的人。更为可贵的是,他不仅以善者为师,而且以不善者为师。他的这段话,对于指导我们为人处世、修身养性、增长知识,都是非常有益的。

论　语

圣人，吾不得而见之矣

子曰："圣人❶，吾不得而见之矣；得见君子者，斯可矣。"

子曰："善人❷，吾不得而见之矣，得见有恒者❸，斯可矣。亡而为有❹，虚而为盈，约而为泰❺，难乎有恒矣。"

子钓而不纲❻，弋不射宿❼。

子曰："盖有不知而作之者，我无是也。多闻，择其善者而从之；多见而识❽之，知之次也。"

注释

❶ 圣人：具有最高智慧和道德的人。

❷ 善人：有道德的、良善的人。

❸ 有恒者：指有恒心、有操守的人。

❹ 亡（wú）而为有：亡通无。将没有说成有。

❺ 约而为泰：约，穷困、贫乏；泰，富裕。贫困装作富有。

❻ 钓而不纲：钓，钓鱼；纲，网上的大绳，这里指撒网捕鱼。钓而不纲的意思是孔子只钓鱼不捕鱼。

❼ 弋（yì）不射宿（sù）：弋，用系着丝绳的箭去射猎物。宿，停宿、休息。孔子射飞鸟，但不射已经宿巢的鸟。

❽ 识（zhì）：记住。

述而篇第七

解读

孔子说:"圣人我是不可能看到了,能看到君子,也就可以了。"

孔子又说:"善人我不可能看到了,能见到始终如一保持好的品德的人,也就可以了。没有却装作有,空虚却装作充实,穷困却装作富足,这样的人是难于有恒心保持好的品德的。"

孔子只用鱼竿钓鱼,但不撒网捕鱼。用箭射飞鸟,但不射归巢歇宿的鸟。

孔子说:"有这样一种人,可能他什么都不懂却在那里凭空著作,我却没有这样做过。多听,选择其中好的来学习;多看,然后记在心里,这是次一等的智慧。"

感悟

子曰:"圣人,吾不得而见之矣;得见君子者斯可矣。"孔子这番话是有感而发,在孔子的心目中,他景仰的理想人物是尧、舜、禹、文王、周公等圣人。可是这种圣人在他所处的时代却看不到了。既然看不到圣人,只好退而求其次,能够看到君子也就可以了。

可是,孔子接着又说,善人他也看不到了。孔子认为,善人是仅次于圣人的人。他说,真正的善人,历史上有,我却看不到了。如果能看到有恒心、有操守,追求仁德的人也就可以了。

因为恒心是成为君子、成为善人和成为圣人的出发点和基础。没有恒心,就难以成为君子,也不可能成为善人,所以有恒心是追求崇高道德的基础。而与有恒者相反,当时存在着"亡而为有,虚而为盈,约而为泰"的三种浮夸不实的学风,所以孔子对之深恶痛绝,提出做一个有恒者来勉励人们。

论 语

昭公知礼乎

陈司败①问:"昭公知礼乎?"孔子曰:"知礼。"孔子退,揖巫马期而进之,曰:"吾闻君子不党②,君子亦党乎?君取③于吴,为同姓,谓之吴孟子④。君而知礼,孰不知礼?"巫马期⑤以告。子曰:"丘也幸,苟有过,人必知之。"

子与人歌而善,必使反之,而后和之。

> **注释**

① 陈司败:陈国主管司法的官,姓名不详,也有人说是齐国大夫,姓陈名司败。
② 君子不党:有道德的人不偏袒。党,偏袒。
③ 取:同娶。娶亲。
④ 吴孟子:鲁昭公夫人。
⑤ 巫马期:姓巫马,名施,字子期,孔子弟子,七十二贤之一。

> **解读**

陈司败问:"鲁昭公懂得礼吗?"孔子说:"懂得礼。"孔子出来后,陈司败向巫马期作了个揖,请他走近自己,对他说:"我听说,君子是没有偏私的,难道君子还包庇别人吗?鲁君在吴国娶了一个同姓的女子为夫人,是国君的同姓,称她为吴孟子。如果鲁君算是知礼,还有谁不知礼呢？"巫马期把这句话告诉了孔子。孔子说："我真是幸运。如果有错，人家一定会知道。"

孔子与别人一起唱歌，发现谁唱得好，一定要请他再唱一遍，然后和着他唱。

感悟

孔子周游列国到了陈国，陈国司败来问孔子，说鲁昭公知礼吗？鲁昭公是鲁国人，孔子也是鲁国人，所以陈司败提出鲁昭公来问孔子，说你们这个国家的国君知不知礼？

要知道鲁国是周公的属地，周公制礼，那周公后代应该最知礼才对。鲁昭公娶同姓女为夫人，违反了礼的规定，可孔子却说他懂礼。这表明孔子的确在为鲁昭公袒护，即"为尊者讳"。事实上，他已经承认偏袒鲁昭公是自己的过错，只是无法解决这个矛盾而已。

躬行君子，吾未之有得

子曰："文，莫①吾犹人也。躬行君子，则吾未之有得。"

子曰："若圣与仁，则吾岂敢！抑②为之③不厌，诲人不倦，则可谓云尔已矣。"公西华曰："正唯弟子不能学也。"

子疾病④，子路请祷⑤。子曰："有诸⑥？"子路对曰："有之。《诔》⑦曰：'祷尔于上下神祇⑧。'"子曰："丘之祷久矣。"

注释

① 莫：约莫、大概、差不多。
② 抑：语气词，"只不过是"的意思。
③ 为之：指身体力行地施行圣与仁。
④ 疾病：疾指有病，病指病情严重。
⑤ 请祷：向鬼神请求和祷告，即祈祷。
⑥ 有诸：有这样的事吗。
⑦ 《诔》（lěi）：一种向神鬼祈祷的文体。
⑧ 神祇（qí）：古代称天神为神，地神为祇。

解读

孔子说："就书本知识来说，大约我和别人差不多。做一个身体力行的君子，那我还没有做到。"

孔子说："如果说到圣与仁，那我怎么敢当！不过努力而不感厌烦地做，教诲别人不感觉疲倦，则可以这样说。"公西华说："这正是我们学不到的。"

孔子病情严重，子路向鬼神祈祷。孔子说："有这回事吗？"子路说："有的。《诔》文上说：'为你向天地神灵祈祷。'"孔子说："我祈祷很久了。"

感悟

孔子认为，学习古代文献，掌握知识方面，自己并不落后于人，但在实践圣王之道方面，还远远不能做到。实际是告诉人们知易行难的道理，勉励人们在履行仁道的实践上下功夫。

孔子从事教育，既注重给学生传授书本知识，也注重培养学生实际能力。他说自己在身体力行方面，还没有取得君子的成就，希望自己和弟子们尽可能地在这个方面再努力一些。

其实，在孔子生前，就已经有人称他为"圣人""仁人"，但孔子非常谦虚地说："若圣与仁，则吾岂敢。"

他说，说我是圣人、仁人，我是不敢当的。因为我既非圣人，也非仁人。只有两点我还是坚持做到的，一是勤奋地学习、实践，进行自我修养，完善自我；二是不倦地教诲别人。学，持之以恒，教，持之以恒。如果有人因为这两条称赞我，那么，我是可以接受的。

论 语

君子坦荡荡

子曰:"奢则不孙,俭则固。与其不孙也,宁固。"

子曰:"君子坦荡荡①,小人长戚戚②。"

子温而厉,威而不猛,恭③而安。

注释

① 坦荡荡:心胸宽广、开阔。
② 长戚戚:经常忧愁、烦恼的样子。
③ 恭:庄重。

解读

孔子说:"奢侈了就会越礼,节俭了就会寒酸。与其越礼,宁可寒酸。"

孔子说:"君子心胸宽广,小人经常忧愁。"

孔子温和而又严厉,威严而不凶猛,庄重而又安详。

感悟

孔子在这里用十分简练的语言和对仗的句式,描写了君子与小人的内心世界。君子一心为公,因此胸怀宽广,舒畅平和,而小人一心为私,因此患得患失,忧虑重重。这句话成为后世的经典格言。

泰伯篇第八

　　本篇是《论语》的第八篇，共二十一章。编者取第一章第一句"子曰：泰伯，其可谓至德也已矣"中的"泰伯"两字为篇名。其中，记孔子论述十六章，记曾子论述五章。

　　本篇可以看成是《为政》的续篇，内容涉及孔子及其学生对尧舜禹等古代先王的评价、孔子教学方法和教育思想的进一步发挥、孔子道德思想的具体内容以及曾子在若干问题上的见解。主要论述了以下观点：

　　一、为政必须以尧、舜、禹、文、武为榜样，为政以德，实行仁政。该篇以赞美泰伯之德为开头，以赞美尧、舜、禹、文、武之仁政为结尾，替为政者提出了榜样和模式、供他们采择、效法。

　　二、指出为政者必须加强自身的学问、道德修养，具备高尚的思想品质、道德情操。如处事谨慎，谦逊好学，可以寄百里之命，临大节而不可夺等。

　　三、为政必须勤政、爱民、得贤，具有礼让仁孝之德、贤人君子之风、爱民任贤之政，如果做到了这些，为政也就不难了。

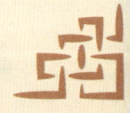

论 语

三以天下让

子曰:"泰伯❶,其可谓至德也已矣。三❷以天下让,民无得而称焉。"

子曰:"恭而无礼则劳,慎而无礼则葸❸,勇而无礼则乱,直而无礼则绞❹。君子笃❺于亲,则民兴于仁;故旧不遗,则民不偷❻。"

注释

❶ 泰伯:周代始祖古公亶父的长子,为了让位给幼弟季历,以便将来让周文王接任,便与二弟仲雍逃到勾吴,成为吴国的始祖。

❷ 三:多次的意思。

❸ 葸(xǐ):拘谨,畏惧的样子。

❹ 绞:说话尖刻,出口伤人。

❺ 笃:厚待、真诚。

❻ 偷:淡薄。

解读

孔子说:"泰伯可以说是品德最高尚的人了。几次把王位让给季历,老百姓都找不到合适的词句来称赞他。"

孔子说:"只是恭敬而不以礼来指导,就会劳倦;只是谨慎而不以礼来指导,就会畏缩拘谨;只是勇猛而不以礼来指导,就会说话尖刻。在上位的人如果厚待自己的亲属，老百姓当中就会兴起仁的风气；君子如果不遗弃老朋友，老百姓就不会对人冷漠无情了。"

感悟

泰伯，姬姓，是周部落首领古公亶父的长子。泰伯的母亲名叫太姜，是有台氏之女，古公亶父的正妻，生太伯、仲雍和季历。季历和他的儿子姬昌都很贤明，古公亶父因此有立季历为继承人的想法，以便传位给姬昌。泰伯知道父亲古公亶父的心思，为了成全父亲，便和二弟仲雍逃奔到荆蛮之地，文身断发，以表示不继承君位，来避让季历。

在孔子看来，泰伯是道德最高尚的人，是值得津津乐道的。天下只有让与贤者、圣者，才有可能得到治理，而让位者则显示出高尚的品格，这种人是应该受到老百姓的称赞的。

论 语

曾子有疾

曾子有疾，召门弟子曰："启①予足！启予手！《诗》云：'战战兢兢，如临深渊，如履薄冰。'而今而后，吾知免夫！小子②！"

注释

① 启：看，视。
② 小子：曾子对弟子的称呼。

解读

曾子有病，把他的学生召集到身边来，说道："看看我的脚！看看我的手，看看有没有损伤！《诗经》上说：'小心谨慎呀，好像站在深渊旁边，好像踩在薄冰上面。'从今以后，我知道我的身体是不会再受到损伤了，弟子们！"

感悟

曾子借用《诗经》里的三句，来说明自己一生谨慎小心，避免损伤身体，能够对父母尽孝。《孝经》说："身体发肤，受之父母，不敢毁伤，孝之始也。"曾子在临死前要他的学生们看看自己的手脚，以表白自己身体完整无损，是一生遵守孝道的。

人之将死，其言也善

曾子有疾，孟敬子❶问❷之。曾子言曰："鸟之将死，其鸣也哀；人之将死，其言也善。君子所贵乎道者三❸：动容貌❹，斯远暴慢❺矣；正颜色❻，斯近信矣；出辞气❼，斯远鄙倍❽矣。笾豆之事❾，则有司存。"

注释

❶ 孟敬子：即鲁国大夫孟孙捷。

❷ 问：探望、探视。

❸ 君子所贵乎道者三：贵，重视；道，准则、原则、道义。这句话的意思是：君子所重视的做人准则主要有三个方面。

❹ 动容貌：使自己的内心感情表现于面容。

❺ 斯远暴慢：斯，这、这样；远，避免；暴慢，粗暴无礼、懈怠侮慢。

❻ 正颜色：使自己的脸色庄重严肃。

❼ 出辞气：出言，说话。指注意说话的言辞和口气。

❽ 鄙倍：鄙，粗野。倍，同背，背理。

❾ 笾豆之事：笾和豆都是古代祭祀和典礼中的用具。

论 语

解读

曾子有病，孟敬子去看望他。曾子对他说："鸟快死了，它的叫声是悲哀的；人快死了，他说的话是善意的。君子所应当重视的道有三个方面：使自己的容貌庄重严肃，这样可以避免粗暴、放肆；使自己的脸色一本正经，这样就接近于诚信；使自己说话的言辞和语气谨慎小心，这样就可以避免粗野和背理。至于祭祀和礼节仪式，自有主管这些事务的官吏来负责。"

感悟

孔子的弟子曾子与鲁国卿大夫孟敬子在政治立场上对立，曾子在临死以前，他还在试图改变孟敬子的态度，他说："人之将死，其言也善。"这一方面表明他自己对孟敬子没有恶意，同时也告诉孟敬子，作为君子应当重视修身明礼，以礼治国，抓原则而不抓小节。

孟敬子是鲁国的大夫，他来看望曾子，当然是想请教处理国家政事的方法。而在曾子看来，处理国家政事和做人相比较，做人修养品德应放在第一，处理国家政事则应放在第二；做人是本，处理国家政事是末。

也就是说，拥有良好的道德品质，处理起国家政事来，就自然会公平、公正，得心应手，有条不紊。因此，曾子在孟敬子来看望他时，首先教他做君子的三条道理，告诫他要想做事必先修养好品德。

曾子后面所说的"笾豆之事，则有司存"，也是明确地告诉孟敬子，先把人做好了，就解决了一个理政的最基本，也是最根本问题。解决了做人的道德品格问题，其他的问题，例如祭祀和礼节仪式等问题就自然有专门的官员去处理。

犯而不校

曾子曰:"以能问于不能,以多问于寡;有若无,实若虚,犯而不校❶,昔者吾友❷尝从事于斯矣。"

曾子曰:"可以托六尺之孤❸,可以寄百里之命❹,临大节❺而不可夺也。君子人与?君子人也。"

曾子曰:"士不可以不弘毅❻,任重而道远。仁❼以为己任,不亦重乎?死而后已,不亦远乎?"

子曰:"兴于《诗》,立于《礼》,成于《乐》。"

注释

❶ 犯而不校(jiào):校同"较",计较。指受到别人的触犯或无礼也不计较。

❷ 吾友:我的朋友。一般都认为这里指颜渊。

❸ 六尺之孤:幼小的国君。六尺,古代指小孩。古代尺短,约合今一百三十八厘米。

❹ 百里之命:指掌握国家政权和命运。百里,指诸侯国。

❺ 大节:指关系国家安危存亡的大事。

❻ 弘毅:弘,志量弘大。毅,强毅。

❼ 仁:指实现仁德的目标。

论 语

解读

曾子说:"自己有能力却向没有能力的人请教,自己知识丰富却向缺少知识的人请教;有才学就好像没有一样,满腹经纶却像空无一物一样;纵使被欺侮,也不去计较——以前我的一位朋友就这样做过。"

曾子说:"可以把年幼的孤儿托付给他,可以把国家的政权托付给他,面临生死存亡的紧急关头而不动摇屈服。这样的人是君子吗?是君子啊!"

曾子说:"读书人不可以不刚强而意志坚强,因为他担负着沉重的责任而且路途遥远。以实现仁德于天下为自己的任务,难道还不重大?奋斗终身,至死方休,难道路途不遥远吗?"

孔子说:"人的修养开始于学《诗》,自立于学《礼》,完成于学《乐》。"

感悟

曾子在这里所说的话,完全秉承了孔子的思想学说。"问于不能""问于寡"等都表明在学习上的谦逊态度。没有知识、没有才能者并不是一钱不值,在他们身上总是有值得你学习的地方。

所以,在学习上,既要向有知识、有才能的人学习,又要向少知识、少才能的人学习。

曾子还提出"有若无""实若虚"的说法,希望人们始终保持谦虚不自满的态度。曾子说"犯而不校",表现出一种宽广胸怀和忍让的精神,这也是值得学习的。

泰伯篇第八

笃信好学，守死善道

子曰："民可使由之❶，不可使知之❷。"

子曰："好勇疾贫，乱也。人而不仁❸，疾之已甚❹，乱也。"

子曰："如有周公之才之美，使骄且吝，其余不足观也已。"

子曰："三年学，不至于谷❺，不易得也。"

子曰："笃信好学，守死善道❻。危邦不入，乱邦不居。天下有道则见，无道则隐。邦有道，贫且贱焉，耻也；邦无道，富且贵焉，耻也。"

注释

❶ 由之：使他按照指示的道理做。
❷ 知之：使他们知道为什么做的道理。
❸ 不仁：不符合仁德的人或事。
❹ 已甚：已，太。已甚，即太过分。
❺ 谷，小米。这里指做官得俸禄。
❻ 守死善道：誓死固守完美的人道。

解读

孔子说："对于老百姓，只能使他们按照我们的意志去做，不能使他

论　语

们懂得为什么要这样做。"

孔子说："喜好勇敢而又恨自己太穷困，就会犯上作乱。对于不仁的人或事逼迫得太厉害，也会出乱子。"

孔子说："一个在上位的君主即使有周公那样美好的才能，如果骄傲自大而又吝啬小气，那其他方面也就不值得一看了。"

孔子说："学了三年，还没想到做官，这种人是不易找到的。"

孔子说："坚守信念，努力学习，誓死主持正义；不入险地，不住乱邦；国家太平则一展才华，社会黑暗则隐姓埋名。治世中，贫贱就是耻辱；乱世中，富贵也是耻辱。"

感悟

孔子教人专心向学，坚守正道，他分三层意思进行了叙述：

首先他认为要"笃信好学，守死善道"，就是教人要努力学习并坚守正道。孔子所说之道，是修身治国之道，也就是善道。如何持守呢？持道与笃学是分不开的，笃学而求道，持道而力学，两者互为因果，相互促进。

其次是教人如何行正道。有了正道，必须实行，但实行要看时机。孔子告诫人们，不入危乱之邦，有道则进，无道则退，看是否有道来决定。后来，宋代的朱熹解释说："君子见危授命，则仕危邦者无可去之义，在外则不可入也。乱邦未危，而刑政纲纪紊矣，故洁其身而去之。天下，举一世而言，无道则隐其身而不见也。此惟笃信好学，守死善道者能之。"

最后一层意思是教人如何处世。正确的处世方法当然是施行正道，笃行仁义，为民谋利。

不在其位，不谋其政

子曰："不在其位，不谋❶其政。"

子曰："师挚之始❷，《关雎》之乱❸，洋洋乎❹盈耳哉！"

子曰："狂而不直，侗❺而不愿，悾悾❻而不信，吾不知之矣。"

子曰："学如不及❼，犹恐失之。"

子曰："巍巍❽乎！舜、禹之有天下也，而不与❾焉。"

注释

❶ 谋：谋划。这里指干预。

❷ 师挚之始：师挚是鲁国乐师。"始"是乐曲的开端，即序曲。

❸ 乱：指乐曲的终了。

❹ 洋洋乎：非常盛大的样子。

❺ 侗（tóng）：幼稚无知。

❻ 悾悾（kōng）：表面诚恳的样子。

❼ 不及：赶不上。

❽ 巍巍：崇高、高大的样子。

❾ 不与：不求而得之。

论语

解读

孔子说:"不在那个职位上,就不考虑那职位上的事。"

孔子说:"从太师挚演奏的序曲开始,到《关雎》结束的一段合奏,盛大而美妙的乐声,充满了我的耳朵。"

孔子说:"狂妄而不正直,无知而不谨慎,表面上诚恳而不守信用,我真不知道有的人为什么会是这个样子。"

孔子说:"追求学问好像永远追赶不上,学到了一点知识又会担心失去。"

孔子说:"多么崇高啊!舜和禹得到天下,不是夺过来的。"

感悟

"不在其位,不谋其政",孔子这句话是对有职位的人而说的。不在其位而谋其政,则有僭越之嫌,就被人认为是"违礼"之举。设官分职,各有所司,不要越职而去干预别人的事,否则就是侵权,就会致祸。"不在其位,不谋其政"也就是要求做官要"安分守己"。

大哉！尧之为君也

子曰："大哉❶！尧之为君也！巍巍乎！唯天为大，唯尧则❷之。荡荡乎❸，民无能名焉❹。巍巍乎其有成功也，焕乎其有文章！"

舜有臣五人❺而天下治。武王曰："予有乱臣十人❻。"

孔子曰："才难，不其然乎？唐虞之际，于斯为盛，有妇人焉❼，九人而已。三分天下有其二，以服事殷。周之德，其可谓至德也已矣。"

注释

❶ 大哉：伟大呀！

❷ 则：效法、学习。

❸ 荡荡乎：广大的样子。

❹ 民无能名焉：民，老百姓；名，形容、称赞。这句话的意思是老百姓无法用言语来赞美他。

❺ 舜有臣五人：传说是禹、稷、契、皋陶、伯益等人。

❻ 乱臣十人：指武王的十个治乱之臣周公旦、召公奭、太公望、毕公、荣公、太颠、闳夭、散宜生、南公适、太姒。

❼ 有妇人焉：指文王之妃、武王之母太姒。

论 语

解读

孔子说:"真伟大啊!尧这样的君主!多么崇高啊!只有天最高大,只有尧才能效法它。他的恩德多么广大啊,百姓们真不知道该用什么语言来表达对他的称赞。他的功绩多么崇高,他制定的礼仪制度多么光辉啊!"

舜有五位贤臣,就能治理好天下。周武王也说过:"我有十个帮助我治理国家的臣子。"

孔子说:"人才难得,难道不是这样吗?唐尧和虞舜之间及周武王这个时期,人才是最盛了。但十个大臣当中有一个是妇女,实际上只有九个人而已。周文王得了天下的三分之二,仍然侍奉殷朝。周朝的德,可以说是最高的了。"

感悟

尧是中国传说时代的圣君。孔子在这里用极美好的语言称赞尧,尤其对他的礼仪制度愈加赞美,表达了他对古代先王的崇敬心情。另外,孔子还提出了一个重要问题,那就是治理天下必须要有人才,而人才是十分难得的。有了人才,国家就可以得到治理,天下就可以太平。

孔子认为人才对于社会的兴盛具有最重要的作用,这种作用是任何人都无可替代的。他认为一个国家人才兴盛国家就会大治。孔子说,唐尧虞舜时天下大治,那是因为那时人才最兴盛。他还认为一个国家的兴衰不取决于国君,而取决于人才。如他曾经讲到卫灵公昏乱时,康子以为卫国该败亡,孔子说卫国不败亡是由于有仲叔圉、祝鮀、王孙贾这样的人才,而如果没有这些人才,卫国的命运就不知道怎么样了。

禹，吾无间然矣

子曰："禹，吾无间然①矣。菲②饮食而致孝乎鬼神，恶③衣服而致美乎黻冕④，卑宫室⑤而尽力乎沟洫⑥。禹，吾无间然矣。"

注释

① 间然：间，空隙的意思，引申为无可挑剔；然，无实意，用作形容词词尾。
② 菲：菲薄，不丰厚。
③ 恶（è）：粗劣。
④ 黻冕：（fú miǎn），祭祀时穿的礼服叫黻；祭祀时戴的帽子叫冕。后为帝王专用。这里指祭祀时穿的礼服、戴的礼帽。
⑤ 卑宫室：卑，品质低劣；宫室，指禹住的宫殿。
⑥ 沟洫（xù），沟渠。指兴修水利。

解读

孔子说："对于禹，我没有什么可以挑剔的了。他的饮食很简单而尽力去祭祀祖先和神灵；他平时穿的衣服很简朴，而祭祀时的礼服却做得非常华美；他自己住的宫室很低矮，而致力于修治水利事宜。对于禹，我确实没有什么挑剔的了。"

论 语

感悟

  孔子在这里从三个方面赞美和歌颂了禹的功德。首先，自己的饮食极其粗劣而祭品却很丰盛，对神虔诚。在我国古代讲究神权政治，对神的虔诚，就是对国家的忠诚。第二，自己的常服十分简朴，而祭鬼神的祭服却非常华丽，克己敬神。第三，自己的宫室非常简陋，而关心人民的水利事业，尽力治平洪水，造福于人类。

  禹是黄帝的玄孙、颛顼的孙子。母亲是有辛氏之女，名叫女志，也叫脩己。禹幼年随父亲鲧东迁，来到中原。其父鲧被帝尧封于崇。帝尧时，中原洪水泛滥造成水患灾祸，百姓愁苦不堪。

  帝尧命令鲧治水，鲧受命治理洪水水患，鲧用障水法，也就是在岸边设置河堤，但水却越淹越高，历时9年未能平息洪水灾祸。接着禹被任命为司空，继任治水之事。

  禹上任后和后稷一起，视察河道，并检讨鲧治水失败的原因。改革治水方法以疏导河川治水为主导，利用水向低处流的自然趋势，疏通了九河。经过13年治理，终于取得成功，消除了中原洪水泛滥的灾祸。

  禹是中国古代传说中与尧、舜齐名的圣贤帝王，他最卓著的功绩，就是治理了祸害百姓的滔天洪水。在治水的过程中，禹走遍天下，对各地的地形、习俗、物产等皆有所了解，重新将天下规划为九个州，并制定了各州的贡物品种。

  禹的贡献不仅在于治理洪水，发展国家生产，使人民安居乐业，更重要的是结束了我国原始社会部落联盟的社会组织形态，创造了"国家"这一新型的社会政治形态，用阶级社会代替原始社会，以文明社会代替野蛮社会，推动了中国社会的发展。

子罕篇第九

　　本篇是《论语》的第九篇，共三十章。编者取第一章第一句"子罕言利，与命与仁"中的"子罕"两字为篇名。其中，记孔子直接论述二十一章，记弟子及他人论述孔子思想、言行六章，记孔子与弟子对话四章。

　　本篇涉及孔子的道德教育思想、弟子对孔子的议论和评价等，具体记述了以下几个方面的内容：

　　一、叙述孔子谦虚而高尚的品德。孔子的学生和大夫、常人都赞美孔子为"圣人"。而孔子谦虚自处，从不言圣。只说自己"吾不试，故艺"，"吾少也贱，故多能鄙事"，"吾无知也"，只是好学而已。

　　二、展示孔子睿智而深刻的哲理思想。在"逝者如斯夫，不舍昼夜"中，包含着孔子人生哲学精华。他昭示人们，历史不会停留，时代永远向前，宇宙如此，人生也是如此。他要求人们效法流水，奔腾向前，永不止息。随着时代步伐，苟日新，日日新，又日新。

　　三、叙述孔子勉人为学。他要求为学者先要立志，有志则进，无志则止。然后为学必须从日常事物做起，从最平凡、最浅近的日常生活做起，看到平凡中蕴藏着伟大，并持之以恒，积善成德。

　　四、记叙孔子学识渊博，人格伟大。孔子之道博大精深，而他却不主观臆测、不绝对武断、不墨守成规、不自以为是，而是尊礼、守正，进而行道于世，退而教书育人，毕其一生造福于社会。

论　语

博学而无所成名

子罕❶言利，与命与仁。

达巷党人❷曰："大哉孔子！博学而无所成名❸。"子闻之，谓门弟子曰："吾何执❹？执御乎？执射乎？吾执御矣。"

子曰："麻冕❺，礼也；今也纯❻，俭，吾从众。拜下，礼也；今拜乎上，泰❼也；虽违众，吾从下。"

注释

❶ 罕：少，很少。
❷ 达巷党人：指达巷党这个地方的人。达，地名。
❸ 成名：指有专门的一技之长。
❹ 吾何执：执，做、干。我应该发展哪方面的专长呢？
❺ 麻冕：麻布制成的礼帽。
❻ 纯：丝绸，指黑色的丝。
❼ 泰：这里指骄纵、傲慢。

解读

孔子很少谈到利益、天命和仁德。

达巷党这个地方有人说："孔子真伟大啊！他学问渊博，因而不能以某一方面的专长来称赞他。"孔子听说了,对他的学生说:"我要专长于哪个方面呢?驾车呢?还是射箭呢?我还是驾车吧。"

孔子说:"用麻布制成的礼帽,符合于礼的规定。现在大家都用黑丝绸制作,这样比过去节省了,我赞成大家的做法。(臣见国君)首先要在堂下跪拜,这也是符合于礼的。现在大家都到堂上跪拜,这是骄纵的表现。虽然与大家的做法不一样,我还是主张先在堂下跪拜。"

感悟

七岁就为孔子老师的项橐赞扬孔子博学道艺,而孔子以自谦进行推托。项橐在充分赞扬孔子博学的同时,对自己无一成名的专长表示惋惜。而孔子谦虚地说,自己应该学什么专长呢?还是学习赶马车的技术吧!因为赶马车在六艺之中最卑微,这样说的目的是教育学生,做事要循序渐进,切勿好高骛远。

毋意，毋必，毋固，毋我

子绝四：毋意❶，毋必，毋固，毋我。

子畏于匡❷，曰："文王既没，文不在兹乎？天之将丧斯文也，后死者不得与于斯文也；天之未丧斯文也，匡人其如予何？"

注释

❶ 毋意：毋通"无"，不。意同"臆"，猜想、猜疑。不主观猜想。

❷ 匡：匡，地名，在今河南省长垣县西南。

解读

孔子杜绝了四种弊病：不主观猜疑，不主观武断，不固执己见，不自以为是。

孔子被匡地的人围困时，他说："周文王死了以后，周代的礼乐文化不都体现在我的身上吗？上天如果想要消灭这种文化，那我就不可能掌握这种文化了；上天如果不消灭这种文化，那么匡人又能把我怎么样呢？"

感悟

孔子处事不凭主观臆测，不墨守成规，不绝对武断，不自以为是，虚心向别人学习。人只有做到这几点才可以完善道德，修养高尚的人格。

夫子圣者与？何其多能也

太宰①问于子贡曰："夫子圣②者与？何其多能③也？"子贡曰："固天纵之将圣④，又多能也。"

子闻之，曰："太宰知我乎？吾少也贱⑤，故多能鄙事⑥。君子多乎哉？不多也。"

牢⑦曰："子云：'吾不试⑧，故艺。'"

子曰："吾有知乎哉？无知也。有鄙夫⑨问于我，空空如也。我叩其两端⑩而竭焉。"

注释

❶ 太宰：官名，掌握国君宫廷事务。
❷ 圣：圣人。
❸ 多能：指多才多艺。
❹ 固天纵之将圣：固，本来；纵，让。这句话的意思是，这本来是上天让他成为圣人的。
❺ 吾少也贱：我小时候贫贱。
❻ 鄙事：卑贱的事情。
❼ 牢：孔子的学生，但在《史记·仲尼弟子列传》中未见此人的任何记载。

论 语

⑧ 吾不试：不被国家所任用，指没有做官。
⑨ 鄙夫：孔子称乡下人、社会下层的人。
⑩ 叩其两端：从问题的头尾两边去探求。叩，叩问、询问；两端，两头。指正反、始终、上下等。

解读

太宰问子贡说："孔夫子是位圣人吧？为什么这样多才多艺呢？"子贡说："这本是上天让他成为圣人，而且使他多才多艺。"孔子听到后说："太宰怎么会了解我呢？我因为少年时地位低贱，所以会许多卑贱的技艺。真正的君子会有这么多的技艺吗？不会的。"

牢说："孔子说过：'我没有去做官，所以学会了许多技艺。'"

孔子说："我有知识吗？其实没有知识。有一个乡下人问我，我对他谈的问题本来一点也不知道。我只是从问题的两端去问，这样对此问题就可以全部搞清楚了。"

感悟

孔子曾经说过"君子不器"，作为君子是不应该懂得太多技艺的。但孔子却懂很多技艺，太宰对此感到不解，便问子贡，像孔子这样的圣人，怎么会精通御车、射箭这样的小艺呢？子贡为了维护老师的尊严，便未以实情相告，而是说，上天让我的老师成了圣人，并使他多才多艺。

孔子听说此事后，知道子贡是为他年轻时的贫贱而遮掩，便说，子贡你这么做是没用的，太宰是知道我的过去的，过去我因为要谋生，就要多掌握一些技艺，曾做过许多鄙贱的事。这表明了，当时孔子不以自己曾做过鄙贱的事而感到耻辱，反以为荣。事实上能够从鄙贱到高贵，的确应该是一件值得自豪的事情。

循循然善诱人

子曰:"凤鸟①不至,河不出图②,吾已矣夫!"

子见齐衰③者,冕衣裳者④与瞽者⑤,见之,虽少,必作⑥;过之,必趋。

颜渊喟然叹曰:"仰之⑦弥高,钻之弥坚。瞻之在前,忽焉在后。夫子循循然善诱人,博我以文,约我以礼。欲罢不能,既竭吾才,如有所立卓尔,虽欲从之,末由也已。"

注释

① 凤鸟:凤凰。我国古代传说中的一种祥瑞之鸟,它的出现预示着天下太平。

② 河不出图:传说在伏羲氏时代,黄河中有龙马背负八卦图而出。它的出现也象征着"圣王"将要出世。

③ 齐衰(zī cuī):丧服,古时用麻布制成。

④ 冕衣裳者:衣冠整齐的贵族。冕,贵族的礼帽;衣,上衣;裳,下衣,即裙子。古代男子上衣下裙。

⑤ 瞽者:盲人。

⑥ 作:站起来表示敬意。

⑦ 之:指孔子之道,也指孔子其人。

论　语

解读

孔子说："凤鸟不来了，黄河中也不出现八卦图了。我这一生也就完了吧！"

孔子遇见穿丧服的人，当官的人和盲人时，虽然他们年轻，也一定要站起来；从他们面前经过时，一定要快步走过。

颜渊叹着气说："老师的学问和道德，抬头仰望，越看越觉得高；努力钻研，越钻研越觉得深。看看他好像在前面，忽然又到后面去了。老师善于有步骤地一步一步诱导我们，用各种文献来丰富我们的知识，用一定的礼节来约束我们的行动，使我们想停止学习也是不可能的。直到我们尽了全力，好像有一个十分高大的形象立在我们前面，虽然我想要追随上去，却没有前进的路径了。"

感悟

颜渊赞美孔子具有渊博学识和诲人不倦的美德。颜渊是孔子最得意的弟子，这番话是颜渊多年追随孔子学习的切身感受和经验总结。颜渊在这段话里讲了三个方面的问题。

第一个问题是感叹孔子之道博大精深，学识高深莫测，仰看高不可攀，钻之坚不可攻。

第二个问题谈了孔子循循善诱的教学方法和教学顺序。"博我以义"，先用《诗》《书》《礼》《乐》等古代文献丰富学生的知识。"约我以礼"，再以礼来约束学生的行为，克制私欲，加强道德修养。

第三个问题谈了自己自跟随孔子学习以来，学习的积极性、自觉性不断提高，学问有了长足的进步，但因学问高深无边而有不可企及之叹。

子路使门人为臣

子疾病,子路使门人为臣❶。病间,曰:"久矣哉,由之行诈也。无臣而为有臣。吾谁欺?欺天乎?且予与其死于臣之手也,无宁❷死于二三子之手乎?且予纵不得大葬❸,予死于道路乎?"

子贡曰:"有美玉于斯,韫椟❹而藏诸?求善贾而沽诸?"子曰:"沽❺之哉,沽之哉!我待贾❻者也。"

注释

❶ 为臣:臣,指家臣,总管。
❷ 无宁:宁可。"无"是发语词,没有意义。
❸ 大葬:指大夫的葬礼。
❹ 韫椟(yùn dú):收藏物件的柜子。
❺ 沽:卖出去。
❻ 待贾(gǔ):贾,商人。等待识货的商人。

解读

孔子患了重病,子路派了学生去做孔子的家臣,负责料理后事。后来,孔子的病好了一些,他说:"仲由很久以来就干这种弄虚作假的事情。我明明没有家臣,却偏偏要装作有家臣,我骗谁呢?我骗上天吧?与其在家臣的侍候下死去，我宁可在你们这些学生的侍候下死去，这样不是更好吗？而且即使我不能以大夫之礼来安葬，难道就会被丢在路边没人埋吗？"

子贡说："这里有一块美玉，是把它收藏在柜子里呢？还是找一个识货的商人卖掉呢？"孔子说："卖掉吧，卖掉吧！我正在等着识货的人呢。"

感悟

这一段叙述了孔子守礼，责备子路冒越名分的做法。儒家对于葬礼十分重视，尤其重视葬礼的等级规定。对于死去的人，要严格地按照周礼的有关规定加以埋葬。不同等级的人有不同的安葬仪式，违反了这种规定，就是大逆不道。孔子反对学生们按大夫之礼为他办理丧事，是为了恪守周礼的规定。

孔子对子路的批评主要表明了以下态度：

一是孔子严格遵守礼制，绝不做僭越名分、违礼欺诈的事情。从多种言论中可以看出，违背周礼的事孔子是绝对不能容忍的。

二是孔子对子路的批评，也从关怀爱护出发，从引咎自责中启发子路提高认识。明明是子路干了违礼之事，而孔子却说"吾谁欺"，把责任揽在自己头上，可见胸怀的坦荡、宽广。

三是孔子对自己的生死看得非常淡然。人固有一死，恐惧、忧虑都不能阻挡它的到来。

还有就是表现了孔子对疾病的抗争精神以及不畏挫折，知难而上，乐观向上，勇于坚持自己的理想，明知其不可为而为之的坚定信心。

子欲居九夷

子欲居九夷①。或曰:"陋②,如之何?"子曰:"君子居之,何陋之有?"

子曰:"吾自卫反鲁③,然后乐正④,雅颂⑤各得其所。"

子曰:"出则事公卿⑥,入则事父兄⑦,丧事不敢不勉⑧,不为酒困,何有于我哉?"

注释

① 九夷:指淮夷。春秋时散居在淮水、泗水之间。
② 陋:鄙野,文化闭塞,不开化。
③ 反鲁:反,同返,回来。孔子从卫国返回鲁国。
④ 乐正:调整乐曲的篇章。
⑤ 雅颂:这是《诗经》中两类不同的诗的名称。
⑥ 出则事公卿:出外就侍奉公卿。出,离家出仕。
⑦ 入则事父兄:回入家就孝敬父兄。入,回家。
⑧ 勉:尽力。

解读

孔子想要搬到东边少数民族地区去居住。有人说:"那里非常落后闭塞,不开化,怎么能住呢?"孔子说:"有君子去住,就不闭塞

论语

落后了。"

孔子说:"我从卫国返回到鲁国以后,把乐曲加以整理订正,使雅乐和颂乐各有适当的安排。"

孔子说:"在外侍奉公卿,在家孝敬父兄,有丧事不敢不尽力去办,不被酒所困,这些事对我来说有什么困难呢?"

感悟

孔子在难行其道后想去东面的少数民族地区隐居。有人认为此地闭塞落后,当地人也愚昧不开化。孔子认为,只要有君子去这些地方住,传播文化知识,开化人们的愚蒙,这些地方就会发生变化。

逝者如斯夫

子在川上❶曰:"逝者❷如斯夫,不舍昼夜。"

子曰:"吾未见好德❸如好色❹者也。"

子曰:"譬如为山❺,未成一篑❻,止,吾止也;譬如平地,虽覆❼一篑,进❽,吾往也。"

子曰:"语之而不惰❾者,其回❿也与!"

注释

❶ 川上:河边。

❷ 逝者:明指流水逝去,实指流逝的岁月。

❸ 好(hào)德:喜爱道德。

❹ 好(hào)色:喜爱美色。

❺ 譬如为山:比方说用土堆山。

❻ 一篑(kuì):一筐土。篑,装土的容器。

❼ 覆:覆盖、倒。这里指倒土。

❽ 进:前进,这里指坚持做下去。

❾ 语之而不惰:语之,说话;惰,懈怠。听我说话始终不懈怠。

❿ 回:这里指颜回。

论　语

解读

孔子在河边说："消逝的时光就像这河水一样啊，不分昼夜地向前流去。"

孔子说："我没有见到过喜爱道德胜过喜爱美色的人。"

孔子说："譬如用土堆山，只差一筐土就完成了，这时停下来，那是我自己要停下来的；譬如在平地上堆山，虽然只倒下一筐，这时继续前进，那是我自己要前进的。"

孔子说："听我说话而能毫不懈怠的，只有颜回一个人吧！"

感悟

子在川上曰："逝者如斯夫，不舍昼夜。"这是孔子站在河边，面对滔滔东逝流水，对景抒情的哲理诗，意味深长。孔子教育人们效法水之顽强，穿石而过，永不畏难；效法水之有恒，坚持不懈，永远向前；效法水之谦逊、宽广，胸怀博大，永不自满。从而珍惜寸阴，只争朝夕，自强不息。

"吾未见好德如好色者也"，孔子周游列国时，卫国对孔子比较重视，卫灵公很想起用他。当时卫国虽然有大夫蘧伯玉这样的贤臣，但左右卫君的却是艳丽的妃子南子。孔子看到卫灵公薄德厚色，故发此感叹。

那一天，卫灵公邀请孔子出去走走。卫灵公和南子坐在第一辆车上，而让孔子坐在第二辆车上。孔子认为，一个国君应该首先追求仁德，重视贤才。现在卫灵公和南子坐第一辆车，让孔子坐第二辆车，这很显然是看重南子的美色，而对能够治理国家的孔子视而不见。所以孔子很生气，感慨地说，我没有见过崇尚道德如喜爱美色的人！

惜乎！吾见其进也

子谓颜渊曰："惜乎❶！吾见其进也，未见其止也。"

子曰："苗而不秀❷者有矣夫；秀而不实❸者有矣夫！"

子曰："后生可畏❹，焉知来者之不如今也？四十、五十而无闻❺焉，斯亦不足畏也已。"

子曰："法语之言❻，能无从乎？改之为贵。巽与之言❼，能无说乎？绎之为贵。说而不绎，从而不改，吾末如之何也已矣。"

注释

❶ 惜乎：惜，可惜；乎，文言叹词。意思是可惜啊！

❷ 苗而不秀：庄稼只出苗不吐穗。秀，是指稻、麦等庄稼吐穗扬花。

❸ 秀而不实：庄稼只吐穗不结果实。

❹ 后生可畏：年轻人是可敬畏的。

❺ 闻：名誉、声望。这里指道德修养。

❻ 法语之言：法，指礼仪规则。符合道德标准的话。

❼ 巽（xùn）与之言：巽，恭顺，谦逊。与，称许，赞许。这里指恭顺赞许的话。

论 语

> **解读**

孔子谈到颜渊时说:"死得可惜呀!我只见他不断前进,从来没有看见他停止过。"

孔子说:"庄稼出了苗而不能吐穗扬花的情况是有的;吐穗扬花而不结果实的情况也有。"

孔子说:"年轻人值得敬畏。怎么知道他们将来不如现在的人呢?四十岁、五十岁还没什么名望的人,也就不值得去敬畏了。"

孔子说:"符合礼法的正言规劝,谁能不听从呢?但只有按它来改正自己的错误才是可贵的。恭顺赞许的话,谁能听了不高兴呢?但只有认真研究它的真伪是非,才是可贵的。只是高兴而不去分析,只是表示听从而不改正错误,对这样的人我拿他实在是没有办法了。"

> **感悟**

孔子在这里怀着痛惜之情,痛惜颜渊英年早逝,赞其自发向上。颜渊是一个十分勤奋刻苦的人,他在生活方面几乎没有什么要求,而是一心用在学问和道德修养方面。但他却不幸死了。对于他的死,孔子自然十分悲痛。他经常以颜渊为榜样要求其他学生。

孔子还以庄稼不秀、不实为喻,告诫学生为学必须持之以恒,才能有所收获。这是孔子以颜回早夭为例子,痛惜颜回苗而不秀。当然,我们也可以看成是孔子教育人们为学必须自勉自励,持之以恒,有始有终,不要秀而不实,半途而废。

孔子还寄希望于年青一代,认为"后生可畏",可以超过前辈。但关键在于及时努力,不要虚度年华,如果不及时发奋,到了四十、五十岁便不可能有什么作为了。

匹夫不可夺志

子曰:"主①忠信,毋友不如己者,过则勿惮改。"

子曰:"三军②可夺帅③也,匹夫④不可夺志⑤也。"

子曰:"衣敝缊袍⑥,与衣狐貉⑦者立,而不耻者,其由也与?'不忮不求,何用不臧⑧?'"子路终身诵之。子曰:"是道也,何足以臧?"

注释

① 主:主宰、根本。

② 三军:春秋时代,诸侯大国多设三军。这里三军泛指全军。

③ 夺帅:使其丧失主帅。帅,将帅、统帅。

④ 匹夫:一个人,指平常老百姓、普通人。

⑤ 夺志:强迫放弃志向。

⑥ 衣敝缊(yùn)袍:衣,穿;敝,坏;缊,旧的丝绵絮。这里指破旧的丝绵袍。

⑦ 狐貉:用狐和貉的皮做的裘皮衣服,指贵重的服装。

⑧ 不忮(zhì)不求,何用不臧(zāng):忮,嫉妒;臧,善,好。语出《诗经·邶风·雄雉》,意思是不嫉妒,不贪求,不是一种美德吗?

论 语

解读

孔子说:"以忠诚、信义为根本,不结交不如自己的朋友,有了错误,就不惧怕改正。"

孔子说:"全军的主帅可以被夺去;但一个男子汉,他的志向是不能被强迫改变的。"

孔子说:"穿着破旧的丝绵袍子,与穿着狐貉皮袍的人站在一起而不认为是可耻的,大概只有仲由吧。《诗经》上说:'不嫉妒,不贪求,难道不是一种美德吗?'"子路听后,反复背诵这句诗。孔子又说:"只做到这样,怎么能说够好了呢?"

感悟

孔子用强弱对比的手法,论述了立志的重要性。三军的力量是强大的,但指挥失当,军心不齐,主帅往往因战败被杀或被俘。而匹夫与三军相比,力量是微不足道的,但是一旦立定志向,便要有坚定而崇高的理想和气节。泰山崩于眼前脸色也不会变,要有富贵不能淫、贫贱不能移、威武不能屈的精神。

这里的"志"是"志向"。人要立志,才能知道用功的方向。面对诸多挑战,没有一点"志气"充盈胸中,是万不能支撑过去的。鸟贵有翼,人贵有志。艰难困苦,玉汝于成。志向是心里的意念,意念的动,能够引领我们永往直前。只要拥有了这个意念,不论刀山火海,都会义无反顾,至死方休。

有志者,事竟成。只要我们锁定目标,并向着这个目标努力奋斗,最后便一定能收获丰硕的成果。

岁寒，然后知松柏之后凋也

子曰："岁寒，然后知松柏之后凋也。"

子曰："知者不惑❶，仁者不忧❷，勇者不惧。"

子曰："可与共学，未可与适道❸；可与适道，未可与立；可与立，未可与权❹。"

"唐棣之华❺，偏其反而❻。岂不尔思？室是远而。"子曰："未之思也，夫何远之有？"

注释

❶ 知者不惑：指不断求取知识的人就不会被遇到的事情所迷惑。知，通"智"，指拥有智慧的人；惑，疑惑，被世事所迷惑。

❷ 仁者不忧：有仁德的人不会因为心虚而忧虑。仁者，有仁德的人；忧，忧愁、忧虑。

❸ 适道：适，往。这里是志于道，追求道的意思。

❹ 权：秤锤。这里引申为权衡轻重。

❺ 唐棣之华：唐棣树的花。唐棣，一种植物，属蔷薇科，落叶灌木；华，通"花"。

❻ 偏其反而：翩翩地摇摆。

论　语

解读

孔子说："到了寒冷的季节，才知道松柏是最后凋谢的。"

孔子说："聪明人不会迷惑，有仁德的人不会忧愁，勇敢的人不会畏惧。"

孔子说："可以一起学习的人，未必都能学到道；能够学到道的人，未必能够坚守道；能够坚守道的人，未必能够随机应变。"

"唐棣的花朵啊，翩翩地摇摆。我岂能不想念你呢？只是由于家住的地方太远了。"孔子说："他还是没有真的想念，如果真的想念，怎么会遥远呢？"

感悟

孔子在这里以松柏凌寒为喻，歌颂在严酷环境中坚定不屈的人。孔子认为，人是要有骨气的。作为有远大志向的君子，就应该像松柏那样，不仅不随波逐流，而且还能够经受各种各样的严峻考验。

乡党篇第十

本篇是《论语》的第十篇,共二十七章。编者取第一章第一句"孔子于乡党"中的"乡党"两字为篇名。本篇是孔子的弟子和再传弟子关于孔子日常言行和社会活动的片段记录。他们受学于孔子,和孔子朝夕相处,对孔子平时的言行观察得极为细致,记录得十分详尽。

本篇集中记载了孔子的容色言动、衣食住行,颂扬孔子是个一举一动都符合礼的正人君子。全篇围绕着孔子做人循礼而行这条主线展开,大致可以分为五个方面:

一、记录孔子在家乡父老面前的仪容仪态。他尊敬老人,恭敬谦和,从不卖弄学问,夸夸其谈,体现了孝悌原则。

二、记录孔子奉事君主、接待外宾、出使聘问、与同事相处的仪容、仪态。在君主面前他小心翼翼、恭敬谨慎,处处体现尊君、忠君、守礼的原则。他熟谙礼仪,接待外宾、出使聘问,都能如礼而行,符合礼制。

三、记录孔子对祭祀的虔诚态度,他"齐必变食,居必迁坐",符合"祭如在,祭神如神在"的礼神原则。

四、记录孔子结交朋友的诚信行动,为无亲朋友殡葬,符合交友的道义原则。

五、记录了孔子衣、食、住、行的日常生活习惯。他对于衣食住行,都有自己的要求和喜爱,符合于礼的原则。

论　语

孔子于乡党，恂恂如也

　　孔子于乡党，恂恂①如也，似不能言者。其在宗庙、朝庭，便便②言，唯谨③尔。

　　朝，与下大夫言，侃侃④如也；与上大夫言，訚訚⑤如也。君在，踧踖⑥如也，与与⑦如也。

　　君召使摈⑧，色勃⑨如也；足躩⑩如也。揖所与立，左右手，衣前后，襜⑪如也。趋进，翼如也⑫。宾退，必复命曰："宾不顾矣。"

注释

① 恂恂（xún xún）：温和恭顺的样子。
② 便便（pián pián）：善于辞令，语言流畅。
③ 谨：小心谨慎。
④ 侃侃（kǎn kǎn）：温和而快乐。
⑤ 訚訚（yín yín）：正直，和颜悦色而又能直言争辩。
⑥ 踧踖（cù jí）：恭敬而不安的样子。
⑦ 与与：行步从容而安详。
⑧ 使摈（bìn）：摈，同"傧"。接待外宾的傧相。
⑨ 色勃：神色庄重严肃。
⑩ 足躩（jué）：脚步疾快的样子。躩，快速。

⑪ 襜（chān）：整齐之貌。
⑫ 翼如也：像鸟儿展开翅膀一样。

解读

孔子在家乡，显得很温和恭敬，像是不会说话的样子。但他在宗庙里、朝廷上，却很善于言辞，只是说得比较谨慎而已。

孔子在上朝的时候，同下大夫说话，温和而快乐的样子；同上大夫说话，正直而恭敬的样子；国君临朝，显得恭敬而不安，但又仪态适中。

国君召孔子去接待宾客，孔子脸色立即庄重起来，脚步也快起来，他向和他站在一起的人作揖，向左或向右拱手，衣服前后摆动，却整齐不乱。快步走的时候，像鸟儿展开双翅一样。宾客走后，必定向君主回报说："客人已经离开了。"

感悟

本节记叙了孔子在乡党、宗庙、朝廷的不同言语和仪态。在家乡，孔子温和恭顺，好像不会说话一样。这是因为家乡长辈多，需行孝悌之义。在朝廷、宗庙，则由于职务关系，对于有关政事，必须表明自己的态度，所以"便便言"，必须辩论清楚，但说话仍要符合一定的礼仪。

礼仪是人们在社会交往活动中，为了相互尊重，在仪容、仪表、仪态、仪式、言谈举止等方面约定俗成的，共同认可的行为规范。对一个人来说，礼仪是一个人的思想道德水平、文化修养、交际能力的外在表现，孔子在不同场合的言语仪态，表现了他身体力行施行礼仪的坚定信念。

入公门，鞠躬如也

入公门，鞠躬①如也，如不容②。立不中门，行不履阈③。过位，色勃如也，足躩如也，其言似不足者。摄齐④升堂，鞠躬如也，屏气⑤似不息者。出，降一等⑥，逞颜色，怡怡如也⑦。没阶⑧，趋进，翼如也。复其位，踧踖如也。

执圭⑨，鞠躬如也，如不胜⑩。上如揖，下如授⑪。勃如战色⑫，足蹜蹜，如有循。享礼，有容色。私觌⑬，愉愉如也。

注释

① 鞠躬：谨慎而恭敬的样子。

② 如不容：如，就像；容，容纳，容身。

③ 履阈（yù）：阈，门槛。履阈，就是脚踩门槛的意思。

④ 摄齐（zī）：齐，衣服的下摆。摄，提起。提起衣服的下摆。

⑤ 屏（bǐng）气：指抑制呼吸。形容谨慎畏惧的样子。

⑥ 降一等：降，下降；一等，这里是一级的意思。就是走下一级台阶。

⑦ 怡怡如也：怡怡，和顺之貌。怡然自得的样子。

⑧ 没阶：走完台阶。

⑨ 执圭：拿着玉圭。圭，玉器名。古代官员上朝、祭祀、丧葬时

拿在手里的礼器。

⑩ 如不胜：就好像承担不起。

⑪ 授：交给。上级交给下级称授。

⑫ 战色：战战兢兢的样子。

⑬ 私觌（dí）：私人会见。

解读

孔子走进朝廷的大门，谨慎而恭敬的样子，好像没有他的容身之地。站，不站在门的中间；走，也不踩门槛。经过国君的座位时，他脸色立刻庄重起来，脚步也加快起来，说话也好像力气不足一样。提起衣服下摆向堂上走的时候，恭敬谨慎的样子，憋住气好像不呼吸一样。退出来，走下台阶，脸色才舒展开，怡然自得的样子。走完了台阶，快速地向前走几步，姿态像鸟儿展翅一样。回到自己的位置，又是一副恭敬不安的样子。

孔子出使别的诸侯国，拿着圭，恭敬谨慎，像是举不起来的样子。向上举时好像在作揖，放在下面时好像是给人递东西。脸色庄重得像战栗的样子，步子很小，好像沿着一条直线往前走。在举行赠送礼物的仪式时，显得和颜悦色。和国君举行私下会见的时候，更轻松愉快了。

感悟

本节完整地记载了孔子上朝参见君主和出使外国时的仪容仪态。从孔子进入朝廷大门、经过君主座位，到走下台阶回到自己位置，再到出使他国时的一系列行为动作，表现了孔子熟悉礼法、遵行礼仪的从容仪态。

论 语

君子不以绀緅饰

君子不以绀緅饰①，红紫不以为亵服②。当暑，袗絺绤③，必表而出之。缁衣④，羔裘；素衣，麑裘⑤；黄衣，狐裘。亵裘长，短右袂⑥。必有寝衣，长一身有半。狐貉之厚以居。去丧，无所不佩。非帷裳⑦，必杀之⑧。羔裘玄冠不以吊。吉月⑨，必朝服而朝。

注释

① 不以绀緅（gàn zōu）饰：绀，深青透红，斋戒时服装的颜色。緅，黑中透红，丧服的颜色。

② 亵服（xiè fú）：是指古人家居时穿的内衣、便服。

③ 袗絺绤（zhěn chī xì）：穿粗的或细的葛布单衣。袗，单衣；絺，细葛布；绤，粗葛布。

④ 缁衣：即黑衣。

⑤ 麑裘：白色小鹿皮。

⑥ 短右袂：袂，袖子。右袖短一点，是为了便于做事。

⑦ 帷裳：礼服。上朝和祭祀时穿。

⑧ 必杀之：一定要裁去多余的布。杀，裁。

⑨ 吉月：指农历每月初一。

解读

君子不用深青透红或黑中透红的布镶边，不用红色或紫色的布做平常在家穿的衣服。夏天穿粗的或细的葛布单衣，但一定要套在内衣外面。黑色的羔羊皮袍，配黑色的罩衣。白色的鹿皮袍，配白色的罩衣。黄色的狐皮袍，配黄色的罩衣。平常在家穿的皮袍做得长一些，右边的袖子短一些。睡觉一定要有睡衣，要有一身半长。用狐貉的厚毛皮做坐垫。丧服期满，脱下丧服后，便佩戴上各种各样的装饰品。如果不是礼服，一定要加以剪裁。不穿着黑色的羔羊皮袍和戴着黑色的帽子去吊丧。每月初一，一定要穿着礼服去朝拜君主。

感悟

本节集中地记叙了孔子的衣被服饰并遵从礼制的细节，这些细节表现出孔子对于不同场合的郑重态度。从穿衣这类小事上，我们可以看出，孔子对于实施礼制的决心和态度，他绝不会在庄重的场合去穿一种应在不庄重的场合穿的衣服。孔子穿衣的礼节主要表现在以下几个方面：

第一，他准备有礼服、常服。夏衣有麻布衣，冬衣有皮袍。还有罩衣、被褥、坐垫等。一应齐备，非常豪华、气魄。

第二，他非常注意衣服颜色的配合协调。

第三，注意节约。他会将常服裁去下边的围裙。常服右边的袖子做得短些，既节约用料，又便于做事。

第四，注意穿衣的礼节。他不用红色、紫色布做便服；不穿紫羔皮袍、戴黑色帽子去吊丧。服丧期满则什么都可佩戴；每月初一必定穿朝服上朝。由此可见，孔子的服饰非常讲究，既注意美观、实用，也要保证合乎礼仪。

论语

食不厌精，脍不厌细

齐①，必有明衣②，布。齐必变食③，居必迁坐。

食不厌精，脍不厌细④。食饐而餲⑤，鱼馁⑥而肉败，不食。色恶，不食。臭恶，不食。失饪⑦，不食。不时，不食，割不正，不食。不得其酱，不食。肉虽多，不使胜食气⑧。唯酒无量，不及乱。沽酒市脯，不食。不撤姜食，不多食。

注释

① 齐：同"斋"，斋戒。

② 明衣：浴衣。

③ 齐必变食：斋戒期间一定改变饮食习惯，即不吃肉、不喝酒，只吃素食。

④ 脍不厌细：脍，细切的鱼肉。厌，满足。

⑤ 食饐（yì）而餲（ài）：食物经久而腐烂、变味。饐，陈旧。食物放置时间长了。餲，食物久放而变味。

⑥ 馁（něi）：鱼腐烂，这里指鱼不新鲜。

⑦ 饪：烹调制作饭菜。

⑧ 气（xì）：同"饩"，即粮食。

乡党篇第十

解读

斋戒沐浴的时候，一定要有浴衣，用布做成。斋戒的时候，一定要改变平常的饮食，居住也一定迁出卧室。

粮食不嫌舂得精，鱼和肉不嫌切得细。粮食陈旧和变味了，鱼和肉腐烂了，都不吃。食物的颜色变了，不吃。气味变了，不吃。烹调不当，不吃。不到用餐时间，不吃。肉切得不方正，不吃。作料放得不适当，不吃。席上的肉虽多，但吃的量不超过米面的量。只有酒没有限制，但不喝醉。从市上买来的肉干和酒，不吃。每餐必须有姜，但也不多吃。

感悟

孔子的饮食习惯，概括起来讲了五个方面的内容：一是讲究食物的精细；二是注意卫生，不吃腐败变质的食物；三是节制饮食；四是要有较高的烹饪要求；五是不吃买来的酒和干肉。孔子的饮食习惯，反映了春秋时期贵族士大夫的生活现实。

食不语，寝不言

祭于公，不宿肉[1]，祭肉不出三日。出三日，不食之矣。

食不语，寝不言。

虽疏食菜羹，必祭，必齐如也。

席不正，不坐。乡人饮酒，杖者出，斯出矣。

注释

[1] 不宿肉：不使肉过夜。

解读

孔子参加国君祭祀典礼时分到的肉，不留到第二天。祭祀用过的肉不超过三天。超过三天，就不吃了。

吃饭时不与人交谈，睡觉时不说话。

即使是吃粗食菜汤，也要祭祀发明熟食的人，祭时像斋戒一样虔诚。

席子放得不端正，不坐。行乡饮酒的礼仪结束后，孔子一定要等老年人先出去，然后自己才出去。

感悟

这里记载了孔子的举止言谈和一些习惯。他时时以正人君子的标准要求自己，使自己的言行尽量符合礼的规定。他认为，礼是至高无上的，是神圣不可侵犯的，所以，一投足、一举手都必须依照礼的原则去做。

乡人傩,朝服而立于阼阶

乡人傩❶,朝服而立于阼阶❷。

问人于他邦❸,再拜❹而送之。

康子馈药,拜而受之。曰:"丘未达❺,不敢尝。"

厩焚❻。子退朝,曰:"伤人乎?"不问马。

君赐食,必正席❼先尝之。君赐腥❽,必熟而荐之❾。君赐生,必畜之。侍食于君,君祭,先饭。

注释

❶ 傩(nuó):古代迎神驱鬼的宗教仪式。

❷ 阼(zuò)阶:东面的台阶。古代礼制,主人立在大堂东面的台阶,即居于主位。

❸ 问人于他邦:(请人)问候居住在其他国家的人。问,问候;他邦,其他国家。

❹ 再拜:拜两次,表示礼重、尊敬。

❺ 未达:不了解。

❻ 厩焚:厩,马棚、马房;焚,烧毁。

❼ 正席:摆正席位,表示恭敬。

❽ 腥:生肉。

论　语

❾ 熟而荐之：煮熟后先进奉祖先。荐，追荐，进奉祖先。

解读

乡里人举行迎神驱鬼的宗教仪式时，孔子总是穿着朝服站在东边的台阶上。

托人向住在其他诸侯国的朋友问候，对受托人拜两次后送行。

季康子给孔子赠送药品，孔子拜谢之后接受了，说："我对药性不了解，不敢尝。"

马棚失火烧掉了。孔子退朝回来，说："伤人了吗？"不问马的情况怎么样。

国君赐给熟食，孔子一定摆正座席先尝一尝。国君赐给生肉，一定煮熟了，先给祖宗上供。国君赐给活物，一定要饲养起来。同国君一道吃饭，在国君举行饭前祭礼的时候，一定要先尝一尝。

感悟

孔子家里的马棚失火被烧掉了，当他听到这个消息后，首先问人有没有受伤。宋代朱熹在《论语集注》中说："非不爱马，然恐伤人之意多，故未暇问。盖贵人贱畜，理当如此。"朱熹说，这并不表明孔子不爱马，而是担心伤了人，所以没有顾上问马。因为人毕竟比畜生重要，所以先问人是理所当然的。

这一点表明他重人不重财，重视人的生命胜过金钱财物。有学者认为，这是中国人道主义思想的发端。但也有人对孔夫子"不问马"有责备之意，他们说，难道圣人只仁于人，不仁于马吗？事实上这是误解，孔子并没有不问马，而是先人后马，当时没顾上问而已。

疾，君视之

疾，君视之，东首❶，加朝服，拖绅❷。

君命召，不俟驾❸行矣。

入太庙，每事问。

朋友死，无所归，曰："于我殡❹。"

朋友之馈❺，虽车马，非祭肉，不拜。

寝不尸❻，居不客。

注释

❶ 东首：面朝东，迎接从阼阶上走来的国君。
❷ 绅：束在腰间的大带子。
❸ 不俟（sì）驾：俟，等待；驾，驾好马车。
❹ 殡：停放灵柩和埋葬都可以叫殡，这里泛指丧葬事务。
❺ 馈：送、赠。
❻ 寝不尸：尸，挺直睡觉。晚上睡觉时不会直挺挺的。

解读

孔子病了，国君来探视，他便头朝东躺着，身上盖上朝服，拖着大带子。

论语

国君下令召见，他不等车马驾好就先步行走去了。

孔子走进太庙，每件事情都要向人请教。

孔子的朋友死了，没有亲属负责收殓，孔子说："丧事由我来办吧。"

朋友馈赠物品，即使是车马，只要不是祭肉，孔子在接受时也不拜。

孔子睡觉时不直挺挺的像死尸一样，平时坐着也不像做客或接待客人时那样规矩。

感悟

孔子生了病，躺在床上，国君来看望他，他无法起身，这似乎对国君不尊重，有违于礼。于是，他就把朝服盖在身上。这表现出孔子即使在病榻上，也非常重视对国君的礼节。

迅雷风烈必变

见齐衰者❶，虽狎❷，必变。见冕者与瞽者，虽亵，必以貌。凶服❸者式❹之。式负版者❺。有盛馔❻，必变色而作。迅雷风烈❼必变。

升车，必正立，执绥❽。车中，不内顾，不疾言，不亲指。

色斯举矣❾，翔而后集。曰："山梁雌雉，时哉时哉！"子路共之，三嗅而作❿。

注释

❶ 齐衰（zī cuī）者：指穿丧服的人。

❷ 狎（xiá）：亲近的意思。

❸ 凶服：送终葬服。收殓死人穿的衣服。

❹ 式：同"轼"，古代车辆前部的横木。指低头俯身、双手伏在车前横木上，表示敬意。

❺ 负版者：背负国家图籍的人。当时无纸，用木版书写或刻写，所以称"版"。

❻ 有盛馔（zhuàn）：有丰盛的宴席。馔，饭食。

❼ 迅雷风烈：迅雷，突然打雷；风烈，刮大风。

❽ 执绥（suí）：就是持绳索登车。绥，据孔颖达疏解释："绥者，挽以上车之索也。"

⑨ 色斯举矣：神色不善的样子。

⑩ 三嗅而作：嗅应为狊字之误。狊（jù），鸟张开两翅。一本作"戛"字，鸟的长叫声。

解读

孔子见了穿孝服的人，即使和那人很亲密，也一定郑重变容。见了戴礼帽或瞎了眼睛的人，即使和那人常见面，也一定有礼貌。在车上遇见拿着给死人穿的衣物的人，就将身体前倾，用手扶着车前横木以表同情。遇见持有国家图籍的人，也手扶车前横木。见有丰盛的菜肴，一定改变容色而起身示敬。遇见迅雷疾风，也一定神色变动，以示对上天的敬畏。

孔子登车，一定先端正地站好，手挽绥带。在车中，不回头看，不高声快速说话，不用手指来指去。

野鸡见了人，惊飞而起，在天空盘旋一阵又落下来止住。孔子说："山梁上的野母鸡，也懂得时宜呀，也懂得时宜呀！"子路便向它们拱了拱手，它们张了张翅膀飞翔而去。

感悟

这里记载了孔子遵守礼制的细节情况。对不同的人、不同的事、不同的环境，应该有什么表情、什么动作、什么语言，他都一丝不苟，准确而认真。这一方面说明孔子依礼而行，另一方面说明孔子感觉的敏锐、感情的丰富。

先进篇第十一

本篇是《论语》的第十一篇,共二十六章。编者取第一章第一句"先进于礼乐"中的"先进"两字为篇名。其中,记孔子直接论述十六章,记孔子与大夫、学生对话十章。

本篇主要记叙孔子学生的言行以及孔子对他们的评价,并以此为例说明"过犹不及"的中庸思想、学习各种知识与日后做官的关系,以及孔子对待鬼神、生死问题的态度。

一、赞扬学生的才能。如赞扬闵子骞"孝哉""言必由中";颜渊好学,安贫乐道;子路有志于军事,其学问登堂而未入室;冉有有志于政事;公西赤有志于外交等。

二、善意指出学生的缺失。如指出颜回不对自己提出相反的、有助益的意见,婉转指出颜回的父亲厚葬颜回失礼。

三、痛掉颜回早死。大呼"天丧予!天丧予!"情真意切。

四、责备冉有为季氏聚敛不义之财,盘剥人民,称"非吾徒也",竟然要将他逐出师门。

论 语

先进于礼乐，野人也

子曰："先进❶于礼乐，野人❷也；后进于礼乐，君子❸也。如用之，则吾从先进。"

子曰："从我于陈、蔡❹者，皆不及门❺也。"

德行❻：颜渊、闵子骞、冉伯牛、仲弓。言语❼：宰我、子贡。政事：冉有、季路。文学❽：子游、子夏。

子曰："回也，非助我者也，于吾言无所不说❾。"

注释

❶ 先进：指先学习礼乐而后再做官的人。

❷ 野人：指乡野平民。

❸ 君子：指卿大夫子弟，依靠门荫入仕者。

❹ 陈、蔡：就是当时的陈国和蔡国。陈国在今河南东部及安徽西部，蔡国在今河南上蔡一带。

❺ 不及门：不在师门，即不在身边。

❻ 德行：指品德行为。

❼ 言语；能言善辩。

❽ 文学：指通晓诗书礼乐等古代文献。

❾ 说：通"悦"。心悦诚服。

先进篇第十一

> **解读**

孔子说:"先学习礼乐而后获得爵禄的是庶民百姓,生来就有世袭爵禄后来才学点礼乐的是传统的君子。如果要选用人才,我就选用先学习礼乐的人。"

孔子说:"跟随我在陈、蔡受难的人,现在都不在我这里了。"

德行好的有:颜渊、闵子骞、冉伯牛、仲弓。善于辞令的有:宰我、子贡。擅长政事的有:冉有、季路。通晓诗书礼乐等文献知识的有:子游、子夏。

孔子说:"颜回不是对我有帮助的人,可他对我说的话是心悦诚服的。"

> **感悟**

本篇的开头孔子论述了用人问题,他主张"学而优则仕",先学习礼乐,掌握一定的学问后,再去做官治民。而对于当时卿大夫子弟承袭父兄庇荫,先做官,再去学习礼乐的情况表示不满。所以说:"如用之,则吾从先进。"

接着,孔子回忆了在周游列国中的一些事情。孔子带领学生来到陈国时,吴国正在进攻陈国。孔子被困在兵荒马乱的陈国,整整七天没吃上米饭,学生们饿得爬不起来,后来幸亏楚庄王派兵来迎接,才使孔子和弟子免于祸难。孔子晚年回忆共患难的弟子,感慨万分地说,那些跟随我的弟子现在都不在了,可是我们经受的苦难却一刻也没有忘记。

本篇还叙述了孔子在德行、言语、政事、文学四科学生中的代表人物。孔子在教学中,将十位成就最高的弟子按专长分为四科,分科教育,因材施教,所以弟子各有专长。

| 论 语

孝哉闵子骞

子曰:"孝哉闵子骞!人不间①于其父母昆弟之言。"

南容三复白圭,孔子以其兄之子②妻之。

季康子问:"弟子孰为好学?"孔子对曰:"有颜回者好学,不幸短命死矣,今也则亡。"

注释

① 间:非难、批评、挑剔。
② 子:这里指女儿。

解读

孔子说:"闵子骞孝顺呀!人们没有批评他对父母兄弟不好的话。"

南容反复诵读"白圭之玷,尚可磨也;斯言不玷,不可为也"的诗句,孔子把侄女嫁给了他。

季康子问孔子:"你的学生中谁最爱学习?"孔子说:"有一个叫颜回的很好学,不幸短命死了。现在再也没有像他那样的了。"

感悟

在这里,孔子赞扬了颜渊的好学、闵子骞的孝顺、南容三复白圭等,表明了他对这些学生的欣赏和喜爱。

颜渊死，子哭之恸

颜渊死，颜路❶请子之车以为之椁❷。子曰："才不才，亦各言其子也。鲤❸也死，有棺而无椁。吾不徒行以为之椁。以吾从大夫之后，不可徒行也。"

颜渊死，子曰："噫❹！天丧予❺！天丧予！"

颜渊死，子哭之恸。从者曰："子恸矣。"曰："有恸乎？非夫❻人之为恸而谁为？"

注释

❶ 颜路：颜渊的父亲，也是孔子的学生，生于公元前545年。
❷ 椁（guǒ）：古人所用棺材，内为棺，外为椁。
❸ 鲤：字伯鱼，孔子的儿子，死时50岁，孔子70岁。
❹ 噫：唉，叹词。
❺ 天丧予：天要我的命了。丧，丧亡。
❻ 夫（fú）：指示代词，此处指颜渊。

解读

颜渊死了，他的父亲颜路请求孔子卖掉车子，给颜渊买个外椁。孔子说："虽然颜渊和孔鲤一个有才一个无才，但都是各自的儿子。孔鲤死的

论 语

时候，也是有棺无椁。我没有卖掉自己的车子步行而给他买椁。因为我还属于大夫之列，是不能步行的。"

颜渊死了，孔子说："唉！是老天爷真要我的命呀！是老天爷真要我的命呀！"

颜渊死了，孔子哭得极其悲痛。跟随孔子的人说："您悲痛过度了！"孔子说："是悲伤过度了吗？我不为这个人悲伤，又为谁呢？"

感悟

颜渊是孔子最得意的学生，小孔子40岁，孔子视之如子，认为是可以传道的人，颜渊不幸早逝，使孔子失去了继承人。他悲痛万分，呼天唤地，老泪纵横。这里真实再现了孔子与颜回的师徒深情和父子般的真情。

未知生，焉知死

颜渊死，门人欲厚葬❶之，子曰："不可。"门人厚葬之。子曰："回也视予犹父也，予不得视犹子也。非我也，夫二三子也。"

季路问事鬼神。子曰："未能事人，焉❷能事鬼？"曰："敢问死。"曰："未知生，焉知死？"

闵子侍侧，訚訚❸如也；子路，行行❹如也；冉有、子贡，侃侃❺如也。子乐。"若由也，不得其死然。"

注释

❶ 厚葬：隆重地安葬。
❷ 焉：怎么。
❸ 訚訚（yín）：和颜悦色的样子。
❹ 行行（hàng）：刚强的样子。
❺ 侃侃：说话理直气壮。

解读

颜渊死了，孔子的学生们想要隆重地安葬他。孔子说："不能这样做。"学生们仍然隆重地安葬了他。孔子说："颜回把我当父亲一样看待，我却不能把他当亲生儿子一样看待。这不是我的过错，是那些学生干的呀。"

论　语

　　季路问怎样去侍奉鬼神。孔子说："没能侍奉好人，怎么能侍奉鬼呢？"季路说："请问死是怎么回事？"孔子回答说："还不知道活着的道理，怎么能知道死呢？"

　　闵子骞侍立在孔子身旁，一派和悦而温顺的样子；子路是一副刚强的样子；冉有、子贡是温和快乐的样子。孔子高兴了。接着又叹息说："像仲由这样，只怕不得善终吧！"

感悟

　　季路就是子路。在这里，子路向孔子讨教关于鬼神和生死的问题。鬼神、生死，是人生的两大问题，不是一两句话就可以说清楚的。所以，孔子回答得很巧妙，他认为鬼神是属于天道问题，而天道远，人道近，人本身的问题都还没有探讨清楚，怎么去谈遥远的天道呢？

　　至于生死问题，更难说了，我们既没弄清楚人怎么会生，哪里又知道怎么会死呢？是啊，"未知生，焉知死"？生的问题都弄不清楚，又怎能知道死的问题呢？

　　孔子并没有在说死后之事是不可知，而是说要知死必须先知生。可见孔子是重视人生现实而轻视死后之事的，所以他教育学生，从现实出发，重视人事，切切实实地做学问，追求仁德。

　　此处反复提及的"生"，当然是指人生。"人生"有着极其丰富的内涵，怎样度过自己的人生，不同的人有不同的方法。孔子的一生致力于恢复周礼，主张"仁者爱人"，建构了完整的"德道"思想体系，成为被后世景仰的至圣先师。应该说，孔子的人生是非常精彩的。

子曰：过犹不及

鲁人❶为长府。闵子骞曰："仍旧贯❷，如之何？何必改作？"子曰："夫人❸不言，言必有中❹。"

子曰："由之瑟❺奚为于丘之门？"门人不敬子路。子曰："由也升堂矣，未入于室也❻。"

子贡问："师与商❼也孰贤❽？"子曰：师也过，商也不及。曰："然则师愈与？"子曰："过犹不及。"

注释

❶ 鲁人：这里指鲁国的当权者。

❷ 仍旧贯：沿袭老样子、老制度办。

❸ 夫（fú）人：这个人。

❹ 中：中的，要害。

❺ 瑟（sè）：一种古乐器，与古琴相似。

❻ 由也升堂矣，未入于室也：由指孔子的学生仲由。这一句的"升堂"和"入室"表示做学问的两个阶段。升堂，指学问已很不错。入室指学问非常精深。

❼ 师与商：就是孔子的学生颛孙师与卜商。

❽ 孰贤：孰，谁；贤，有德行，多才能。

| 论　语

解读

　　鲁国翻修长府的国库。闵子骞道："照老样子行不行？何必一定要改建呢？"孔子道："这个人平日不大开口，一开口就说到要害上。"

　　孔子说："仲由弹瑟，为什么在我的门口弹呢？"孔子的学生们因此都不尊敬子路。孔子又说："仲由嘛，他在学习上已经达到升堂的程度了，只是还没有入室罢了。"

　　子贡问孔子："颛孙师和卜商哪个能干？"孔子说："颛孙师有点过头了，卜商有点不够。"子贡道："那么是颛孙师强一些吗？"孔子说："过头和不够同样不好。"

感悟

　　"过犹不及"即中庸思想的具体说明。《中庸》说，过犹不及为中。既不超过，也不要不及，合乎中，才符合中庸之道。既然子张做得过分、子夏做得不足，那么两人都不好，所以孔子对此二人的评价就是"过犹不及"。

季氏富于周公

季氏富于周公❶，而求也为之聚敛而附益❷之。子曰："非吾徒也。小子鸣鼓而攻之，可也。"

柴❸也愚，参也鲁，师也辟，由也喭❹。

子曰："回也其庶❺乎，屡空❻。赐不受命❼，而货殖焉，亿❽则屡中。"

子张问善人之道，子曰："不践迹，亦不入于室。"

注释

❶ 周公：周朝的公侯。也有人认为这个周公是指周朝的公卿。

❷ 附益：增加。

❸ 柴：高柴，字子羔，孔子学生，比孔子小30岁，公元前521年出生。

❹ 喭（yàn）：鲁莽，粗鲁，刚猛。

❺ 庶：庶几，相近。这里指颜渊的学问道德接近于完善。

❻ 屡空：常常匮乏、贫穷。

❼ 不受命：不接受上天的命运安排。

❽ 亿：同"臆"，猜测，估计。

论 语

解读

季氏比周朝的公侯还要富有,而冉求还帮他搜刮来增加他的钱财。孔子说:"他不是我的学生了,你们可以大张旗鼓地去攻击他吧!"

高柴愚直,曾参迟钝,颛孙师偏激,仲由鲁莽。

孔子说:"颜回的学问道德接近于完善了吧,可是他常常贫困。端木赐不听命运的安排,去从事商业活动,猜测行情,往往很正确。"

子张问做善人的方法。孔子说:"如果不沿着前人的脚印走,他的学问和修养也难以达到最高境界。"

感悟

在这里,孔子对几个学生的性格和德才做了评价。其中包括"柴也愚,参也鲁,师也辟,由也喭"。孔子痛恨聚敛钱财,损害人民的行为,所以,对于自己的学生冉求帮助季氏搜刮钱财、为虎作伥的做法非常生气。他表示不承认冉求是自己的学生,而且还让其他学生打着鼓去声讨冉求。

子路问闻斯行诸

子曰:"论笃❶是与,君子者乎?色庄❷者乎?"

子路问:"闻斯行诸❸?"子曰:"有父兄在,如之何其闻斯行之?"

冉有问:"闻斯行诸?"子曰:"闻斯行之。"

公西华曰:"由也问闻斯行诸,子曰,'有父兄在';求也问闻斯行诸,子曰,'闻斯行之'。赤也惑,敢问。"

子曰:"求也退,故进之;由也兼人❹,故退之。"

注释

❶ 论笃:言论笃实、诚实。
❷ 色庄:伪装庄重,即伪君子。
❸ 闻斯行诸:诸,同"之"。听到就行动吗?
❹ 兼人:好勇过人。

解读

孔子说:"赞扬言论笃实的人,但要辨识他是君子呢?还是伪君子呢?"

子路问:"听到了就行动起来吗?"孔子说:"有父兄在,怎么能听

论 语

到就行动起来呢?"

冉有问:"听到了就行动起来吗?"孔子说:"听到了就行动起来。"

公西华说:"仲由问'听到了就行动起来吗?'你回答说'有父兄在',冉求问'听到了就行动起来吗?'你回答'听到了就行动起来'。我被弄糊涂了,敢再问个明白。"

孔子说:"冉求总是退缩,所以我鼓励他;仲由好勇过人,所以我约束他。"

感悟

因材施教是孔子一贯的教育方针。对于同一个问题,孔子针对子路与冉求的不同性格特做了不同回答。对于总是退缩的冉求,孔子鼓励他立即行动;而对于好勇过人的仲由,则要求他不要过头冒进,要进退适中。

宋代理学家朱熹说:"孔子教人,各因其材。"也就是"因材施教"。正是孔子这条"因材施教"的教育原理,给教育注入了新鲜血液,使他的教育理论和实践在全民教育的层面上,开拓出一片新天地,从而产生强大的生命力。

孔子作为我国古代一位伟大的教育家,在长期的教育实践中,积累了十分丰富的教学经验,创造了卓有成效的教学方法,总结倡导了许多宝贵的教育主张和原则,形成了比较完整的教育思想体系。他的"有教无类"的教育原则和"因材施教"的教育经验,是传统教育思想的宝贵遗产,至今仍对我们的教育实践有着行之有效的指导意义。

仲由、冉求可谓大臣与

子畏①于匡，颜渊后。子曰："吾以女为死矣。"曰："子在，回何敢死？"

季子然②问："仲由、冉求可谓大臣与？"

子曰："吾以子为异之问，曾③由与求之问。所谓大臣者，以道事君，不可则止。今由与求也，可谓具臣矣。"曰："然则从之者与？"

子曰："弑父与君，亦不从也。"

子路使子羔为费宰④。子曰："贼夫人之子。"

子路曰："有民人焉，有社稷焉，何必读书，然后为学？"子曰："是故恶夫佞者。"

注释

① 畏：围困，囚禁。
② 季子然：鲁国三桓之一季氏的族人。
③ 曾：竟然，原来。
④ 费宰：费地的行政长官。

解读

孔子在匡地受到当地人围困，颜渊最后才逃出来。孔子说："我以为

论 语

你已经死了呢。"

颜渊说："老师还活着,我怎么敢死呢?"

季子然问："仲由和冉求可以算是大臣吗?"

孔子说："我以为你是问别人,原来是问由和求呀。所谓大臣是能够用周公之道的要求来侍奉君主,如果这样不行,他宁肯辞职不干。现在由和求这两个人,只能算是充数的臣子罢了。"

季子然说："那么他们会什么都跟着季氏干吗?"

孔子说："杀父亲、杀君主的事,他们也不会跟着干的。"

子路让子羔去做费地的长官。孔子说："他学业未完,你简直是误人子弟。"

子路说："那个地方有老百姓,有社稷,治理百姓和祭祀神灵都是学习,难道一定要读书才算学习吗?"孔子说："所以,我讨厌那种花言巧语狡辩的人。"

感悟

孔子在这里通过对子路、冉求的评价,指出了"以道事君"的原则。他告诫冉求和子路应当用周公之道去规劝季氏,不要犯上作乱,如果季氏不听,就辞职不干。由此可见,孔子对待君臣关系是以道和礼为准绳的。

儒家认为,人人遵守符合其身份和地位的行为规范,便"礼达而分定",国家便可以长治久安了。反之,弃礼而不用,或不遵守符合身份、地位的行为规范,便会如《左传》上所说的,"礼不行则上下昏",而儒家所说的理想社会和伦常便无法维持,国家也就难以治理了。

如或知尔，则何以哉

子路、曾皙❶、冉有、公西华侍坐。

子曰："以吾一日长乎尔，毋吾以也❷。居则曰：'不吾知也！'如或知尔，则何以哉？"

子路率尔而对曰："千乘之国，摄❸乎大国之间，加之以师旅，因之以饥馑，由也为之，比及三年，可使有勇，且知方也。"

夫子哂❹之。"求，尔何如？"

对曰："方六七十❺，如五六十，求也为之，比及三年，可使足民。如其礼乐，以俟君子。"

> **注释**
>
> ❶ 曾皙：名点，字子皙，曾参的父亲，也是孔子的学生。
> ❷ 毋吾以也：不要不敢说话。
> ❸ 摄：介于、夹于。
> ❹ 哂（shěn）：讥讽地微笑。
> ❺ 方六七十：纵横各六七十里。

> **解读**

子路、曾皙、冉有、公西华四个人陪孔子坐着。

论　语

　　孔子说："我年龄比你们大一些，不要因为我年长而不敢说。你们平时总说：'没有人了解我呀！'假如有人了解你们，那你们要怎样去做呢？"

　　子路首先回答："一个拥有一千辆兵车的国家，夹在大国中间，常常受到别的国家侵犯，加上国内又闹饥荒，让我去治理，只要三年，就可以使人们勇敢善战，而且懂得礼仪。"

　　孔子听了，微微一笑。孔子又问："冉求，你怎么样呢？"

　　冉求答道："国土有六七十里或五六十里见方的国家，让我去治理，三年以后，就可以使百姓丰衣足食。至于这个国家的礼乐教化，就要等君子来施行了。"

感悟

　　这一章，孔子让他的学生们自述其政治上的抱负，并对其做出适当的评价。本章是《论语》中文字最长的一段，从子路、冉有、公西华、曾点各自的言志中，展示他们的性格特点。本书分三节进行解读。

　　首先是子路发言，子路志在治军，从治军中展示其"比及三年，可使有勇，且知方也"的才能。孔子也多次谈到他擅长"政事"，并向人介绍说，对于子路，可以任命他来治理千乘之国的军事后勤工作，至于是不是仁，我不知道。

　　接着是冉求述志。冉求有志在从政，认为自己"比及三年，可使足民"。孔子曾称赞其才可于千户大邑，百乘兵马之家，胜任总管职务。也就是说，孔子对冉求的才干是赞同的。

赤，尔何如

"赤，尔何如？"

对曰："非曰能之，愿学焉。宗庙之事①，如会同②，端章甫③，愿为小相焉。"

"点，尔何如？"

鼓瑟希，铿尔，舍瑟而作，对曰："异乎三子者之撰。"

子曰："何伤乎？亦各言其志也。"

曰："莫春者，春服既成，冠者五六人，童子六七人，浴乎沂④，风乎舞雩⑤，咏而归。"夫子喟然叹曰："吾与点也！"

注释

① 宗庙之事：指祭祀之事。
② 会同：诸侯会见。
③ 端章甫：端，古代礼服的名称。章甫，古代礼帽的名称。
④ 沂：水名，发源于山东南部。
⑤ 雩，地名，在今山东曲阜。

解读

孔子又问："公西赤，你怎么样？"

论 语

公西赤答道:"我不敢说自己有什么本领,只是愿意学习而已。在宗庙祭祀的活动中,或者在同别国的盟会中,我愿意穿着礼服,戴着礼帽,做一个小小的傧相。"

孔子又问:"曾点,你怎么样呢?"

这时曾点弹瑟的声音逐渐放慢,接着"铿"的一声,离开瑟站起来,回答说:"我想的和他们三位说的不一样。"

孔子说:"那有什么关系呢?也就是各人讲自己的志向而已。"

曾皙说:"暮春三月,穿着春天的衣服,我和五六位成年人,六七个少年,去沂河里洗洗澡,在舞雩台上吹吹风,一路唱着歌走回来。"孔子长叹一声说:"我是赞成曾皙的想法的。"

感悟

孔子教育学生强调立志。四人的言志与他们的才能是一致的。只有曾点与众不同,别人在言志,他还在鼓瑟,等到孔子点到他时,他才说了"浴乎沂,风乎舞雩",却偏偏得到孔子的赞赏。后人认为,因为曾点的理想与孔子"大同社会"的理想相符合,所以才称赞他。

曾皙,又称曾点,字子皙,他是曾参之父,孔子早期弟子。曾皙谈吐雅致,充满诗情画意的语言描绘了他心目中的理想生活和生命情趣:师生暮春郊游,流连山水,寄情自然,这一幅图景也是孔子向往的,所以得到孔子的赞赏。

三子者出，曾皙后

三子者出，曾皙后❶。曾皙曰："夫三子者之言何如？"

子曰："亦各言其志也已矣。"

曰："夫子何哂由也？"

曰："为国以礼。其言不让，是故哂之。"

"唯❷求则非邦也与？"

"安见方六七十如五六十而非邦也者？"

"唯赤则非邦也与？"

"宗庙会同，非诸侯而何？赤也为之小，孰能为之大？"

注释

❶ 曾皙后：曾皙落在后面。
❷ 唯：语首词，没有什么意义。

解读

子路、冉有、公西华三个人都出去了，曾皙落在后面。他问孔子说："他们三人的话怎么样？"

孔子说："也就是各自谈谈自己的志向罢了。"

曾皙说："夫子为什么要笑仲由呢？"

孔子说："治理国家要讲礼让，可是他说话一点也不谦虚，所以我

论 语

笑他。"

曾皙又问:"那么是不是冉求讲的不是治理国家呢?"

孔子说:"哪里见得六七十里或五六十里见方的地方就不是国家呢?"

曾皙又问:"公西赤讲的不是治理国家吗?"

孔子说:"宗庙祭祀和诸侯会盟,这不是诸侯的事又是什么?像赤这样的人如果只能做一个小相,那谁又能做大相呢?"

感悟

从孔子与曾点的对话可以看出,孔子对自己的学生还是比较满意的,但他最赞赏的是曾点,因为曾点用形象的方法描绘了礼乐之治下的景象,体现了"仁"和"礼"的治国原则。

四个弟子都有高远的理想,性格各具特征,子路直率而不谦让,冉有、公西华谦逊有礼,曾皙则洒脱自然。孔子问志,子路就"率尔而对曰",抢先发言,宣称自己有治理"千乘之国"的才能,显得很直率,也很自信好强。

冉有在孔子指名发问后才开口,说自己只有治理方圆几十里的小国的才能。公西华也是在孔子点名指问后才述志,他有志于礼乐教化,为了避免以君子自居之嫌,他首先申明"非曰能之,愿学焉",而且还特别强调"愿为小相"。

曾皙谈吐雅致,充满诗情画意的语言描绘了他心目中的理想生活和生命情趣。师生暮春郊游,流连山水,寄情自然,说明他的性格恬淡洒脱。

颜渊篇第十二

  本篇是《论语》的第十二篇，共二十四章。编者取本篇首章"颜渊问仁"一句中的"颜渊"二字为篇名。其中，记孔子直接论述四章，记孔子答国君、大夫、学生问十六章，记子夏答司马牛一章，记子贡答棘成子一章，记有若答哀公一章，记曾子论友一章。

  本篇围绕个人道德修养，论述孔子求仁和为政以德的仁政思想。主要讲了以下两个问题。

  一、论述仁的含义及其实施内容。如"克己复礼为仁""己所不欲，勿施于人""仁者其言也讱""仁者爱人"等都多侧面、多视角地展示了仁的含义，并表述仁和礼的关系，仁是纲，礼是目；仁是核心，礼是仁的外在表现，求仁在己，只要净化自己内心心理、行为，循礼而行，就能崇德、修慝、辨惑，达到仁的境界。

  二、论述为政以德的仁政学说。为政者必须正己而后正人；为政以德而不用刑杀，用道德感化人民；为政应正纲纪人伦；为政必须举贤才而退不肖；为政必须减轻人民负担、藏富于民；为政必须勤政、爱民，取信于民等。

| 论 语

克己复礼为仁

颜渊问仁。子曰:"克己复礼①为仁。一日克己复礼,天下归仁②焉。为仁由己,而由人乎哉?"

颜渊曰:"请问其目③。"

子曰:"非礼勿视④,非礼勿听⑤,非礼勿言⑥,非礼勿动⑦。"

颜渊曰:"回虽不敏,请事⑧斯语矣。"

注释

① 克己复礼:克制自己,使自己的言行符合于礼的要求。
② 归仁:归,归顺。仁,即仁道。
③ 目:具体的条目。
④ 非礼勿视:不合乎礼仪的不能看。
⑤ 非礼勿听:不合乎礼仪的不能听。
⑥ 非礼勿言:不合乎礼仪的不能说。
⑦ 非礼勿动:不合乎礼仪的不能做。
⑧ 事:从事,照着去做。

解读

颜渊问怎样做才是仁。孔子说:"克制自己,一切都照着礼的要求去做，这就是仁。一旦这样做了，天下的一切就都归于仁了。实行仁德，完全在于自己，难道还在于别人吗？"

颜渊说："请问实行仁的细目。"

孔子说："不合于礼的不要看，不合于礼的不要听，不合于礼的不要说，不合于礼的不要做。"

颜渊说："我虽然愚笨，也要照您的这些话去做。"

感悟

"仁"是孔子伦礼思想的核心，心目中的最高道德标准。"克己复礼为仁"，这是孔子关于什么是"仁"的主要解释。孔子以礼来规定"仁"，依礼而行就是"仁"的根本要求。这里实际上包括两个方面的内容，一是克己，二是复礼。克己复礼就是通过人们的道德修养自觉地遵守礼的规定。

论语

己所不欲，勿施于人

仲弓问仁。子曰："出门如见大宾❶，使民❷如承大祭；己所不欲❸，勿施于人❹；在邦❺无怨，在家❻无怨。"仲弓曰："雍虽不敏❼，请事斯语矣。"

司马牛❽问仁。子曰："仁者，其言也讱❾。"曰："其言也讱，斯谓之仁已乎？"子曰："为之难❿，言之得无讱乎？"

注释

❶ 大宾：贵宾、宾客。
❷ 使民：役使人民、使用人民。
❸ 己所不欲：自己不愿承受的事。
❹ 勿施于人：不要强加在别人身上。
❺ 在邦：指在朝廷做官。
❻ 在家：在家赋闲。一说在卿大夫家任职。
❼ 雍虽不敏：雍虽然不聪明。雍，仲弓的字。
❽ 司马牛：名耕，一名犁，字子牛。孔子的学生。
❾ 讱（rèn）：话难说出口。这里引申为说话谨慎。
❿ 为之难：做起来非常困难。

解读

仲弓问怎样做才是仁。孔子说："出门办事如同去接待贵宾，使唤百姓如同去进行重大的祭祀，都要认真严肃。自己所不喜欢的，不要强加给别人；在诸侯之国做官无所怨恨，在家赋闲也无所怨恨。"仲弓说："我虽然迟钝，也要照您的话去做。"

司马牛问怎样做才是仁。孔子说："仁人说话是慎重的。"司马牛说："说话慎重，这就叫作仁了吗？"孔子说："做起来很困难，说起来能不慎重吗？"

感悟

孔子在这里谈到了"仁"的两个内容。一是要他的学生事君使民都要严肃认真，二是要宽以待人，"己所不欲，勿施于人"。只要做到了这两点，就向仁德迈进了一大步。孔子还认为，"仁者"，其言行必须慎重，行动必须认真，一言一行都应符合周礼。

孔子教人求仁，主要是从守礼、慎独、少言等日常生活琐事做起，积善成德，最终达到仁的境界。所以求仁在己，而不在乎人。

孔子把"仁"作为最高的道德原则、道德标准和道德境界。仁的内容包含甚广，核心是爱人。仁字从人从二，也就是人们互存、互助、互爱的意思，故其基本涵义是指对他人的尊重和友爱。他提出要为"仁"的实现而献身，即"杀身以成仁"的观点，对后世产生很大的影响。

儒家把仁的学说施之于政治，形成仁政说，这在中国政治思想发展史上是独一无二的。

论语

四海之内，皆兄弟也

司马牛问君子。子曰："君子不忧不惧❶。"曰："不忧不惧，斯谓之君子已乎？"子曰："内省不疚❷，夫何忧何惧？"

司马牛忧曰："人皆有兄弟，我独亡。"子夏曰："商❸闻之矣：死生有命❹，富贵在天❺。君子敬而无失❻，与人恭而有礼，四海之内，皆兄弟也❼。君子何患乎无兄弟也？"

> **注释**
>
> ❶ 不忧不惧：忧，忧虑；惧，恐惧。
> ❷ 内省不疚：从内心省察而不感到惭愧。疚，病、愧。
> ❸ 商：子夏的名字。
> ❹ 死生有命：死和生都由命运安排。
> ❺ 富贵在天：富贵是由天决定的。"死生有命，富贵在天"这句话是唯心的说法，因为人的命运掌握在自己手中，只要奋发图强，就一定有所作为。
> ❻ 敬而无失：敬，指对所做的事认真；失，过失。
> ❼ 四海之内，皆兄弟也：全国的人民都像兄弟一样。四海之内，全国范围内、普天之下。

解读

司马牛问怎样做一个君子。孔子说:"君子不忧愁,不恐惧。"司马牛说:"不忧愁,不恐惧,这样就可以叫作君子了吗?"孔子说:"自己问心无愧,还有什么忧愁和恐惧呢?"

司马牛忧愁地说:"别人都有兄弟,唯独我没有。"子夏说:"我听说过:'死生有命,富贵在天。'君子只要对待所做的事情严肃认真,不出差错,对人恭敬而合乎于礼的规定,那么,天下人就都是自己的兄弟了。君子何愁没有兄弟呢?"

感悟

孔子在这里通过司马牛问怎样做一个君子,教育他要胸怀宽广,无忧无惧。据《集解》上说:"牛兄桓魋将为乱。牛自宋来学,常忧惧,故孔子解之。"意思是司马牛的哥哥在宋国专权,而且将发生叛乱。司马牛独自来到鲁国当了孔子的学生。他在学习的时候,常常忧虑自己的哥哥即将要做的不轨之事,心中非常恐惧,所以,孔子给他讲道理,劝解他,安慰他。

因此,当司马牛问如何做一个君子时,孔子针对他常忧其兄桓魋将为乱而灭族,故答以"不忧不惧即是君子"。嘱咐他心怀坦荡,自己平日所为无愧于心,就可以摆脱忧惧的困扰。

同时,这里用子夏的口转述孔子的见解,消除司马牛没有兄弟的忧虑。如上所述,其实司马牛是有兄弟的,但因其兄弟意欲叛乱,将致灭族之灾,所以司马牛才有此问,而孔子和子夏都劝他提高自己的品德修养,以消弥灾祸。

论 语

民无信不立

子张问明❶。子曰:"浸润之谮❷,肤受之愬❸,不行焉,可谓明也已矣。浸润之谮,肤受之愬,不行焉,可谓远也已矣。"

子贡问政❹。子曰:"足❺食,足兵,民信之矣。"子贡曰:"必不得已而去,于斯三者何先?"曰:"去兵。"子贡曰:"必不得已而去,于期二者何先?"曰:"去食。自古皆有死,民无信不立❻。"

注释

❶明:明辨是非、明白事理,即明智。

❷浸润之谮(zèn):谮,谗言。这里是说像水那样一点一滴地渗进来的谗言,不易觉察。

❸肤受之愬(sù):愬,诬告。指像皮肤感觉到疼痛那样的诬告。

❹问政:询问治理国家的事。政,政事,指治理国家。

❺足:充足、丰裕。

❻民无信不立:一个国家不能得到老百姓的信任就会垮掉。

解读

子张问怎样做才算是明智的。孔子说:"逐渐渗透而起作用的谗言,有切肤之痛的诽谤,在你那里都行不通,那你可以算是明智的了。逐渐渗透的逸言和直接身受的诽谤，在你那里都行不通，那你可以算是有远见的了。"

子贡问怎样治理国家。孔子说："粮食充足，军备充足，老百姓信任统治者。"子贡说："如果不得不去掉一项，那么在三项中先去掉哪一项呢？"孔子说："去掉军备。"子贡说："如果不得不再去掉一项，那么这两项中去掉哪一项呢？"孔子说："去掉粮食。自古以来人总是要死的，如果老百姓对统治者不信任，那么国家就不能存在了。"

感悟

孔子在这里回答了子贡问政中提出的三个问题。孔子认为，治理一个国家，应当具备三个起码条件：足食、足兵、民信。在这三者中，民信是最重要的。这体现了孔子的仁政思想。一个国家如果只有兵员和粮食，而失去了百姓的信任，那么，这样的国家也就难以存在下去了。

在本篇，孔子还说了一句流传后世的话，那就是"民无信不立"。这句话的意思是，一个国家不能得到老百姓的信任就会垮掉。也就是说，如果你想要在这个世界上得到人们的信赖与支持，就必须以诚待人，以信交友，否则纵使你有过人的天赋，也会寸步难行。从这句话里，我们可以看出诚信的重要性。

诚信包括两层含义：一是要以信用取信于人；二是对他人要给予信任。只有忠诚诚实，诚恳待人，才会取得信任；只有讲信用，你才会有信誉。诚实守信，是为人处世的基本准则，也是中华民族的传统道德。

君子质而已矣

棘子成[1]曰:"君子质而已矣,何以文为?"子贡曰:"惜乎,夫子之说君子也!驷不及舌[2]。文犹质也,质犹文也,虎豹之鞟[3]犹犬羊之鞟。"

哀公问于有若[4]曰:"年饥,用不足,如之何?"有若对曰:"盍彻乎[5]?"曰:"二[6],吾犹不足,如之何其彻也?"对曰:"百姓足,君孰与[7]不足?百姓不足,君孰与足?"

注释

[1] 棘子成:卫国大夫。

[2] 驷不及舌:指话一说出口,就收不回来了。驷,拉一辆车的四匹马。

[3] 鞟(kuò):去掉毛的皮,即革。

[4] 有若:即孔子学生有子。

[5] 盍彻乎:盍,何不。彻,西周的一种田税制度。意思是为何不执行彻法?

[6] 二:指抽十分之二的税。

[7] 孰与:怎么会。

解读

棘子成对子贡说："君子只要有好的本质就行了，要那些礼仪文饰干什么？"子贡说："先生这样谈论君子，真令人可惜啊！一言既出，驷马难追。本质和文饰，两者同样重要。如果把虎豹和犬羊两种兽皮不同文彩的毛色花纹去掉，那么这两种皮革就没有多少区别了。"

鲁哀公问有若说："遭了饥荒，国家用度困难，怎么办？"有若回答说："为什么不实行彻法，只抽十分之一的田税呢？"哀公说：现在抽十分之二，我还嫌不够，怎么能实行彻法呢？"有若说："如果百姓的用度够，您怎么会不够呢？如果百姓的用度不够，您怎么又会够呢？"

感悟

这里是讲表里一致的问题。棘子成认为作为君子只要有好的品质就可以了，不需外表的文采。但子贡反对这种说法。他认为，良好的本质应当有适当的表现形式，否则，本质再好，也无法显现出来。

论 语

子张问崇德辨惑

子张问崇德辨惑❶。子曰:"主忠信,徙义❷,崇德也。爱之欲其生,恶之欲其死,既欲其生,又欲其死,是惑也。'诚不以富,亦祇以异❸。'"

齐景公❹问政于孔子。孔子对曰:"君君❺、臣臣、父父、子子。"公曰:"善哉❻!信如❼君不君,臣不臣,父不父,子不子,虽有粟❽,吾得而食诸?"

注释

❶ 崇德辨惑:提高道德修养水平,辨别疑惑。
❷ 徙义:徙,迁移。向义靠拢。
❸ 诚不以富,亦祇(zhǐ)以异:这句诗来自《诗经·小雅·我行其野》。意思是"确非她富裕,只是因为爱心发生了转移"。诚,通"诚";以,因;祇,只是;异,转移。
❹ 齐景公:齐国国君,公元前547年—公元前490年在位。
❺ 君君:即君要像君。
❻ 善哉:好啊。
❼ 信如:诚如。
❽ 粟:小米。泛指粮食。

颜渊篇第十二

解读

子张问怎样提高道德修养水平和辨别是非迷惑的能力。孔子说:"以忠信为主,使自己的思想合于义,这就是提高道德修养水平了。爱一个人,就希望他活下去,厌恶起来就恨不得他立刻死去,既要他活,又要他死,这就是迷惑。正如《诗》所说的:'确实不是因为她富有,只是因为见异思迁。'"

齐景公问孔子如何治理国家。孔子说:"做君主的要像君的样子,做臣子的要像臣的样子,做父亲的要像父亲的样子,做儿子的要像儿子的样子。"齐景公说:"讲得好呀!如果君不像君,臣不像臣,父不像父,子不像子,虽然有粮食,我能吃得上吗?"

感悟

孔子在这里谈的主要是个人的道德修养问题。子张向孔子请教两个问题,一是如何崇德,即如何提高个人的道德品质修养。二是如何辨惑,即如何端正自己的思想方法。孔子认为人们应该按照"忠信""仁义"的原则去办事,否则,感情用事,就会陷于迷惑之中。

所谓"忠信",就是忠诚信实。忠,既要求忠于己,也要求忠于他人;信,既有信于己,而又见信于人。二者都具有源发于本我自身的主动性和面向他者别人的对象性,因而将忠与信相联结,则又催生、演绎出一种更高的德行要求"忠信"。

所谓"仁义",就是仁爱和正义。仁者,易也。凡事不能光想着自己,多设身处地为别人着想,为别人考虑,做事为人为己,即为仁。义者,人字出头,加一点。在别人有难时出手出头,能舍,帮人一把,即为义。孔子认为只有认真施行"忠信""仁义",才能提高道德修养。

片言可以折狱者

子曰："片言❶可以折狱❷者，其由也与？"子路无宿诺❸。

子曰："听讼，吾犹人也。必也使无讼❹乎！"

子张问政。子曰："居之无倦，行之以忠。"

子曰："博学于文，约之以礼，亦可以弗畔❺矣夫！"

> 注释

❶片言：诉讼双方中一方的言辞，即片面之词。

❷折狱：狱，案件。即断案。

❸无宿诺：答应的事，没有过一夜才去办的。宿，过夜。形容办事迅速、认真。

❹使无讼：使人们之间没有诉讼之事。

❺畔：同"叛"。离经叛道。

> 解读

孔子说："只听了单方面的供词就可以判决案件的，大概只有仲由吧。"子路说话没有不算数的时候。

孔子说："审理诉讼案件，我同别人也是一样的。重要的是必须使诉讼的案件根本不发生！"

子张问如何治理政事。孔子说："居于官位不懈怠，执行君令要忠实。"

孔子说："君子广泛地学习古代的文化典籍，又以礼来约束自己，也就可以不离经叛道了。"

感悟

孔子在这里谈的是如何从政为官的问题。他借回答问题指出，各级统治者身居官位，就要勤政爱民，以仁德的规定要求自己，以礼的原则治理国家和百姓，通过教化的方式消除民间的诉讼纠纷。除此之外，还有重要的一点，就是执行君主之令要忠实努力。只有这样，才能做一个真正意义上的好官。

君子成人之美

子曰:"君子成❶人之美,不成人之恶;小人反是❷。"

季康子问政于孔子。孔子对曰:"政者正也。子帅以正,孰敢不正?"

季康子患盗❸,问于孔子。孔子对曰:"苟子之不欲❹,虽赏之不窃❺。"

季康子问政于孔子,曰:"如杀无道❻,以就❼有道,何如?"孔子对曰:"子为政,焉用杀?子欲善而民善矣。君子之德风,小人之德草,草上之风,必偃❽。"

注释

❶ 成:帮助、促成。

❷ 反是:与这一个相反。

❸ 患盗:担心盗贼猖獗。

❹ 苟子之不欲:假若你没有贪欲。苟,假如、如果;欲,欲望、贪欲。

❺ 虽赏之不窃:就是奖赏他也不会去偷。

❻ 无道:没有道德的坏人。

❼ 就:靠近,亲近。

⑧ 偃：仆，倒。

解读

孔子说："君子成全别人的好事，而不助长别人的坏事。小人却与此相反。"

季康子问孔子如何治理国家。孔子回答说："政就是正的意思。您本人带头走正路，那么还有谁敢不走正道呢？"

季康子担忧盗窃，问孔子怎么办。孔子回答说："假如你自己不贪图财利，即使奖励偷窃，也没有人偷盗。"

季康子问孔子如何治理政事，说："如果杀掉无道的人来成全有道的人，怎么样？"孔子说："您治理政事，哪里用得着杀戮的手段呢？您只要想行善，老百姓也会跟着行善。上位者的品德好比风，在下的人的品德好比草，风吹到草上，草就必定跟着倒。"

感悟

孔子在这里分析了君子、小人对人对事的不同道德、心态、方法。孔子认为，君子自己好，也希望别人好，总是鼓励别人前进。看到别人有过失则规劝、开导，使之改过。而小人有嫉忌之心，常常羡慕嫉妒恨，自己好，不希望别人超越自己，常常利用别人的缺点而扩大别人的错误，所以，君子和小人存在本质的区别。

季康子问孔子如何治理国家。孔子教育他只有端正自己，才能端正别人。为政者必须起表率作用，这是孔子治国的一个根本原则。他认为上位者的模范作用是十分重要的，身教重于言教，自己行为端正，别人也不敢越轨。

士何如斯可谓之达矣

子张问:"士何如斯可谓之达①矣?"

子曰:"何哉,尔所谓达者?"

子张对曰:"在邦必闻②,在家必闻。"

子曰:"是闻也,非达也。夫达也者,质直而好义,察言而观色,虑以下人③。在邦必达,在家必达。夫闻也者,色取仁④而行违,居之不疑。在邦必闻,在家必闻。"

> 注释

① 达:通达,显达。
② 闻:名望、名声。
③ 下人:下,动词。对人谦恭有礼。
④ 色取仁:表面实行仁德。

> 解读

子张问孔子说:"读书人怎样才能叫作达呢?"

孔子反问说:"你讲的达是什么意思呢?"

子张回答说:"在国家做官一定有名望,在卿大夫家管事一定有名望。"

孔子说:"这叫作闻,不叫达。所谓达,就是本性正直,喜好大义,善于分析别人的言语，善于观察别人的神色，在心中愿意谦让别人。这种人在国家做官必定行得通，在卿大夫家管事也必定做得好。所谓闻，就是表面爱好仁德，而行动与之相反。这种人在国家做官必定骗取名望，在卿大夫家管事也是骗取名望。"

感悟

子张问孔子怎样才算是通达。孔子善于进行启发教育，让子张先谈谈自己的看法。子张认为，一个人无论在国在家都有声名才是通达。显然，子张的见解非常表面化，只看到表象，没有看到实质。

孔子针对子张为学不务实的特点，分析了"闻"与"达"的差异，鼓励子张注重品德修养，内主忠信，行事合礼，而不要欺世盗名，崇尚虚名。

孔子在这里提出了一对相互对立的名词，即"闻"与"达"。"闻"是虚假的名声，并不是显达；而"达"则要求士大夫必须从内心深处具备仁、义、礼的德行，注重自身的道德修养，而不仅是追求虚名。他讲的实质是为政者必须名实相符，表里如一。

那么，什么是表里如一呢？《朱子全书·论语》中说："行之以忠者，是事事要着实，故某集注云：'以忠，则表里如一。'"意思是说，以忠义为原则处事的人，正是事情所要的结果。所以我在集注里说，以忠义为原则，就是表里如一。

表，指外表，也形容一些表面功夫；里，指内心。也就是说，表面和内心都一样，言行和品质完全一致才能称为表里如一。

论语

樊迟从游于舞雩之下

樊迟从游于舞雩之下,曰:"敢问崇德、修慝❶、辨惑。"子曰:"善哉问❷!先事后得❸,非崇德与?攻其恶,无攻人之恶,非修慝与?一朝之忿,忘其身,以及其亲,非惑与?"

樊迟问仁。子曰:"爱人。"问知。子曰:"知人❹。"樊迟未达。子曰:"举直错诸枉❺,能使枉者直。"樊迟退,见子夏曰:"乡❻也吾见于夫子而问知,子曰'举直错诸枉,能使枉者直',何谓也?"子夏曰:"富哉言乎!舜有天下,选于众,举皋陶❼,不仁者远矣。汤有天下,选于众,举伊尹,不仁者远矣。"

注释

❶ 修慝(tè):慝,邪恶的念头。指改正邪恶的念头。
❷ 善哉问:问得好啊。"问善"的倒装句。
❸ 先事后得:先致力于事,把利禄放在后面。
❹ 知人:了解别人。
❺ 举直错诸枉:错,同"措",放置。意为选拔直者,罢黜枉者。
❻ 乡:同"向"。刚才的意思。
❼ 皋陶(gāo yáo):是与尧、舜、大禹齐名的"上古四圣"之一,曾经被舜任命为掌管刑法的"士",以正直闻名天下。

解读

樊迟陪孔子在舞雩台下游玩，说："请问怎样提高品德修养？怎样改正自己的邪念？怎样辨别迷惑？"孔子说："问得好！先做事，后得益，不就提高品德了吗？批判自己的错误，不苛责别人的过失，不就消除无形的邪恶了吗？由于一时的气愤，就忘记了自身的安危，以至于牵连自己的亲人，这不就是迷惑吗？"

樊迟问什么是仁。孔子说："爱人。"樊迟问什么是智，孔子说："了解人。"樊迟还不明白。孔子说："选拔正直的人，罢黜邪恶的人，这样就能使邪者归正。"樊迟退出来，见到子夏说："刚才我见到老师，问他什么是智，他说'选拔正直的人，罢黜邪恶的人，这样就能使邪者归正'。这是什么意思？"子夏说："这话说得多么深刻呀！舜有天下，在众人中选拔人才，把皋陶选拔出来，不仁的人就被疏远了。汤有了天下，在众人中挑选人才，把伊尹选拔出来，不仁的人就被疏远了。"

感悟

孔子在这里主要谈个人的修养问题。他认为，要提高道德修养水平，首先在于踏踏实实地做事，不要过多地考虑物质利益；然后严格要求自己，不要过多地去指责别人；还要注意克服感情冲动的毛病，不要以自身的安危作为代价。这样，人就可以提高道德水平，改正邪念，辨别迷惑了。

子贡问友

子贡问友。子曰:"忠告而善道①之,不可则止,毋自辱焉。"

曾子曰:"君子以文会友,以友辅仁②。"

注释

① 善道:道,通"导"。善意地开导。
② 辅仁:辅助培养仁德。

解读

子贡问怎样对待朋友。孔子说:"忠诚地劝告他,恰当地引导他,如果不听也就罢了,不要自取其辱。"

曾子说:"君子以文章学问来结交朋友,依靠朋友帮助自己培养仁德。"

感悟

这里谈的是交友问题。孔子认为,对待朋友的错误,要坦诚布公地劝导他,推心置腹地讲明利害关系,但他坚持不听,也就作罢。如果别人不听,你一再劝告,就会自取其辱。其实,孔子这里所讲的,是对别人作为主体的一种承认和尊重。

子路篇第十三

本篇是《论语》的第十三篇，共三十章。编者取本篇首章"子路问政"一句中的"子路"二字为篇名。其中，记孔子直接论述十六章，记孔子答国君、大夫、学生问十四章。

本篇包含的内容比较广泛，其中有关于如何治理国家的政治主张，孔子的教育思想，个人的道德修养与品格完善，以及"和而不同"的思想，大致论述了以下观点：

一、在为政施治上，孔子首先是强调为政者的表率作用，其次是强调正名，再次是强调举贤才。同时，还强调工作方法和实施步骤。

二、在经济上，孔子主张富民。先使人民安居乐业，然后招徕人口。在人口繁盛的基础上，使人民富裕起来，民富而后国强。

三、在军事上，孔子主张训练军队，加强国防，教育人民懂得军事知识，并逐步具有军事才能。

四、在文化教育上，孔子主张在"富民"的基础上"教民""爱民"，"以德化民"，使仁政行于天下。

总之，本篇展示了孔子在政治上、经济上、军事上、文化教育上为政以德的种种思想观点，就是其中所涉及的思想品德的修养，也都是围绕为政治国的观点展开的。

论 语

子路问政

子路问政。子曰:"先之劳之❶。"请益。曰:"无倦。"

仲弓为季氏宰,问政。子曰:"先有司,赦小过,举贤才。"曰:"焉知贤才而举之?"子曰:"举尔所知。尔所不知,人其舍诸?"

注释

❶ 先之劳之:老百姓之前,使老百姓勤劳地工作。

解读

子路问怎样管理政事。孔子说:"领导起表率作用,然后让人民勤勉地工作。"子路请求多讲一点。孔子说:"不要懈怠。"

仲弓做了季氏的家臣,问怎样管理政事。孔子说:"先责成手下的官吏,让他们各负其责,赦免他们的小过错,选拔贤才来任职。"仲弓又问:"怎样知道是贤才而把他们选拔出来呢?"孔子说:"选拔你所知道的,至于你不知道的贤才,别人难道还会埋没他们吗?"

感悟

关于如何从政,孔子认为,当政者应当以身作则。要求百姓做的事情,自己首先要做到;其次,选拔人才时,应该赦免他们的小过错,发扬他们的特长,做到了这些,接下来的事情就迎刃而解了。

名不正则言不顺

子路曰:"卫君❶待子而为政,子将奚先❷?"子曰:"必也正名乎!"子路曰:"有是哉,子之迂也!奚其正?"子曰:"野哉,由也!君子于其所不知,盖阙❸如也。名不正则言不顺❹,言不顺则事不成❺,事不成则礼乐不兴,礼乐不兴则刑罚不中❻,刑罚不中,则民无所措手足。故君子名之必可言也,言之必可行也。君子于其言,无所苟而已矣。"

注释

❶ 卫君:卫出公,名辄,卫灵公之孙。
❷ 奚先:以何为先。奚,何、什么。疑问词。
❸ 阙:同"缺",存疑的意思。
❹ 名不正则言不顺:名分不正,说起话来就不顺当合理。
❺ 言不顺则事不成:说话不顺当合理,事情就办不成。
❻ 礼乐不兴则刑罚不中(zhòng):礼乐制度紊乱,刑罚就不会得当。中,得当。

解读

子路对孔子说:"卫国国君要您去治理国家,您打算先从哪些事情做

论 语

起呢?"孔子说:"首先必须正名分。"子路说:"有这样做的吗?您也太迂腐了。这名怎么正呢?"孔子说:"仲由,真粗野啊。君子对于他所不知道的事情,总是采取存疑的态度。名分不正,说起话来就不合理,说话不合理,事情就办不成。事情办不成,礼乐也就不能兴盛。礼乐不能兴盛,刑罚的执行就不会得当。刑罚不得当,百姓就不知怎么办好。所以,君子一定要定下一个名分,必须能够说得明白,说出来一定能够行得通。君子对于自己的言行,是从不马虎对待的。"

感悟

孔子在这里论述了"正名"在为政治国中的重要性。"正名"是孔子"礼"的思想的组成部分,具体内容就是"君君、臣臣、父父、子子"。孔子认为"正名"是社会安定与否的重要因素,是解决春秋时期礼崩乐坏、等级名分混乱的一剂良药。

樊迟请学稼

樊迟请学稼❶。子曰："吾不如老农。"请学为圃❷。曰："吾不如老圃。"樊迟出。子曰："小人哉，樊须也！上好礼，则民莫敢不敬，上好义，则民莫敢不服；上好信，则民莫敢不用情❸。夫如是，则四方之民襁❹负其子而至矣，焉用稼？"

子曰："诵《诗》三百，授之以政，不达❺；使于四方，不能专对。虽多，亦奚以为？"

注释

❶ 学稼：学习种庄稼。
❷ 圃（pǔ）：菜地，引申为种菜。
❸ 用情：以真心实情来对待。
❹ 襁（qiǎng）：背婴孩的带子。
❺ 达：通达。这里是会运用的意思。

解读

樊迟向孔子请教如何种庄稼。孔子说："我不如老农。"樊迟又请教如何种菜。孔子说："我不如老菜农。"樊迟退出以后，孔子说："樊迟真是小人。在上位者只要重视礼，老百姓就不敢不敬畏；在上位者只要重视义,老百姓就不敢不服从;在上位的人只要重视信,老百姓就不敢不用真心实情来对待你。要是做到这样,四面八方的老百姓就会背着自己的小孩来投奔,哪里用得着自己去种庄稼呢?"

孔子说:"把《诗》三百篇背得很熟,让他处理政务,却不会办事;让他当外交使节,不能独立地办交涉;背得很多,又有什么用呢?"

感悟

这里的樊迟请学稼圃,并非是想学种谷种菜,而是学习农业知识以农治国。但孔子主张以礼治国,所以他回答樊迟,只有用礼、义、信来治理国家、教育人民,天下之人才会纷纷前来归附,而学习农业知识,走以农治国的道路是没有必要的。

孔子历来主张以礼治国,认为"不学礼,无以立",提出"道之以政,齐之以刑,民免而无耻;道之以德,齐之以礼,有耻且格"。历代儒家莫不将礼看成修身治国屡试不爽的法宝。

孟子"仁政"主张的理论基础是"性善论",而在人性中孟子强调仁、义、礼、智四端,并将礼看成体现仁义,进而实现"王道"的重要途径。荀子吸收诸子百家思想,认为礼是治国安民之本。他说:"礼之于正国家也,如权衡之于轻重也,如绳墨之于曲直也。故人无礼不生,事无礼不成,国家无礼不宁。"他的礼法一体论为后世统治者所崇。

礼体现了中国古代民族的心理状态与思维方式,因其为仁义忠信之体现与外化,因此,礼本身也就成为一种值得追求的价值和衡量一切的标准。所以,樊迟请学稼圃,孔子说他是"小人"。

其身正，不令而行

子曰："其身正❶，不令而行；其身不正，虽令不从。"

子曰："鲁卫❷之政，兄弟也。"

子谓卫公子荆❸："善居室。始有，曰：'苟合矣。'少有，曰：'苟完矣。'富有，曰：'苟美矣。'"

子适卫，冉有仆❹。子曰："庶矣哉！"冉有曰："既庶❺矣，又何加焉？"曰："富之。"曰："既富矣，又何加焉？"曰："教之。"

注释

❶ 正：端正、正派。
❷ 鲁卫：鲁国和卫国。
❸ 卫公子荆：卫国大夫，字南楚，卫献公的儿子。
❹ 仆：驾车。
❺ 庶：众多，这里指人口众多。

解读

孔子说："自身正了，即使不发布命令，老百姓也会去干，自身不正，即使发布命令，老百姓也不会服从。"

论 语

孔子说:"鲁和卫两国的政事,就像兄弟的政事一样。"

孔子谈到卫国的公子荆时说:"他善于治家。开始有点家业,就说:'差不多够用了。'稍微多一点,就说:'差不多完备了。'当财产富足时,就说:'差不多完美了。'"

孔子到卫国去,冉有为他驾车。孔子说:"人口真多呀!"冉有说:"人口已经够多了,还要再做什么呢?"孔子说:"使他们富起来。"冉有说:"富了以后又还要做些什么?"孔子说:"对他们进行教化。"

感悟

孔子主张为政者必须以身作则,率先垂范。孔子认为,如果当政者想迅速地推行政令,没有比自己先身体力行更好的办法了;如果想使百姓迅速地服从,当政者也应该起表率作用。这是孔子针对当时各国政令繁多,而执政者自己却不遵守的现实而发的言论。

"政者,正也,子帅以正,孰敢不正"与"其身正,不令而行;其身不正,虽令不从"相通,皆说明当政者要以本身行为去影响百姓,上感化下,均以"正"为要务,方足以服人心。

身正民行,乃克己之治,是施不言之教,行潜移默化之实。这正是所谓圣王恭己敬人的为政之法。

当政者自身的行为正当,即使不定任何法令、法律,人们也会自然而然地效法执行,走上正道。但是,如果当政者本身的行为不正当,胡作非为,这样,即使定下了严格的法令、法律,人们也是不会听从的。

孔子的理想在于"不令而行,无为而治",他为了达到这个目标,才提出了君主修德以感化大众的言论。

苟有用我者

子曰:"苟有用我者,期月❶而已可也,三年有成。"

子曰:"善人为邦❷百年,亦可以胜残去杀矣。诚哉是言也!"

子曰:"如有王者,必世❸而后仁。"

子曰:"苟正其身矣,于从政乎何有?不能正其身,如正人何?"

冉子退朝。子曰:"何晏❹也?"对曰:"有政。"

子曰:"其事也?如有政,虽不吾以,吾其与闻之。"

注释

❶ 期(jī)月:指一年。
❷ 为邦:治理国家。
❸ 世:三十年。古代以三十年为一世。
❹ 晏:迟,晚。

解读

孔子说:"如果有人用我治理国家,一年便可以搞出个样子,三年就一定会有成效。"

孔子说:"善人治理国家,经过一百年,也就可以消除残暴,废除刑罚杀戮了。这话真对呀!"

论 语

孔子说:"如果有王者兴起,也一定要三十年才能实现仁政。"

孔子说:"如果端正了自身的行为,管理政事还有什么困难呢?如果不能端正自身的行为,怎能使别人端正呢?"

冉求退朝回来。孔子说:"为什么回来得这么晚呀?"冉求说:"有政事。"孔子说:"只是一般的事务吧?如果有政事,虽然不让我参加,我也会知道的。"

感悟

孔子自信有治国教民的才能。所以他说,如果有人用他,三年就可以见成效。孔子这话是在卫国说的。当时卫灵公年老,怠于政,不用孔子。孔子既失望又感叹地说了这番话。

一言而可以兴邦

定公❶问:"一言而可以兴邦,有诸❷?"孔子对曰:"言不可以若是其几❸也。人之言曰:'为君难,为臣不易。'如知为君之难也,不几乎一言而兴邦❹乎?"

曰:"一言而丧邦❺,有诸?"孔子对曰:"言不可以若是其几也。人之言曰:'予无乐乎为君,唯其言而莫予违❻也。'如其善而莫之违也,不亦善乎?如不善而莫之违也,不几乎一言而丧邦乎?"

注释

❶ 定公:鲁国国君,名宋。昭公之弟。
❷ 有诸:有这样的事吗?诸,通"之"。
❸ 言不可以若是其几:话不可以说得这样简单。言,说,说话;几,指简单、刻板。
❹ 一言而兴邦:一句话就可以使国家兴旺。邦,国家。
❺ 一言而丧邦:一句话就可以使国家灭亡。丧邦,丧失国家。
❻ 莫予违:没有人敢违抗我。是"莫违予"的倒装句。

解读

鲁定公问:"一句话就可以使国家兴盛,有这样的事吗?"孔子答

论 语

道："话不能说得这样绝对、刻板。有人说：'做君难，做臣不易。'如果知道了做君的难，这不近乎于一句话可以使国家兴盛吗？"

鲁定公又问："一句话可以亡国，有这样的话吗？"孔子回答说："话不能说得这样绝对、刻板。有人说过：'我做君主并没有什么可高兴的，我所高兴的只在于我所说的话没有人敢于违抗。'如果说得对而没有人违抗，不也好吗？如果说得不对而没有人违抗，那不就近乎于一句话可以亡国吗？"

感悟

孔子在这里教育鲁定公，君主对于国事是恭敬、勤勉还是疏慢、放纵，关系到国家的兴衰存亡。他劝告定公，君主应当行仁政、礼治，不应以国君所说的话无人敢于违抗而感到高兴，作为统治者，一个念头、一句话如果不当，就有可能导致亡国丧天下的结局。

"一言兴邦，一言丧邦"，猛然一听似乎有些危言耸听，但是仔细想一想，这种说法其实也并非危言耸听，反倒还很有些深刻性在其中。

以孔子在这里举出的两句话来看，"为君难，为臣不易"，也就是说做君主难，做臣子的也不容易。没有一定的施政经验，是难以体会得到这句话的深度和分量的。

相反，一旦能深刻体会到"为君难"，也就会勤勤恳恳、兢兢业业地尽心于国事，做到了这一点，国家也就会兴旺起来。总而言之，这句话很有些沉重而深刻的分量。

欲速则不达

叶公问政。子曰:"近者说❶,远者来❷。"

子夏为莒父❸宰,问政。子曰:"无欲速,无见小利。欲速则不达❹,见小利则大事不成。"

叶公语孔子曰:"吾党❺有直躬者❻,其父攘羊❼,而子证之。"孔子曰:"吾党之直者异于是:父为子隐,子为父隐❽,直在其中矣。"

注释

❶ 近者说:近者,即附近的人;说,通"悦",高兴的意思。

❷ 远者来:远方的人来归顺。远,指国外;来,归顺。

❸ 莒(jǔ)父:莒,鲁国的一个城邑,在今山东省莒县境内。

❹ 欲速则不达:指性急求快反而不能达到目的。欲,想。

❺ 党:乡党,古代以五百户为一党。

❻ 直躬者:正直的人。

❼ 其父攘(rǎng)羊:他的父亲偷羊。攘羊,偷羊。

❽ 父为子隐,子为父隐:隐,隐藏,隐瞒。父亲为儿子隐瞒,儿子为父亲隐瞒。

论 语

解读

叶公问孔子怎样管理政事。孔子说："使近处的人高兴，使远处的人来归附。"

子夏做莒父的总管，问孔子怎样办理政事。孔子说："不要求快，不要贪求小利。求快反而达不到目的，贪求小利就做不成大事。"

叶公告诉孔子说："我的家乡有个正直的人，他的父亲偷了人家的羊，他告发了父亲。"孔子说："我家乡的正直的人和你讲的正直人不一样：父亲为儿子隐瞒，儿子为父亲隐瞒。正直就在其中了。"

感悟

孔子要求子夏从政不要急功近利，否则就无法达到目的；不要贪求小利，否则就做不成大事。急躁冒进，求快反慢，贪图小利，反而失大。"欲速则不达"这种内在的辩证思想，很能发人深省。

本篇孔子在回答叶公什么为正直时，阐明了他的法理思想。叶公告诉孔子说，他的家乡有个正直的人，父亲偷了人家的羊，他告发了父亲。孔子不同意这种做法，他认为遇到这样的事，父亲应该为儿子隐瞒，儿子也应该为父亲隐瞒。他认为，这样做，正直就在其中了。

孔子认为，按法律讲，父亲偷了东西，儿子前去揭发，并没有错，是合理的行为，儿子确实正直。但从感情看，是合法而不合情。这一点，反映了孔子的局限性。

孔子提倡的"父为子隐，子为父隐"显然是有问题的，即真理正义与亲情的关系。事实上，儒家也提倡"大义灭亲"，对于国君或上级也不主张绝对的服从。因此对于孔子的这句话，我们要持批判态度。

言必信，行必果

樊迟问仁。子曰："居处恭❶，执事敬❷，与人忠。虽之夷狄❸，不可弃也。"

子贡问曰："何如斯可谓之士❹矣？"子曰："行己有耻❺，使于四方❻，不辱君命，可谓士矣。"曰："敢问其次。"曰："宗族称孝焉，乡党称弟焉。"曰"敢问其次。"曰："言必信，行必果❼，硁硁❽然小人哉！抑亦可以为次矣。"曰："今之从政者何如？"子曰："噫❾！斗筲之人❿，何足算也？"

注释

❶ 居处恭：在居住的地方态度端正。居，平常、平时。

❷ 执事敬：办事的时候恭敬、认真。执事，办事。

❸ 夷狄：指边远的少数民族地区。

❹ 士：读书人。一般指知识分子。

❺ 行己有耻：对自己的行为抱有羞耻之心。行己，自己的行为；耻，羞耻。

❻ 使于四方：出使到国外去。使，出使。

❼ 言必信，行必果：说了的话就一定要守信用，做事一定要办到，不拖拉。信，信用；果，果断。

❽ 硁硁（kēng）：象声词，敲击石头的声音。引申为像石块那样坚硬。

❾ 噫（yī）：叹词。表示轻蔑。

❿ 斗筲（shāo）之人：筲，竹器，容一斗二升。比喻器量狭小的人。

解读

樊迟问怎样才是仁。孔子说："平常在家规规矩矩，办事严肃认真，待人忠心诚意。即使到了夷狄之地，也不可背弃。"

子贡问道："怎样才可以叫作士呢？"孔子说："对自己的行为抱有知耻之心，出使到外国各方，能够完成君主交付的使命，可以叫作士。"子贡说："请问次一等的呢？"孔子说："宗族中的人称赞他孝顺父母，乡党们称他尊敬兄长。"子贡又问："请问再次一等的呢？"孔子说："说到一定做到，做事一定坚持到底，这虽是浅陋固执的小人，但也可算是再次一等的士了。"子贡说："现在的执政者，您看怎么样？"孔子说："唉！这些器量狭小的人，算得上什么呢？"

感悟

孔子眼中的"士"，首先要有知耻之心，能够不辱君命，完成一定的国家使命。其次应该孝敬父母、顺从兄长。再次才是"言必信，行必果"的人。至于当政者，他认为是器量狭小的人，根本算不得士。

君子和而不同

子曰:"不得中行❶而与之,必也狂狷❷乎!狂者进取,狷者有所不为也。"

子曰:"南人有言曰:'人而无恒,不可以作巫医❸。'善夫!""不恒其德,或承之羞。"子曰:"不占而已矣。"

子曰:"君子和❹而不同,小人同而不和。"

注释

❶ 中行:行为合乎中庸。
❷ 狷(juàn):激进和狷介。狂,激进,狷,耿直。
❸ 巫医:用占卜之术为人治病的人。
❹ 和:不同的东西和谐地配合叫作和。

解读

孔子说:"我找不到奉行中庸之道的人和他交往,只有与激进的人和耿直的人交往了。激进的人锐意进取,耿直的人是不肯做坏事的。"

孔子说:"南方人有句话说:'人如果做事没有恒心,就不能当巫医。'这句话说得真好啊!"《易经·恒卦》说:"人不能长久地保存自己的德行,免不了要遭受耻辱。"孔子说:"这句话是说,没有恒心的人用不着去占卦了。"

论 语

孔子说:"君子讲求和谐而不同流合污,小人只求完全一致,而不讲求协调。"

感悟

"和而不同"是孔子思想体系中的重要组成部分。君子可以与他周围的人保持和谐融洽的关系,但他从来不愿人云亦云,盲目附和;小人则没有自己独立的见解,只求与别人完全一致,而不讲求原则,但他却与别人不能保持融洽友好的关系。"和而不同"显示出孔子思想的深刻哲理和高度智慧。

君子易事而难说也

子贡问曰:"乡人皆好❶之,何如?"子曰:"未可也。""乡人皆恶❷之,何如?"子曰:"未可也。不如乡人之善者好之,其不善者恶之。"

子曰:"君子易事❸而难说❹也。说之不以道,不说也;及其使人也,器之❺。小人难事而易说也。说之虽不以道,说也;及其使人也,求备焉。"

注释

❶ 好(hào):喜欢。
❷ 恶(wù):厌恶。
❸ 易事:易于与人相处共事。
❹ 难说:难于取得他的欢喜。说,通"悦"。
❺ 器之:量才使用他。

解读

子贡问孔子说:"全乡人都喜欢、赞扬他,这个人怎么样?"孔子说:"这还不能肯定。"子贡又问孔子说:"全乡人都厌恶、憎恨他,这个人怎么样?"孔子说:"这也是不能肯定的。最好的人是全乡的好人都喜欢他，全乡的坏人都厌恶他。"

孔子说："与君子共事很容易，但很难取得他的欢喜。不用正当的方式去讨他喜欢，他是不会喜欢的。但当他用人时，总能量才而用。与小人共事很难，但要取得他的欢喜则是很容易的。不按正当的方式去讨他的喜欢，也会得到他的喜欢。但他用人时，却会求全责备。"

感悟

孔子在这里提出了君子与小人之间的区别。孔子认为，君子对人不会挑剔，但很难取得他的欢喜。不过在选用人才的时候，往往能够量才而用，不会求全责备。小人却相反，用不正当方式就能取得他的喜欢，但在用人方面却喜欢求全责备。在现实社会中，君子并不多见，而小人则屡见不鲜。

"君子"是孔子的理想化的人格。君子以行仁、行义为己任。君子也尚勇，但勇的前提必须是仁义，是事业的正当性。君子处事要恰到好处，要做到中庸。在孔子看来，君子的反面，即是小人。《论语》中君子、小人对举者甚多。孔子将君子、小人对举，是为了通过对照，彰显君子的品质。

例如，"君子和而不同，小人同而不和。"和而不同，是对于某个人的意见，既有赞成，也有反对；同而不和，则是一味赞同，没有主见，因人而取言。"君子喻于义，小人喻于利。"君子做事，以义为准则，只问此事当做不当做；小人做事，则以利为准则，总是计较做此事对自己有多大的好处。"君子坦荡荡，小人常戚戚。"君子胸怀坦荡，没有自己的私利；小人做事，则以私利为准则，总是患得患失。"君子成人之美，不成人之恶，小人反是。"君子善于帮助他人，看到他人成功，君子总是感到高兴；小人则嫉贤妒能，唯恐他人超过自己，唯恐他人过上好日子。

君子泰而不骄

子曰:"君子泰❶而不骄,小人骄而不泰。"

子曰:"刚、毅、木、讷❷近仁❸。"

子路问曰:"何如斯可谓之士矣?"子曰:"切切偲偲❹,怡怡❺如也,可谓士矣。朋友切切偲偲,兄弟怡怡。"

子曰:"善人教民七年,亦可以即戎❻矣。"

子曰:"以不教民战❼,是谓弃之。"

注释

❶ 泰:安详舒泰。

❷ 刚、毅、木、讷:刚,刚强;毅,坚毅;木,朴质;讷,言语谨慎。

❸ 近仁:接近于仁德。

❹ 切切偲偲(sī):友爱地互相批评。偲偲,勉励、督促、诚恳的样子。

❺ 怡怡(yí):和气、亲切、顺从的样子。

❻ 即戎:作战。即,靠近;戎,兵。

❼ 以不教民战:用不经过教育的人民去作战。以,用;教民,教育训练人民;战,战斗,作战。

论语

解读

孔子说："君子安详坦然而不傲慢无礼，小人傲慢无礼而不安详坦然。"

孔子说："刚强、果敢、朴实、语言谨慎，这四种品德接近于仁。"

子路问孔子道："怎样才可以称为士呢？"孔子说："友爱地互相批评，和睦相处，可以说是士了。朋友之间要互相友爱地开展批评，兄弟之间要和睦相处。"

孔子说："善人教人民七年时间，就可以叫他们去当兵打仗了。"

孔子说："用不经过教育、训练的人民去作战，这就叫抛弃他们。"

感悟

孔子在这里论述君子与小人的另一个区别，即内在的思想品德和修养的区别。孔子认为，这种区别导致了外在的仪态不同。由于君子思想品德好，私心少，胸襟开阔，气度宽宏，因而外表安详舒泰。小人思想品德修养差，私心重，患得患失，因而常常局促忧虑。

同时，孔子还论述了接近仁的四种品质，即刚强、果敢、朴实和语言谨慎。拥有刚强性格的人无欲无求，而仁者尚静，故刚者近仁；毅者个性果敢，仁者必有勇，周穷济急，杀身成仁，故毅者近仁；木者质朴，仁者不尚华饰，故木者近仁；讷者言语迟钝，仁者慎言，故讷者也近仁。

那么，为什么说这四种性格的人只是接近于仁呢？因为这四者是仁的本质，还应该有礼乐的熏陶。所以，在具有仁的本质的基础上，再加之以礼乐陶冶，才可以真正达到仁的境界。

宪问篇第十四

本篇是《论语》的第十四篇，共四十四章。编者取本篇首章"宪问耻"一句中的"宪问"二字为篇名。其中，记孔子直接论述二十三章，记孔子答弟子、或人、使者等问十九章，记晨门者、荷蒉者评孔子各一章。

本篇讨论的是诸侯、士大夫如何知耻、修己、安民等问题。其方法主要是在评论人物中阐明仁道，并围绕知人论世展开论述，具体阐述了以下几个问题：

一、以仁为标准评论各种人物。如评南官适为君子，子产为惠人，管仲为仁人，孟公绰无欲，藏武仲要君等。知人论世，一语中的，体现了孔子丰富的处世经验。

二、孔子以仁为标准，对各类人物提出要求。对于士，他要求志在四方，不能怀居；对于成人，他要求具备知、廉、勇、艺的品质；对于君子，他要求具备知、仁、勇的品德，做到修己以敬，修己以安人。

三、孔子不轻易以仁许人，而对管仲则多次肯定他为仁人。管仲在尊王攘夷、为民造福中做出贡献，故孔子称赞说，这就是他的仁。

四、孔子以仁为标准，要求人们加强自身修养。如要求知耻、有德有言，要求贫而无怨等，其目的为将来能"博施于民而能济众"做好准备。我们从晨门者、荷蒉者对孔子的批评中还可以看出孔子坚持修身以行其道，"知其不可为而为之"的可贵品质。

邦有道，谷

宪①问耻。子曰："邦有道，谷②；邦无道，谷，耻也。""克、伐、怨、欲③不行焉，可以为仁矣？"子曰："可以为难矣，仁则吾不知也。"

子曰："士而怀居④，不足以为士矣。"

子曰："邦有道，危⑤言危行；邦无道，危行言孙⑥。"

子曰："有德者必有言，有言者不必有德。仁者必有勇，勇者不必有仁。"

注释

① 宪：姓原名宪，孔子的学生。
② 谷：这里指做官者的俸禄。
③ 克、伐、怨、欲不行焉：克，好胜；伐，自夸；怨，怨恨；欲，贪欲；不行焉，都没有。
④ 怀居：指留恋家居的安逸生活。
⑤ 危：直，正直。
⑥ 孙：同"逊"。

解读

原宪问孔子什么是可耻。孔子说："国家有道，做官拿俸禄；国家无

宪问篇第十四

道，还做官拿俸禄，这就是可耻。"原宪又问："好胜、自夸、怨恨、贪欲都没有的人，可以算做到仁了吧？"孔子说："这可以说是很难得的，但至于是不是做到了仁，那我就不知道了。"

孔子说："士如果留恋家庭的安逸生活，就不配做士了。"

孔子说："国家政治清明时，说话正直，行为正直；国家政治黑暗时，行为仍应正直，但说话宜委婉谨慎。"

孔子说："有道德的人，一定有言论，有言论的人不一定有道德。仁人一定勇敢，勇敢的人都不一定有仁德。"

感悟

孔子在这里谈有关"耻"的问题。孔子认为，做官的人应当竭尽全力为国效忠。国家政治清明时，拿俸禄是应该的；但如果政治黑暗时，照样碌碌无为地拿俸禄，就是无耻的人。

禹、稷躬稼而，有天下

南宫适①问于孔子曰："羿②善射，奡③荡舟，俱不得其死然。禹、稷④躬稼，而有天下。"夫子不答。南宫适出。子曰："君子哉若人！尚德哉若人！"

子曰："君子而不仁者有矣夫，未有小人而仁者也。"

子曰："爱之，能勿劳乎？忠焉⑤，能勿诲乎？"

子曰："为命⑥，裨谌⑦草创之，世叔讨论之，行人子羽⑧修饰之，东里⑨子产润色⑩之。"

> 注释
>
> ① 南宫适（kuò）：字子容，孔子的学生。
> ② 羿：又称"后羿"，夏时有穷氏国君。传说后羿善于射箭，当时天上有十个太阳，酷热难挡，被羿射下九个，只剩现在的一个。后来他被臣子寒浞所害。
> ③ 奡（ào）：传说中寒浞的儿子，后来为夏少康所杀。
> ④ 稷：传说中舜、禹时的农官，周朝的祖先。
> ⑤ 忠焉：忠于他。焉，他，作代词用。
> ⑥ 命：指国家的政令。
> ⑦ 裨谌（bì chén）：人名，郑国的大夫。

⑧ 行人子羽：行人，指外交官；子羽，郑国大夫公孙挥。
⑨ 东里：地名，郑国大夫子产居住的地方。
⑩ 润色：文字上加工修改。

解读

南宫适问孔子："羿善于射箭，奡善于水战，最后都不得好死。禹和稷都亲自种植庄稼，却得到了天下。"孔子没有回答。南宫适出去后，孔子说："这个人真是个君子呀！这个人真尊重道德啊！"

孔子说："君子中没有仁德的人是有的，而小人中有仁德的人是没有的。"

孔子说："爱他，能不为他操劳吗？忠于他，能不对他劝告吗？"

孔子说："郑国发表的公文，都是由裨谌起草的，世叔提出意见，外交官子羽加以修饰，由子产作最后修改润色。"

感悟

孔子在这里表达了崇尚仁义，反对武力的思想。南宫适向孔子提了两个问题：崇尚武力者，俱不得善终；崇尚德行者，俱有天下。因为问题中包含着以武力服人，不如以德服人的思想，因而受到孔子的赞扬。

在儒家的文化中，舜、禹是最守礼义的人，也正是因为他们最守礼义，因而得以受让天下。这是从正反两个面教化人要躬行耕稼。因为人们躬行耕稼就会安乐于现状，安乐于现状，社会等级就能稳固。

论 语

贫而无怨难

或问子产。子曰:"惠人也。"问子西❶。曰:"彼哉!彼哉!"问管仲。曰:"人也。夺伯氏骈邑三百,饭疏食,没齿无怨言。"

子曰:"贫而无怨难,富而无骄易。"

子曰:"孟公绰为赵魏老则优,不可以为滕薛大夫。"

注释

❶ 子西:名申,楚国的令尹。

解读

有人问子产是个怎样的人。孔子说:"他是个有恩惠于人的人。"又问子西。孔子说:"他呀!他呀!"又问管仲。孔子说:"他是个有才干的人,他剥夺了伯氏骈邑的三百户采地,使伯氏终生吃粗茶淡饭,但伯氏直到老死也没有一句怨言。"

孔子说:"贫穷而没有怨恨很难做到,富裕而不骄傲容易做到。"

孔子说:"孟公绰做晋国越氏、魏氏的家臣,是才力有余的,但不能做滕、薛这样小国的大夫。"

感悟

孔子在这里谈论的是人生的社会心态,他勉励人们善处逆境,安贫乐道;要求统治者实行富民政策,使他们能够"衣食足而知荣辱"。

见利思义，见危授命

子路问成人❶。子曰："若臧武仲❷之知，公绰之不欲，卞庄子❸之勇，冉求之艺，文之以礼乐，亦可以为成人矣。"曰："今之成人者何必然❹？见利思义，见危授命❺，久要❻不忘平生之言，亦可以为成人矣。"

子问公叔文子❼于公明贾曰："信乎？夫子不言、不笑、不取乎？"公明贾❽对曰："以❾告者过也。夫子时然后言，人不厌其言；乐然后笑，人不厌其笑；义然后取，人不厌其取。"子曰："其然？岂其然乎？"

注释

❶ 成人：人格完美的人。
❷ 臧武仲：即臧孙纥，又称臧孙、臧纥，谥"武"，臧文仲之孙，臧宣叔之子，鲁国大夫。
❸ 卞庄子：齐国的勇士，曾刺死老虎。
❹ 何必然：何必要这样呢？
❺ 授命：把命交给国家。
❻ 久要：长久处于穷困中。要通"约"，贫困。
❼ 公叔文子：名拔，卫国大夫，卫献公之子。

⑧公明贾：姓公明，字贾，卫国人。
⑨以告者过：这是告诉你话的人的过错。以，此、这；过，过错。

解读

子路问怎样做才是一个完美的人。孔子说："如果具有臧武仲的智慧，孟公绰的不贪，卞庄子的勇敢，冉求那样多才多艺，再用礼乐加以熏陶，也就可以算是一个完人了。"孔子又说："现在的完人何必一定要这样呢？见到财利想到义的要求，遇到危险能献出生命，长久处于穷困还不忘平日的诺言，这样也可以称为一位完美的人。"

孔子向公明贾询问公叔文子，说："先生他不说、不笑、不取钱财，是真的吗？"公明贾回答道："这是告诉你话的那个"人的过错"。先生他到该说时才说，因此别人不厌恶他说话；快乐时才笑，因此别人不厌恶他笑；合于道义的财利他才取，因此别人不厌恶他取。"孔子说："是这样吗？难道真的是这样吗？"

感悟

孔子在这里论述了做一个完美之人的标准。孔子认为，一个完美的人，除了应具备知、廉、勇、艺四种德行之外，还应加以礼乐熏陶。不过，能做到见利思义、见危授命、讲究忠信的人也可以算是品德完美的人。

孔子还问到公叔文子的事。公叔文子是卫国大夫，也是卫国颇有名望的贤者，所以，孔子向公明贾打听他不言、不笑、不取的情况。公明贾做了补充说明，孔子称赞其说得有理，但嫌其言之未尽，没有涉及他的品德问题，因此没有做具体评价。

九合诸侯，不以兵车

子曰："臧武仲以防❶求为后于鲁，虽曰不要❷君，吾不信也。"

子曰："晋文公❸谲而不正，齐桓公❹正而不谲。"

子路曰："桓公杀公子纠，召忽死之，管仲不死。"曰："未仁乎？"子曰："桓公九合诸侯，不以兵车❺，管仲之力也。如其仁！如其仁！"

注释

❶ 防：臧武仲的封地，在今山东费县东北。
❷ 要：要挟。
❸ 晋文公：晋国国君，姓姬名重耳，春秋五霸之一。
❹ 齐桓公：齐国国君，姓姜名小白，春秋五霸之首。
❺ 不以兵车：即不用武力。

解读

孔子说："臧武仲凭借防邑请求鲁君在鲁国替臧氏立后代，虽然有人说他不是要挟君主，我不相信。"

孔子说："晋文公诡诈而不正派，齐桓公正派而不诡诈。"

子路说："齐桓公杀了公子纠，召忽自杀以殉主，但管仲却没有自杀。管仲不能算是仁人吧？"孔子说："桓公多次召集各诸侯国的盟会，不用武力,都是管仲的力量啊。这就是他的仁德,这就是他的仁德啊!"

感悟

孔子在这里对春秋时期的几个重要人物做出评价。他认为,臧武仲要挟君主,是犯上作乱,犯下了不忠的大罪;晋文公是诡诈而不正派,齐桓公是正派而不诡诈;至于管仲,他虽然没有殉主,却因为他能够不依靠武力帮助齐桓公召集诸侯会盟,孔子觉得他有仁德,值得称赞。

管仲非仁者与

子贡曰:"管仲非仁者与?桓公杀公子纠①,不能死,又相②之。"子曰:"管仲相桓公,霸诸侯,一匡天下③,民到于今受其赐。微管仲,吾其被发左衽④矣。岂若匹夫匹妇⑤之为谅也,自经于沟渎⑥而莫之知也。"

公叔文子之臣大夫僎⑦与文子同升诸公⑧。子闻之曰:"可以为文矣。"

注释

① 公子纠:齐桓公的哥哥,在争夺王位中被齐桓公杀死。

② 相:辅佐、帮助。

③ 一匡天下:天下的一切都得到匡正。

④ 被发左衽:被,同"披";衽,衣襟。被发左衽是当时的夷狄之俗。借指中原沦为少数民族的附庸。

⑤ 匹夫匹妇:一男一女,指普通老百姓。

⑥ 自经于沟渎(dú):自经,自己上吊而死;沟渎,沟渠。

⑦ 僎(xún):人名,公叔文子的家臣。

⑧ 同升诸公:一起被提升为大臣。升,提升、提拔;公,大臣,即大夫。

论　语

> **解读**

子贡问："管仲不是一个有仁德的人吧？齐桓公杀了公子纠，他不殉节而死，反而做了齐桓公的宰相。"孔子说："管仲辅佐桓公，称霸诸侯，匡正了天下，老百姓到了今天还享受着他的好处。如果没有管仲，恐怕我们也要披散着头发、衣襟向左开了。难道要像普通百姓那样恪守小节，自杀在小山沟里，而没有人知道吗？"

公叔文子的家臣僎和文子一同做了卫国的大夫。孔子知道了这件事以后说："公叔文子当得起'文'的谥号了。"

> **感悟**

孔子在这里继续肯定了管仲的仁德。孔子认为，管仲"尊王攘夷"，反对使用暴力，阻止了齐鲁之地被"夷化"的可能。所以，像管仲这样的人，不能像普通百姓那样，斤斤计较他的节操与信用。

子贡认为，管仲作为公子纠的谋臣，在主人事败身亡后，不能以死殉节，反而辅佐公子纠的仇敌齐桓公，苟且偷生，这是不仁的表现。但孔子则认为，管仲没有殉节公子纠，反而帮助齐桓公称霸诸侯，避免了更多的不义战争，是造福于人民。如果没有管仲，中原文化将会沦丧，这是他的大节，也是他的功业。所以教育子贡，要看大节，不能拘泥于小节。

齐僖公三十三年（公元前698年），管仲开始辅助公子纠。齐桓公元年（公元前685年），管仲接受邀请转任齐相。管仲在任内大兴改革，实施富国强兵战略，为齐国独霸天下，立下了首功。司马迁说："齐桓公以霸，九合诸侯，一匡天下，管仲之谋也。"意思是齐桓公凭借他称霸，多次使诸侯们会盟，匡正天下，这都是管仲的计谋啊！

卫灵公之无道也

子言卫灵公❶之无道也,康子曰:"夫如是,奚而不丧?"孔子曰:"仲叔圉❷治宾客,祝鲍❸治宗庙,王孙贾治军旅,夫如是,奚其丧?"

子曰:"其言之不怍❹,则为之也难。"

陈成子❺弑简公❻。孔子沐浴而朝,告于哀公曰:"陈恒弑其君,请讨之。"公曰:"告夫三子❼。"孔子曰:"以吾从大夫之后,不敢不告也。君曰'告夫三子'者。"之三子告,不可。孔子曰:"以吾从大夫之后,不敢不告也。"

> 注释

❶ 卫灵公:姓姬,名元,卫国第二十八代国君,昏庸无道。

❷ 仲叔圉(yǔ):即孔文子,卫国大夫。

❸ 祝鲍(tuó):字子鱼,卫国大夫,有口才,以能言善辩受到卫灵公重用。

❹ 怍(zuò):惭愧。

❺ 陈成子:即陈恒,齐国大夫,又叫田成子。

❻ 弑(shì)简公:杀了齐简公。弑,古时臣杀君、子杀父母称弑;简公,齐国国君,姓姜名壬。

❼ 三子：指鲁国当时执政的季孙、孟孙、叔孙三家。

解读

孔子讲到卫灵公的无道，季康子说："既然如此，为什么他没有败亡呢？"孔子说："因为他有仲叔圉接待宾客，祝鲍管理宗庙祭祀，王孙贾统率军队，像这样，怎么会败亡呢？"

孔子说："说话如果大言不惭，那么实现这些话就是很困难的了。"

陈成子杀了齐简公。孔子斋戒沐浴以后上朝去见鲁哀公，报告说："陈恒把他的君主杀了，请您出兵讨伐他。"鲁哀公说："你去报告那三位大夫吧。"孔子退朝后说："因为我曾经做过大夫，所以不敢不来报告，君主却说'你去告诉那三位大夫吧'！"孔子又去向那三位大夫报告，但他们都不愿派兵讨伐，孔子又说："因为我曾经做过大夫，所以不敢不来报告呀！"

感悟

陈成子弑简公，事发在鲁哀公十四年六月，当时孔子71岁，因为将告君以征伐大事，故郑重其事，斋戒沐浴上朝。可鲁君成为摆设已久，所以他让孔子将此事告诉季孙、孟孙、叔孙三位卿大夫。三家不同意出兵。孔子只好说"以吾从大夫之后，不敢不告"的话自慰，表示自己已尽到责职。

子曰："见义不为，无勇也。"知邻国有弑君贼子而假作不知，是君子之耻也。春秋之法，弑君父为乱臣贼子，人人得而诛之，有力者皆可讨之。曾为大夫，孔子便认为自己对国家担负起了一生放不下的责任，所以建议鲁国国君兴正义之师讨伐叛逆，但此时鲁国公室衰微，哀公大权旁落，政在三家。所以，孔子只有长声叹息而已。

君子上达，小人下达

子路问事君。子曰："勿欺也，而犯①之。"

子曰："君子上达，小人下达。"

子曰："古之学者为己，今之学者为人。"

蘧伯玉②使人于孔子。孔子与之坐而问焉，曰："夫子③何为？"对曰："夫子欲寡其过而未能也。"使者出，子曰："使乎④！使乎！"

注释

① 犯：冒犯、触犯。指直言敢谏。

② 蘧（qú）伯玉：名瑗，卫国大夫。孔子到卫国时曾住在他的家里。

③ 夫子：指蘧伯玉。

④ 使乎：好一位使者。

解读

子路问怎样事奉君主。孔子说："不能欺骗他，但可以犯颜直谏。"

孔子说："君子向上通达仁义，小人向下通达财利。"

孔子说："古代的人学习是为了提高自己，而现在的人学习是为了给别人看。"

论　语

　　蘧伯玉派使者去拜访孔子。孔子让使者坐下，然后问道："先生最近在做什么？"使者回答说："先生想要减少自己的错误但未能做到。"使者走了以后，孔子说："好一位使者啊，好一位使者啊！"

感悟

　　孔子在这里从君子、小人的不同情趣、追求中，告诫人们由于追求目标不同，便会产生上达与下达的分歧。君子追求仁义，故境界日高；小人追求财利，为物欲所累，所以境界日低。

君子耻其言而过其行

子曰:"不在其位,不谋①其政。"曾子曰:"君子思不出其位。"

子曰:"君子耻其言而过其行。"

子曰:"君子道②者三,我无能焉:仁者不忧,知者不惑,勇者不惧。"子贡曰:"夫子自道也。"

子贡方人③。子曰:"赐也贤乎哉?夫我则不暇。"

子曰:"不患人之不己知,患其不能也。"

子曰:"不逆诈,不亿④不信,抑亦先觉者,是贤乎!"

注释

① 谋:考虑,参与。
② 道:道德、正道。
③ 方人:评论、诽谤别人。
④ 亿:同"臆",猜测的意思。

解读

孔子说:"不在那个职位,就不要考虑那个职位上的事情。"曾子说:"君子考虑问题从来不超出自己的职位范围。"

论 语

孔子说:"君子认为说得多而做得少是可耻的。"

孔子说:"君子之道有三个方面,我都未能做到:仁德的人不忧愁,聪明的人不迷惑,勇敢的人不畏惧。"子贡说:"这正是老师的自我表述啊!"

子贡评论别人的短处。孔子说:"赐啊,你真的就那么贤良吗?我可没有闲工夫去评论别人。"

孔子说:"不担心别人不知道自己,只担心自己没有能力。"

孔子说:"不预先怀疑别人欺诈,也不猜测别人不诚实,然而能事先觉察别人的欺诈和不诚实,这就是贤人了。"

感悟

"不在其位,不谋其政。"在《泰伯篇》曾出现过,宋代理学大师朱熹认为本句重复,所以将下句"曾子曰:'君子思不出其位。'"列为一章。清代学者毛奇龄则在《四书改错》中认为,前句不是重复,二句合为一章珠联璧合。

孔子认为,不担任这项工作,就不应去干预这项工作。从"礼"的角度看,越俎代庖,超出自己的职权,这是越礼行为。从工作效果看,你对这项工作不熟悉,贸然干预,必然办不好事情。曾子的"君子思不出其位"与孔子的"不在其位,不谋其政"互为补充,其中包含着深刻的哲理。

本章的下一句"君子耻其言而过其行"这句话极为精练,但发人深省。孔子希望人们少说多做,而不要只说不做或多说少做。孔子一贯主张言行一致,多做少说或做了不说。在这里强调君子以少做多说为可耻,勉励学生言行相符。

以德报怨，何如

微生亩❶谓孔子曰："丘，何为是栖栖❷者与？无乃为佞❸乎？"孔子曰："非敢为佞也，疾固❹也。"

子曰："骥❺不称其力，称其德也。"

或曰："以德报怨❻，何如？"子曰："何以报德？以直报怨，以德报德❼。"

子曰："莫我知❽也夫！"子贡曰："何为其莫知子也？"子曰："不怨天，不尤人❾。下学而上达❿，知我者其天乎！"

> 注释

❶ 微生亩：人名，姓微生，名亩，鲁国人，隐士。
❷ 栖栖：奔走忙碌的样子。
❸ 佞：能言善辩，有口才。
❹ 疾固：痛恨顽固不化的人。疾，恨；固，固执。
❺ 骥：千里马。
❻ 以德报怨：不记别人的仇恨，反而给他好处。怨，仇恨。
❼ 以直报怨，以德报德：用正直回报恶行，用善行回报善行。
❽ 莫我知："莫知我"的倒装句，意思是没有人了解我。

论 语

⑨ 不怨天，不尤人：意思是不抱怨天，不责怪人。尤，责怪、怨恨。

⑩ 下学而上达：下学学人事，上达达天命。

解读

微生亩对孔子说："孔丘，你为什么这样四处奔波游说呢？你不就是要显示自己的口才和花言巧语吗？"孔子说："我不是喜欢花言巧语，只是痛恨那些顽固不化的人。"

孔子说："千里马值得称赞的不是它的气力，而是称赞它的品德。"

有人说："用恩德来报答怨恨，怎么样？"孔子说："用什么来报答恩德呢？应该是用正直来报答怨恨，用恩德来报答恩德。"

孔子说："没有人了解我啊！"子贡说："怎么能说没有人了解您呢？"孔子说："我不埋怨天，也不责备人。下学礼乐而上达天命，了解我的只有天吧！"

感悟

"以德报怨"是道家的思想。《道德经》上说："大小多少，报怨以德。"孔子不同意"以德报怨"的做法，认为应当是"以直报怨"，就是用正直报答怨恨，用恩惠报答仁德。孔子的"以直抱怨"在于让迷惑犯错的人忏悔、醒悟，更体现了大慈大悲之心。

知其不可而为之

公伯寮❶愬❷子路于季孙。子服景伯❸以告，曰："夫子固有惑志，于公伯寮，吾力犹能肆诸市朝❹。"子曰："道之将行也与，命也；道之将废也与，命也。公伯寮其如命何！"

子曰："贤者辟世❺，其次辟地，其次辟色，其次辟言。"子曰："作者七人❻矣。"

子路宿于石门❼。晨门曰："奚自？"子路曰："自孔氏。"曰："是知其不可而为之者与？"

> **注释**
>
> ❶ 公伯寮：字子周，孔子的学生，曾任季氏的家臣。
> ❷ 愬（sù）：同"诉"，告发，诽谤。
> ❸ 子服景伯：即子服何，春秋时期鲁国大夫。
> ❹ 肆诸市朝：肆，暴露尸体；市朝，街市和朝廷。古代把罪人的尸体放在街市示众。
> ❺ 辟世：辟通"避"。逃辟黑暗的社会而隐居。
> ❻ 七人：即伯夷、叔齐、虞仲、夷逸、朱张、柳下惠、少连。
> ❼ 石门：鲁国都城外的城门。

论 语

解读

　　公伯寮在季孙面前毁谤子路。子服景伯把这件事告诉给孔子,并且说:"季孙氏已经被公伯寮迷惑了,我的力量能够把公伯寮杀了,把他陈尸于市。"孔子说:"道能够得到推行,是天命决定的;道不能得到推行,也是天命决定的。公伯寮能把天命怎么样呢?"

　　孔子说:"贤人逃避动荡的社会而隐居,次一等的逃避到另外一个地方去,再次一点的避开别人难看的脸色,再次一点的避开别人难听的话。"孔子说:"这样做的已经有七个人了。"

　　子路夜里住在石门,第二天早晨进城,看门的人问:"从哪里来?"子路说:"从孔子那里来。"看门的人说:"是那个明知做不到却还要去做的人吗?"

感悟

　　"知其不可而为之",从这位看门人的话中,我们可以看出当时普通人对孔子的评论。孔子"知其不可而为之",反映出他孜孜不倦的执着精神,也表明了他为学、传道的坚定信心。

　　"知其不可而为之",这句话对孔子的概括真是入木三分,非常深刻。显然,这个守城门的人并不是一个等闲之辈,而是一个修养很高却隐身于市朝的大隐士。这是对一个理想主义者的形象刻画。

　　一个人知道自己所从事的事情是可望成功的,于是坚持干下去,最后果然取得成功,他固然是一个成功的人,但却不是特别了不起。而一个人明知自己所从事的事情,在自己的有生之年不可能取得成功,但他还是一丝不苟地坚持做下去,"春蚕到死丝方尽,蜡炬成灰泪始干",为自己的信念和理想而献身,这就非常不易和难能可贵了。

上好礼，则民易使也

子击磬❶于卫，有荷蒉❷而过孔氏之门者，曰："有心哉！击磬乎！"既而曰："鄙哉！硁硁❸乎！莫己知也，斯己而已矣。深则厉，浅则揭。"子曰："果哉！末之难矣。"

子张曰："《书》云：'高宗❹谅阴，三年不言。'何谓也？"子曰："何必高宗？古之人皆然。君薨，百官总己以听于冢宰❺三年。"

子曰："上好礼，则民易使也。"

注释

❶ 磬（qìng）：一种打击乐器的名称。
❷ 蒉（kuì）：草筐。
❸ 硁硁（kēng）：击磬的声音。
❹ 高宗：商王武宗。
❺ 冢宰：官名，相当于后世的宰相。

解读

孔子在卫国，一次正在敲击磬，有一位背扛草筐的人从门前走过说："这个击磬的人，有心思啊！"一会儿又说："声音硁硁的，真可鄙呀！没有人了解自己，就只为自己就是了。好像涉水一样，水深就穿着衣服趟

论 语

过去,水浅就撩起衣服趟过去。"孔子说:"说得真干脆,没有什么可以责问他了。"

子张说:"《尚书》上说:'高宗守丧,三年不谈政事。'这是什么意思?"孔子说:"不仅是高宗,古人都是这样。国君死了,朝廷百官都各管自己的职事,听命于冢宰三年。"

孔子说:"在上位的人喜好礼,那么百姓就容易指使了。"

感悟

"上好礼,则民易使也",孔子在这里强调以礼治国的重要作用。他从礼的角度说明:只要君主守礼、以礼治国,人民自然就会守礼;人民守礼就会变得容易役使。这也说明了统治者表率作用的重要性。

子曰，修己以敬

子路问君子。子曰："修己以敬❶。"曰："如斯而已乎？"曰："修己以安人❷。"曰："如斯而已乎？"曰："修己以安百姓。修己以安百姓，尧舜其犹病❸诸？"

原壤❹夷俟❺。子曰："幼而不孙弟❻，长而无述❼焉，老而不死，是为贼❽。"以杖叩其胫❾。

阙党❿童子将命。或问之曰："益者⓫与？"子曰："吾见其居于位也，见其与先生并行也。非求益者也，欲速成者也。"

注释

❶ 修己以敬：修养自己，保持严肃恭敬的态度。

❷ 安人：使上层人物安乐。

❸ 病：困乏。指难以做到。

❹ 原壤：鲁国人，孔子的旧友。

❺ 夷俟：伸开两足箕踞而坐。这是一种倨傲无礼的行为。

❻ 孙弟：孙通"逊"，孙弟同"逊悌"。对兄长不恭敬。

❼ 无述：没有值得讲述的事。

❽ 贼：害人的人。

❾ 胫：小腿。

论 语

⑩ 阙党：即阙里，孔子家住的地方。
⑪ 益者：要求上进的人。

解读

子路问什么叫君子。孔子说："修养自己，保持严肃恭敬的态度。"子路说："这样就够了吗？"孔子说："修养自己，使周围的人们安乐。"子路说："这样就够了吗？"孔子说："修养自己，使所有百姓都安乐。做到修养自己使所有百姓都安乐，尧舜恐怕都难于做到呢？"

原壤叉开双腿坐着等待孔子。孔子骂他说："年幼的时候，你不讲孝悌，长大了又没有什么可说的成就，老而不死，真是害人虫。"说着，用手杖敲了敲他的小腿。

阙里的一个童子，来向孔子传话。有人问孔子："这是个求上进的孩子吗？"孔子说："我看见他坐在成年人的位子上，又见他和长辈并肩而行，他不是要求上进的人，只是个急于求成的人。"

感悟

孔子在这里再谈君子的标准问题。他认为，修养自己是君子立身处世和管理政事的关键所在，只有这样做，才可以使上层人物和老百姓都得到安乐。这番话，体现了孔子修身、齐家、治国平天下的一贯思想。

孔子对原壤的责备，一是没有礼貌，不遵礼教。在家不敬爱兄长，叉开两脚蹲坐着以傲慢的态度接待孔子。二是无所作为，默默无闻，毫无功业可言，做了一辈子人，与草木同腐，不能垂名于后世。所以孔子责备他"老而不死，是为贼"，是一个对社会、对国家毫无用处的人。

卫灵公篇第十五

本篇是《论语》的第十五篇，共四十二章。编者取本篇首章"卫灵公问陈于孔子"一句中的"卫灵公"三字为篇名。其中，记孔子直接论述三十六章，记孔子答国君、弟子问五章，记孔子帮助师冕一章。

本篇从孔子答卫灵公问陈开始，到帮助残疾人结束，主要论述为人处世问题，并围绕国家的根本在礼乐展开，说明了以下几个观点：

一、为国以礼，无为而治，先礼后兵，去乱就治。以礼乐文化教育人民，治理国家，反对战争，反对侵略。

二、为人处世，循礼而行。要求人们既要求仁、求道、求名，又要修身。总之，为人处世，要主忠信，行笃敬，动之以礼，循礼而行，符合于礼。

三、善于学习，有教无类，他时时勉励人们勤于学习，学思结合。至于教人，主张"有教无类"，表达了他不分阶级、不分地域、不分智愚，只要肯受教便孜孜不倦地进行教育的精神。

予一以贯之

卫灵公问陈①于孔子。孔子对曰:"俎豆②之事,则尝闻之矣;军旅之事③,未之学也。"明日遂行。

在陈绝粮,从者病④,莫能兴⑤。子路愠⑥见曰:"君子亦有穷乎?"子曰:"君子固穷⑦,小人穷斯滥矣。"

子曰:"赐也!女以予为多学而识⑧之者与?"对曰:"然,非与?"曰:"非也。予一以贯之⑨。"

注释

① 陈:同"阵",军队作战时,布列的阵势。
② 俎(zǔ)豆:是古代盛食物的器皿,被用作祭祀时的礼器。
③ 军旅之事:军旅,军队。指行军作战等事项。
④ 从者病:跟随孔子的人都病了。病,因饥饿而生病。
⑤ 莫能兴:没有人能站起来。兴,站起来。
⑥ 愠(yùn):怒,怨恨。
⑦ 固穷:固守穷困,安守穷困。
⑧ 多学而识(zhì):广泛地学习而牢固地记住知识。识,记住。
⑨ 一以贯之:用一个道理贯穿着。

解读

卫灵公向孔子问军队列阵之法。孔子回答说："祭祀礼仪方面的事情，我还听说过；用兵打仗的事，从来没有学过。"第二天，孔子便离开了卫国。

孔子一行在陈国断了粮食，随从的人都饿病了。子路很不高兴地来见孔子，说道："君子也有穷得毫无办法的时候吗？"孔子说："君子虽然穷困，但还是坚持着；小人一遇穷困就无所不为了。"

孔子说："赐啊！你以为我是学习得多了才记住的吗？"子贡答道："是啊，难道不是这样吗？"孔子说："不是的。我是用一个根本的东西把它们贯彻始终的。"

感悟

卫灵公向孔子问军事方面的问题，孔子回答说："祭祀礼仪方面的事情，我还听说过；用兵打仗的事，从来没有学过。"其实，孔子是懂军事的。冉有在齐鲁之战中，率领鲁国军队大败齐军。当季康子问他军事才能从何而来时，他就回答是向孔子学习的。

为什么孔子说自己不会呢？首先，孔子鉴于卫灵公昏庸无道，突然心血来潮问及军事，妄想挑起战争，恐其荼毒生灵。所以孔子说不知，暗示他仁政未能实行，妄想行霸道，是要碰壁的。其次，孔子一贯主张礼乐文化，反对战争，认为应先礼而后兵，故推说只知礼仪．不懂军事。

孔子在本章还讲到"一以贯之"这个问题。这是他学问渊博的根本所在。那么，这个"一"指什么呢？这个"一"就是日积月累，不断学习。"一以贯之"，就是在学习的基础上，认真思考，从而悟出其中内在的联系。

无为而治者

子曰:"由!知德者鲜矣。"

子曰:"无为而治①者,其舜也与?夫何为哉?恭己正南面②而已矣。"

子张问行③。子曰:"言忠信,行笃敬,虽蛮貊④之邦,行矣。言不忠信,行不笃敬,虽州里,行乎哉?立,则见其参⑤于前也;在舆,则见其倚于衡也,夫然后行。"子张书诸绅⑥。

注释

① 无为而治:无所作为而使天下大治。
② 恭己正南面:恭己,端正自己;南面,面向南。指古代帝王坐北朝向。
③ 行:通达的意思。
④ 蛮貊(mò):古人对少数民族的贬称,蛮在南方,貊在北方。
⑤ 参:列,显现。
⑥ 绅:贵族系在腰间的大带。

解读

孔子说:"由啊!懂得德的人太少了。"

孔子说:"能够无所作为而治理天下的人,大概只有舜吧?他做了些什么呢?只是庄严端正地坐在朝廷的王位上罢了。"

子张问如何才能使自己到处都能行得通。孔子说:"只要说话忠信,行事笃敬,即使到了蛮貊地区,也可以行得通。如果说话不忠信,行事不笃敬,就是在本乡本土,能行得通吗?站着,就仿佛看到忠信笃敬这几个字显现在面前;坐车,就好像看到这几个字刻在车辕前的横木上,这样才能使自己到处行得通。"子张把这些话写在腰间的大带上。

感悟

"无为而治"是道家所称赞的治国方略。这里,孔子论述舜能无为而治,达到太平盛世的原因主要是"恭己",即修己以敬,用恭敬谨慎的态度修养自己,提高自己的圣德,然后德化于民。

杀身以成仁

子曰:"直哉史鱼❶!邦有道,如矢❷;邦无道,如矢。君子哉蘧伯玉!邦有道,则仕;邦无道,则可卷而怀之❸。"

子曰:"可与言,而不与之言,失人❹;不可与言,而与之言,失言。知者不失人,亦不失言。"

子曰:"志士仁人❺,无求生以害仁❻,有杀身以成仁❼。"

注释

❶ 史鱼:卫国大夫,名鰌,字子鱼,他多次向卫灵公推荐蘧伯玉。

❷ 如矢:矢,箭,形容其直。

❸ 卷而怀之:卷起来,收藏它。借指隐居。

❹ 失人:失去朋友。

❺ 志士仁人:指有高尚志向和道德的人。志士,能为正义牺牲生命的人;仁人,仁爱而有节操的人。

❻ 无求生以害仁:不会贪生怕死而损害仁德。生,生存、贪生;害,危害、妨碍。

❼ 杀身以成仁:牺牲自己而成全仁德。

解读

孔子说："史鱼真是正直啊！国家有道，他的言行像箭一样直；国家无道，他的言行也像箭一样直。蘧伯玉真是一位君子啊！国家有道，就出来做官；国家无道，就把自己的才能收藏起来退隐。"

孔子说："可以同他谈的话，却不同他谈，这样会失掉朋友；不可以同他谈的话，却同他谈，这样会说错话。有智慧的人既不会失去朋友，也不会说错话。"

孔子说："志士仁人，没有贪生怕死而损害仁道，只有牺牲自己的性命来成全仁道。"

感悟

仁是孔子最高的道德追求。生命诚然可贵，但为了仁，不会求生以害仁，唯有献出宝贵的生命，杀身以成仁。正如宋代的张栻所说："人莫不重于其生也，君子亦何异于人哉？然以害仁，则不敢以求生。以成仁，则杀身而不避。盖其死有重于生故也。"

张栻的意思是说，世界上谁不重视自己的生命呢？君子又与常人有什么两样呢？然而，损害了仁德，他就不敢祈求还活着。为了维护仁德，就是牺牲生命也在所不辞。这就是死比生重要的原因。

孔子所说的"杀身成仁"的"仁"，是仁爱、仁义，是道德的最高准则。人们哪怕在生死关头，也应该舍弃自己的生命而保全它。虽然生命对每个人都是十分宝贵的，但是"仁"比生命更加宝贵，更值得珍视。我国有无数英雄儿女在强敌面前不惧淫威，死生不屈，杀身成仁，表现了中华民族浩然正气，展示了"仁"的强大力量。

论 语

人无远虑，必有近忧

子贡问为仁❶。子曰："工欲善其事，必先利其器❷。居是邦也，事❸其大夫之贤者，友❹其士之仁者。"

颜渊问为邦❺。子曰："行夏之时❻，乘殷之辂❼，服周之冕，乐则《韶》舞。放郑声❽，远佞人❾。郑声淫，佞人殆。"

子曰："人无远虑，必有近忧❿。"

子曰："已矣乎⓫！吾未见好德如好色者也。"

注释

❶ 为仁：培养仁德。为，这里是培养的意思。

❷ 工欲善其事，必先利其器：工匠想要使他的工作做好，一定要先让工具锋利。工，工匠；器，工具。

❸ 事：事奉、奉侍。

❹ 友：交朋友。

❺ 为邦：治理国家。

❻ 夏之时：夏代的历法，便于农业生产。

❼ 乘殷之辂：殷，指殷朝；辂，车子。

❽ 放郑声：放，禁绝、排斥；郑声，郑国的音乐

❾ 远佞（nìng）人：疏远花言巧语的小人。佞同"佞"，惯于用

花言巧语谄媚人。

⓾ 人无远虑，必有近忧：没有长远的打算，近期就会有忧虑。远虑，长远的考虑；近忧，近期的忧虑。

⓫ 已矣乎：算了吧，完了吧。已，完、结束。

解读

子贡问怎样培养仁德。孔子说："做工的人想把活儿做好，首先要使他的工具锋利。住在这个国家，就要事奉大夫中的那些贤者，与士人中的仁者交朋友。"

颜渊问怎样治理国家。孔子说："用夏代的历法，乘殷代的车子，戴周代的礼帽，奏《韶》乐。禁绝郑国的乐曲，疏远花言巧语的人。郑国的乐曲淫乱，花言巧语的人危险。"

孔子说："人没有长远的考虑，一定会有眼前的忧患。"

孔子说："完了，我从来没有见过像好色那样好德的人。"

感悟

"人无远虑，必有近忧"这是孔子长期生活经验的总结。他教育人们为人处世，一定要深谋远虑，不要目光短浅，否则就会有忧患到来。孔子的话是对个人的劝诫，也是对国家的忠告。

"人无远虑，必有近忧"这是古老的忠告，充满了先人的智慧，它告诫人们要未雨绸缪，不要只看眼前的事物，而忘却了人之所以积极奋斗的远景期待。孔子在这里是强调未来规划的重要性。一个人有了追求，有了规划，他就会为了达成这个目标而严格要求自己，这样不仅保证了他能完成这个目标，而且还能在这个过程中完善自己的行为，使自己行事顺利。

躬自厚而薄责于人

子曰："臧文仲其窃位❶者与！知柳下惠❷之贤而不与立也。"

子曰："躬自厚而薄责于人❸，则远怨❹矣。"

子曰："不曰'如之何，如之何'者，吾末❺如之何也已矣。"

子曰："群居❻终日，言不及义❼，好行小慧❽，难矣哉！"

子曰："君子义以为质❾，礼以行之，孙以出之❿，信以成之。君子哉！"

注释

❶窃位：身居官位而不称职。

❷柳下惠：春秋中期鲁国大夫，姓展名获，字禽，他受封的地名是柳下，惠是他的私谥，所以，人称其为柳下惠。

❸躬自厚而薄责于人：多责备自己，少责备人家。躬，亲身；自厚，责备自己。

❹远怨：怨恨就远远地离开了。

❺末：这里指没有办法。

❻群居：大家聚集在一起。

❼言不及义：说话一点也不涉及"义"的道理。

❽好行小慧：好，喜好；小慧，小聪明。

⑨ 义以为质：以义为根本。质，本质、根本。
⑩ 孙以出之：用谦逊的语言表达出来。孙通"逊"，谦逊。

解读

孔子说："臧文仲是一个窃居官位的人吧！他明知道柳下惠是个贤人，却不举荐他一起做官。"

孔子说："多责备自己而少责备别人，那就可以避免别人的怨恨了。"

孔子说："遇事从来不说'怎么办，怎么办'的人，我对他也不知怎么办才好。"

孔子说："整天聚在一块，说的都达不到义的标准，专好卖弄小聪明，这种人真难教导！"

孔子说："君子以义作为根本，用礼加以推行，用谦逊的语言来表达，用忠诚的态度来完成。这就是君子了。"

感悟

孔子认为，处理好人与人之间关系的原则是严于律己，宽以待人。因为只有责己严，待人宽，才能减少他人的怨恨，赢得大多数人的尊敬。所以孔子告诫说："躬自厚而薄责于人，则远怨矣。"

论语

君子矜而不争

子曰:"君子病①无能焉,不病人之不己知也。"

子曰:"君子疾没世②而名不称焉。"

子曰:"君子求诸己,小人求诸人。"

子曰:"君子矜③而不争,群而不党。"

子曰:"君子不以言举人,不以人废言。"

子贡问曰:"有一言而可以终身行之者乎?"子曰:"其'恕'④乎!己所不欲,勿施于人。"

注释

① 病:忧虑、担心。
② 没世:死亡之后。
③ 矜:庄重的意思。
④ 恕:宽恕之道。孔子提倡的一种伦理道德,即以宽恕待人。

解读

孔子说:"君子只怕自己没有才能,不怕别人不知道自己。"

孔子说:"君子担心死亡以后他的名字不为人们所称颂。"

孔子说:"君子严格要求自己,小人严格要求别人。"

孔子说："君子庄重而不与别人争执，合群而不结党营私。"孔子说："君子不会以一个人说的好话来举荐他，也不因为这个人不好而不采纳他的好话。"

子贡问孔子问道："有没有一句话可以终身奉行的呢？"孔子回答说："那就是'恕'吧！自己不愿意的，不要强加给别人。"

感悟

关于君子的道德修养，孔子提出了多种意见。在这里他指出的修身原则主要两条，一是保持庄重不争名利；二是敬业乐群不搞宗派。孔子认为，结党营私是形成亡国之祸的重要原因，而人们往往不能意识到。

论语

小不忍则乱大谋

子曰:"吾之于人也,谁毁谁誉❶?如有所誉者,其有所试❷矣。斯民也,三代之所以直道而行❸也。"

子曰:"吾犹及史之阙文❹也,有马者借人乘之,今亡矣夫。"

子曰:"巧言乱德❺。小不忍则乱大谋❻。"

子曰:"众恶之❼,必察焉❽;众好之,必察焉。"

子曰:"人能弘道❾,非道弘人。"

子曰:"过而不改,是谓过矣。"

注释

❶ 谁毁谁誉:"毁谁誉谁"的倒装句,意思是,诋毁过谁,赞美过谁呢?毁,诋毁;誉,赞誉。

❷ 有所试:经过考验。试,试验,考验。

❸ 三代之所以直道而行:夏商周三代的人都是走在正道上。三代,指夏、商、周三代;直道,正道。

❹ 阙文:史官记史,遇到有疑问的地方便缺而不记,这叫作阙文。

❺ 乱德:败坏道德。

❻ 小不忍则乱大谋:小事不能忍耐就会败坏大事情。忍,忍耐;

大谋，全局性的谋略。

⑦ 众恶之：众人厌恶他。恶，厌恶。

⑧ 必察焉：一定要考察他。察，考察。

⑨ 人能弘道：人能弘扬道义。弘道，弘扬、扩大道义。

解读

孔子说："我对于别人，诋毁过谁？赞美过谁呢？如有所赞美的，必须是曾经考验过他的。夏商周三代的人都是这样做的，所以这三代能走在正道上。"

孔子说："我还能够看到史书存疑的地方，有马的人，借给别人骑坐，现在就没有这种人了。"

孔子说："花言巧语会败坏人的德行，小事情不忍耐，就会败坏大事情。"

孔子说："大家都厌恶他，我必须考察一下；大家都喜欢他，我也一定要考察一下。"

孔子说："人能够使道发扬光大，不是道使人的才能扩大。"

孔子说："有了过错而不改正，这才真叫错了。"

感悟

"小不忍则乱大谋"，这句话的意思是说，有志向、有理想的人，不会斤斤计较个人得失，更不应在小事上纠缠不清，而应该有开阔的胸襟，远大的抱负，只有如此，才能成就大事，从而达到自己的目标。

论语

君子谋道不谋食

子曰:"吾尝❶终日不食,终夜不寝,以思,无益,不如学也。"

子曰:"君子谋道❷不谋食。耕也,馁❸在其中矣;学也,禄在其中矣。君子忧道不忧贫。"

子曰:"知及之❹,仁不能守之,虽得之,必失之。知及之,仁能守之,不庄以涖❺之,则民不敬。知及之,仁能守之,庄以涖之,动之不以礼❻,未善也❼。"

注释

❶ 尝:曾经。

❷ 谋道:追求道德。道,真理、道德。

❸ 馁(něi):饥饿。

❹ 知及之:靠聪明才智得到的官职。知,同"智"。聪明才智。

❺ 不庄以涖(lì):不能用庄重严肃态度来治理百姓。庄,庄重;涖同"莅",临、到的意思。

❻ 动之不以礼:动,动员、教化。不能用礼来教化。

❼ 未善也:不是完善的。善,完善。

卫灵公篇第十五

解读

孔子说:"我曾经整天不吃饭,彻夜不睡觉,去左思右想,结果没有什么好处,还不如去学习为好。"

孔子说:"君子只谋求道德而不谋求衣食。耕田,也常要饿肚子;学习,可以得到俸禄。君子只担心道不能行,不担心贫穷。"

孔子说:"靠聪明才智取得的禄位,不能用仁德去守住它,虽然得到了,一定会失去它。靠聪明才智取得的禄位,能够用仁德守住它,但不能用庄重严肃态度来治理百姓,那么老百姓就不会敬重他。用聪明才智取得的禄位,能够用仁德守住它,能用庄重严肃态度来治理百姓,但不能用礼仪来教育、规范他们,那也还不够完善。"

感悟

"谋道不谋食""忧道不忧贫"是孔子说的两句格言,过去作为知识分子的人生追求而影响深远。孔子认为,一个真正有学问,以天下为己任的君子,只要努力学习,追求大道,禄也就在其中了。只考虑耕耘,非但求不得道,也得不到衣食。

孔子说"知及之,仁不能守之,虽得之,必失之。"意思是靠聪明才智取得的禄位,不能用仁德去守住它,虽然得到了,一定会失去它。孔子认为,一个人虽然能够用聪明才智取得禄位,但如果不能用仁德去守住它,它依然会失去。而一个国君或官员既有聪明才智,又有仁德,但不能用庄重严肃态度来治理百姓,那么老百姓就不会敬重他。假若一个人既有聪明才智,又有仁德,治理百姓也庄重严肃,但不能用礼仪来教育、规范他们,这样的官员仍然是不合格的。孔子认为,才智、仁德、庄重、礼仪这些条件,缺少一样,都不可能尽善尽美地治理国家。

| 论 语

有教无类

子曰:"君子不可小知①而可大受②也,小人不可大受而可小知也。"

子曰:"民之于仁也,甚于水火③。水火,吾见蹈而死者矣,未见蹈仁④而死者也。"

子曰:"当仁⑤,不让于师。"

子曰:"君子贞而不谅⑥。"

子曰:"事君,敬其事而后其食⑦。"

子曰:"有教无类。"

注释

① 小知:知,作为的意思,做小事情。
② 大受:接受重大任务。
③ 甚于水火:比水火更严重。
④ 蹈仁:践行仁德。蹈,踩、踏。
⑤ 当仁:面对仁德。当,当面、当前。
⑥ 贞而不谅:贞,坚贞,指坚持正道;谅,信,守信用。
⑦ 敬其事而后其食:敬其事,指认真对待工作。先认真工作,然后才能领取俸禄。食,指享用俸禄。

❽ 有教无类：指不论哪一类人都可以受到教育。这些类别中，有智的，有愚的；有孝顺的，有不孝的；有贫穷的，有富裕的……但通过教育，都可以使他们变为有用之才。

解读

孔子说："君子不能让他们做那些小事，但可以让他们承担重大的使命。小人不能让他们承担重大的使命，但可以让他们做那些小事。"

孔子说："百姓们对于仁的需要，比对于水火的需要更迫切。我只见过人跳到水火中而死的，却没有见过实行仁德而死的。"

孔子说："面对着仁德，就是老师也不同他谦让。"

孔子说："君子固守正道，而不拘泥于小信。"

孔子说："事奉君主，要认真办事，而把领取俸禄的事放在后面。"

孔子说："人人都可以接受教育，不分类别。"

感悟

孔子认为，不论是什么人都可以接受教育。孔子的教育对象、教学内容和培养目标都有自己的独特性。他办教育，反映了当时文化下移的现实，学在官府的局面得到改变，除了出身贵族的子弟可以受教育外，其他各阶级、阶层都有了受教育的可能性和某种机会。

孔子"有教无类"思想的理论基础是其"众生一体都有善性"的理论。子曰，性相近也，习相远也。"性相近"说明了人皆有成才成德的可能性，而"习相远"又说明了实施教育的重要性。正是基于"人皆可以通过教育成才成德"的认识，孔子才做出了"有教无类"的论断。

道不同，不相为谋

子曰："道不同，不相为谋。"

子曰："辞达而已矣。"

师冕❶见，及阶，子曰："阶也。"及席，子曰："席也。"皆坐，子告之曰："某在斯，某在斯。"师冕出，子张问曰："与师言之道与？"子曰："然，固相师之道也。"

注释

❶冕：乐师，这位乐师的名字是冕。当时的乐师多为盲人。

解读

孔子说："主张不同，不互相商议。"

孔子说："言辞只要能表达意思就行了。"

乐师冕来见孔子，走到台阶沿，孔子说："这儿是台阶。"走到坐席旁，孔子说："这儿是坐席。"等大家都坐下来，孔子告诉他："某某在这里，某某在这里。"师冕走了以后，子张就问孔子："这就是与乐师谈话的道吗？"孔子说："这就是帮助乐师的道。"

感悟

孔子认为，交友、谋事要谨慎小心，志同道合，才能共谋大事。在这里，道不仅指简单的志向或兴趣，它在哲学中是宇宙的本源和一种境界。

季氏篇第十六

本篇是《论语》的第十六篇，共十四章。编者取本篇首章"季氏将伐颛臾"句中的"季氏"二字为篇名。其中，记孔子直接论述十章，记孔子与弟子对话一章，记陈亢问伯鱼一章。还有"齐景公有马千驷"一章，既无"子曰"字样，又在"其斯之谓与"的上面无所承受，宋朱熹说："此章文势或有断续，或有阙文，或非一章，皆不可考。"最后"邦君之妻"一章，据研究，可能是孔子所言，却遗落了"子曰"两字。

本篇主要谈论的问题包括孔子及其学生的政治活动、与人相处和结交时注意的原则、君子的三戒、三畏和九思等，着重阐明了孔子以下几个观点：

一、感叹天下无道，政在大夫。孔子以礼乐征伐所自出为标准，总结历史发展的轨迹及其执国运之久与否，表达自己以礼治国，正名分，均贫富，修文德的政治主张。

二、教人为人处世之道。首先要善于择友。交直谅多闻之友，弃便辟柔佞之人，以友辅仁。其次要以礼节乐，谨慎言语，戒色、戒斗、戒得，常存敬畏之心，以成其事。再次要勤学多思，学而知之。最后要学诗学礼，重德轻财，修身律己，以成君子之行。

论 语

季氏将伐颛臾

季氏将伐颛臾❶。冉有、季路见于孔子曰:"季氏将有事❷于颛臾。"

孔子曰:"求!无乃尔是过与❸?夫颛臾,昔者先王以为东蒙主❹,且在城邦之中矣,是社稷之臣❺也。何以伐为?"

冉有曰:"夫子欲之,吾二臣者皆不欲也。"

孔子曰:"求!周任❻有言曰:'陈力就列❼,不能者止。'危而不持,颠而不扶,则将焉用彼相矣?且尔言过矣,虎兕❽出于柙❾,龟玉毁于椟中,是谁之过与?"

注释

❶ 颛臾(zhuān yú):鲁国的附属国,在今山东省费县西北。

❷ 有事:指用兵作战。

❸ 无乃尔是过与:难道不是你的过失吗?无乃,莫不是,用于反问;尔,你;过,过失、过错。

❹ 东蒙主:主持祭祀东蒙山的人。

❺ 社稷之臣:与国家共存亡的大臣。社稷,土地神和五谷神的总称。由于古时的君主为了祈求国事太平,五谷丰登,每年都要到郊外祭祀土地神和五谷神,即祭社稷,后来"社稷"就被用来借指国家。

❻ 周任：周代史官。

❼ 陈力就列：按才力担任适当的职务。陈力，尽自己的力量；就列，进入朝臣行列，指担任职务。

❽ 兕（sì）：一种类似野牛的独角怪兽。

❾ 柙（xiá）：用以关押野兽的木笼。

解读

季氏将要讨伐颛臾。冉有、子路去见孔子说："季氏快要攻打颛臾了。"

孔子说："冉求，这不就是你的过错吗？颛臾从前是周天子让它主持东蒙山的祭祀的，而且已经在鲁国的疆域之内，是国家的臣属啊，为什么要讨伐它呢？"

冉有说："季孙大夫想去攻打，我们两个人都不愿意。"

孔子说："冉求，周任有句话说：'尽自己的力量去负担你的职务，实在做不好就辞职。'有了危险不去扶助，跌倒了不去搀扶，那还用辅助的人干什么呢？而且你说的话错了。老虎、犀牛从笼子里跑出来，龟甲、玉器在匣子里毁坏了，这是谁的过错呢？"

感悟

这一章反映出孔子的反战思想。孔子在这里教育冉求和子路，要他们阻止权臣季氏兴兵讨伐颛臾。他不主张通过军事手段解决国际、国内的问题，而希望采用礼、义、仁、乐的方式解决问题，这是孔子的一贯思想。

论 语

不患贫而患不均

冉有曰:"今夫颛臾,固而近于费❶。今不取,后世必为子孙忧。"

孔子曰:"求!君子疾夫舍曰❷欲之而必为之辞。丘也闻有国有家者,不患贫而患不均❸,不患寡而患不安。盖均无贫,和无寡,安无倾。夫如是,故远人❹不服,则修文德以来之。既来之,则安之❺。今由与求也,相夫子,远人不服,而不能来也;邦分崩离析,而不能守也;而谋动干戈于邦内。吾恐季孙之忧,不在颛臾,而在萧墙❻之内也。"

注释

❶ 费:季氏的采邑,在今山东费县。

❷ 舍曰:不说。

❸ 不患贫而患不均:不担心贫穷,而担心财富不均。

❹ 远人:远方的人。

❺ 既来之,则安之:既然把他们招抚来,就要把他们安顿下来。

❻ 萧墙:照壁屏风。指宫廷之内。

解读

冉有说:"现在颛臾城墙坚固,而且离费邑很近。现在不把它夺取过来,将来一定会成为子孙的忧患。"

孔子说："冉求，君子痛恨那种不肯实说自己想要那样做而又一定要找出理由来为之辩解的做法。我听说，对于诸侯和大夫，不怕贫穷，而怕财富不均；不怕人口少，而怕不安定。由于财富均了，也就没有所谓贫穷；大家和睦，就不会感到人少；安定了，也就没有倾覆的危险了。因为这样，所以如果远方的人还不归服，就用仁、义、礼、乐招徕他们；已经来了，就让他们安心住下去。现在，仲由和冉求你们两个人辅助季氏，远方的人不归服，而不能招徕他们；国内民心离散，你们不能保全；反而策划在国内使用武力。我只怕季孙的忧患不在颛臾，而是在自己的内部呢！"

感悟

孔子在这里提出了"不患贫而患不均，不患寡而患不安"的论点，朱熹在《四书章句集注》中，对孔子的话做出了解释。朱熹认为，孔子批评季氏的为政不均，就是"季氏据国，而鲁公无民，则不均矣"。

由于春秋末期社会动荡、贫富分化，孔子主张处于这样的乱世首先应当保持内部的稳定。社会的稳定实际上要靠一定的平均，如果贫富差距过于悬殊，社会便有可能分崩离析。

需要特别指出的是，这里的"均"，不是简单平均，而是各得其分，是在公正的分配制度下得到自己应得的份额。简单理解"均"为平均当然会导致消极影响。

天下有道

孔子曰:"天下有道,则礼乐征伐①自天子出;天下无道,则礼乐征伐自诸侯出。自诸侯出,盖十世②希不失矣;自大夫出,五世希不失矣;陪臣执国命③,三世希不失矣。天下有道,则政不在大夫。天下有道,则庶人不议④。"

孔子曰:"禄⑤之去公室五世矣,政逮⑥于大夫四世矣,故夫三桓⑦之子孙微矣。"

注释

① 礼乐征伐:制礼作乐和出兵讨伐。
② 十世:十代。古代三十年为一世。
③ 陪臣执国命:陪臣,大夫的家臣;执国命,把持国家政权。
④ 庶人不议:老百姓就不会议论。庶人,老百姓。
⑤ 禄:俸禄。这里指代国家政权。
⑥ 逮:及。
⑦ 三桓:鲁国仲孙、叔孙、季孙都出于鲁桓公,所以叫三桓。

解读

孔子说:"天下政治清明,那么制作礼乐和出兵打仗都由天子做主决定；天下政治黑暗，制作礼乐和出兵打仗，由诸侯做主决定。如果政令由诸侯做主决定，大概经过十代很少有不垮台的；由大夫决定，经过五代很少有不垮台的；大夫的家臣掌握国家政权，大概传到三代，很少还能继续传下去的。天下政治清明，那么，政权不会落在大夫手里。天下政治清明，那么老百姓就不会议论纷纷。"

　　孔子说："鲁国失去国家政权已经有五代了，政权落在大夫之手已经四代了，所以三桓的子孙也衰微了。"

感悟

　　"天下有道"是指政治清明。那么，"天下无道"指什么呢？孔子认为，一是周天子的大权落入诸侯手中，二是诸侯国家的大权落入大夫和家臣手中，三是老百姓议论政事。对于这种情况，孔子极感不满，认为这种政权很快就会垮台。他希望回到"天下有道"的那种时代去。

益者三友

孔子曰："益者三友❶，损者三友。友直，友谅，友多闻❷，益矣；友便辟，友善柔，友便佞❸，损矣。"

孔子曰："益者三乐，损者三乐。乐节礼乐❹，乐道人之善❺，乐多贤友❻，益矣；乐骄乐❼，乐佚游❽，乐宴乐❾，损矣。"

注释

❶ 益者三友：有益的朋友有三种。

❷ 友直，友谅，友多闻：友直是指正直的朋友；友谅是指宽容、快乐的朋友；友多闻是指见多识广的朋友。

❸ 友便辟，友善柔，友便佞：便辟，阿谀奉承；善柔，当面恭维，背后诽谤；便佞，惯于花言巧语。这三种性格的人，孔子称为损友。

❹ 节礼乐：孔子主张用礼乐来节制人。节，调情、节制。

❺ 乐道人之善：以称赞他人的好处为快乐。道，称赞；善，好处。

❻ 乐多贤友：以多文贤德的朋友为快乐。贤友，好朋友。

❼ 骄乐：骄纵不知节制的乐。

❽ 乐佚游：以游荡为快乐。佚，同"逸"。

⑨ 乐宴乐：喜欢沉溺于宴饮取乐。宴乐，以吃喝为乐。

解读

孔子说："有益的朋友有三种，有害的朋友有三种。与正直的人交朋友，与诚实的人交朋友，与见多识广的人交朋友，有益处；与走邪门歪道的人交朋友，与谄媚奉迎的人交朋友，与花言巧语的人交朋友，有害处。"

孔子说："有益的爱好有三种，有害的爱好有三种。爱好礼乐，爱好称赞别人的优点，爱好广结善友，有益处；爱好放荡，爱好闲逛，爱好大吃大喝，有害处。"

感悟

孔子说在社会交往过程中应当注意，交朋友要结交那些正直、诚信、见闻广博的人，而不要结交那些逢迎谄媚、花言巧语的人。要用礼乐调节自己，多多地称道别人的好处，与君子交往要注意不急躁、不隐瞒等。

孔子主张对生活的爱好也应有所选择，选择好的，摒弃坏的。孔子认为，有益的爱好有三种：一是以礼乐调节快乐，循礼而行，适可而止；二是乐于讲别人的长处、优点；三是交众多贤人做朋友。这是有好处的，有利于陶冶情操，提高道德品质修养。有害的爱好也有三种：一是喜欢享受，奢侈夸张；二是任性放纵，游手好闲；三是吃吃喝喝，挥霍浪费。这是有害的，它会使人萎靡不振，道德沦丧。

孔子通过"益者三乐"和"损者三乐"告诫人们要崇尚节俭，抵制享乐。这些对我们都有一定的借鉴学习价值。

君子有三戒

孔子曰:"侍于君子❶有三愆❷:言未及之而言谓之躁,言及之而不言谓之隐,未见颜色❸而言谓之瞽❹。"

孔子曰:"君子有三戒❺:少之时,血气未定,戒之在色❻;及其壮也,血气方刚,戒之在斗❼;及其老也,血气既衰,戒之在得❽。"

孔子曰:"君子有三畏❾:畏天命,畏大人❿,畏圣人之言。小人不知天命而不畏也,狎⓫大人,侮⓬圣人之言。"

注释

❶ 侍于君子:是指部下对长官或上司,后辈对前辈,臣子对君主还可以包括朋友之间或同辈对同辈。

❷ 三愆(qiān):三种过失。愆,罪过,过失。

❸ 未见颜色:指不看君子的脸色。颜色,君子的脸色。

❹ 瞽(gǔ):盲人,瞎子。

❺ 三戒:三种戒备。戒,戒备、禁忌。

❻ 戒之在色:应该戒的是女色。色,指女色。

❼ 戒之在斗:应该戒的是打斗。斗,打斗。

❽ 戒之在得:应该戒的是贪念。得,贪,指贪求名利。

❾ 三畏:害怕三种东西。畏,畏惧。

⑩ 大人：有地位的统治者，王公大人。
⑪ 狎（xiá）：亲昵而不庄重，轻视。
⑫ 侮：欺负，轻慢。

解读

孔子说："侍奉在君子旁边陪他说话时，要注意避免犯三种过失：还没有问到你的时候就说话，这是急躁；已经问到你的时候你却不说，这叫隐瞒；不看君子的脸色而贸然说话，这是瞎子。"

孔子说："君子有三种戒忌：年少的时候，血气尚未稳定，要戒女色；到了壮年，血气旺盛刚烈，要戒争斗；到了老年，血气已经衰弱，要戒贪得无厌。"

孔子说："君子有三件敬畏的事情：敬畏天命，敬畏地位高贵的人，敬畏圣人的话。小人不懂得天命因而也不敬畏，不尊重地位高贵的人，轻侮圣人之言。"

感悟

作为君子应当以礼来克制自己。孔子的话是有警戒意义的，特别是针对老年人，讲得非常深刻。老年人往往贪图名利，可是，人到了老年，鉴于岁月无多，要为好好生活而思考，要为子孙出路而思考。

孔子认为，老年人在位的不愿让位，对于财富贪得无厌，都是有害无益的。孔子对人从少年到老年这一生中需要注意的问题做出了忠告，对后世的人们还是很有借鉴意义的。

论 语

生而知之者，上也

孔子曰："生而知之者①，上也；学而知之者，次②也；困而学之，又其次也；困而不学③，民斯为下④矣。"

孔子曰："君子有九思⑤：视思明⑥，听思聪⑦，色思温⑧，貌思恭，言思忠，事思敬⑨，疑思问，忿思难⑩，见得思义⑪。"

> **注释**
>
> ① 生而知之者：天生就有知识的人。生，生下来、天生。
> ② 次：次一等。
> ③ 困而不学：遇到困难也不学习。困，困难。
> ④ 民斯为下：这种人是下等人。下，下等人。
> ⑤ 九思：九种思考。
> ⑥ 视思明：看时要想想是否看得清楚。明，清楚。
> ⑦ 听思聪：听时要想想是否听得明白。聪，明白。
> ⑧ 色思温：脸色是否温和。色，脸色；温，温和。
> ⑨ 事思敬：办事时想想是否认真。敬，认真。
> ⑩ 忿思难：发怒时考虑有什么后果。忿：忿恨、发怒。
> ⑪ 见得思义：得，名、利；义，道义。即见利思义。

季氏篇第十六

解读

孔子说:"生来就知道的人,是上等人;经过学习以后才知道的,是次一等的人;遇到困难再去学习的,是又次一等的人;遇到困难还不学习的人,这种人就是下等的人了。"

孔子说:"君子有九种要思考的事:看的时候要思考看清与否,听的时候要思考是否听清楚,自己的脸色要思考是否温和,容貌要思考是否谦恭,言谈的时候要思考是否忠诚,办事要思考是否谨慎严肃,遇到疑问要思考是否应该向别人询问,发怒时要思考是否有后患,获取财利时要思考是否合乎义的准则。"

感悟

孔子认为,人的天赋资质是不同的,勉励人们通过学习改变资质。他虽然认为有"生而知之者",但他不承认自己是这种人,也没有见过这种人。他说自己是经过学习之后才掌握知识的。他希望人们勤奋好学,不要等遇到困难再去学习,甚至遇到困难也不学,而后一种人是没有希望的。

孔子在这里把人分为"生而知之者""学而知之者""困而学之""困而不学"四类。朱熹以为,孔子所分出来的实际上是圣人、君子、众人和下民四类人。

朱熹以为,"生而知之者"是圣人,"学而知之者"是君子,"困而学之"者是众人,"困而不学"者乃是下民。在孔子看来,"好学""学而知之"乃是君子的品格,"学而知之"者乃是君子,而天之所"纵"、天之所"赋"才是圣人品格,"生而知之"者才是圣人。

孔子认为自己是君子而不是圣人,因为自己的学问源于后天的努力,是"学而知之"者。

论　语

见善如不及

孔子曰："见善如不及①，见不善如探汤②。吾见其人矣，吾闻其语矣。隐居以求其志，行义③以达其道。吾闻其语矣，未见其人也。"

齐景公有马千驷④，死之日，民无德而称焉。伯夷、叔齐饿于首阳⑤之下，民到于今称之。其斯之谓与？

注释

① 见善如不及：看见好的东西担心赶不上。不及，赶不上。
② 见不善如探汤：看见好的东西就像手伸进沸水一样，赶紧避开。探汤，手伸进沸水里。
③ 行义：实行仁义。
④ 千驷：四千匹马。
⑤ 首阳：首阳山。

解读

孔子说："看到善良的行为就担心达不到，看到不善良的行动就好像把手伸到开水中一样赶快避开。我见到过这样的人，也听到过这样的话。以隐居避世来保全自己的志向，依照义而贯彻自己的主张。我听到过这种话，却没有见到过这样的人。"

齐景公有马四千匹，死的时候，百姓们觉得他没有什么德行可以称颂。伯夷、叔齐饿死在首阳山下,百姓们到现在还在称颂他们。说的就是这个意思吧?

感悟

孔子认为,世上好善去恶的人是有的,但能守志求道的人却不多。他根据自己的经验,在这里谈了两种人,一种是愿意学习向善,不愿接触坏人的人;另一种是隐居以求其志,行义以达其道,一辈子也不想出来做官,凭自己的意志行事,走仁义之路的人。孔子说,前一种人到处都有,但后一种人只听说过,没有见过。可见孔子对后者是持赞赏态度的。

论 语

问一得三

陈亢❶问于伯鱼❷曰:"子亦有异闻❸乎?"对曰:"未也。尝独立❹,鲤趋而过庭❺。曰:'学《诗》乎?'对曰:'未也。''不学《诗》,无以言❻。'鲤退而学《诗》。他日,又独立,鲤趋而过庭。曰:'学《礼》乎?'对曰:'未也。''不学《礼》,无以立❼。'鲤退而学《礼》。闻斯二者❽。"陈亢退而喜曰:"问一得三❾。闻《诗》,闻《礼》,又闻君子之远❿其子也。"

注释

❶ 陈亢(gāng):即陈子禽,孔子的弟子。
❷ 伯鱼:孔子的儿子,名鲤,字伯鱼。
❸ 异闻:这里指不同于对其他学生所讲的内容。
❹ 尝独立:曾经独自一人站在那里。尝,曾经;立,站。
❺ 趋而过庭:快步走过院子。趋,快走;庭,庭院,院子。
❻ 无以言:不善于说话。
❼ 无以立:无法立足于社会。
❽ 闻斯二者:听说过这两次。斯,这。
❾ 问一得三:问一件事,得到了三件事的答案。
❿ 远(yuàn):不亲近,不偏爱。

解读

陈亢问伯鱼:"你在老师那里听到过什么特别的教诲吗?"伯鱼回答说:"没有呀。有一次他独自站在那里,我快步从庭里走过,他说:'学《诗》了吗?'我回答说:'没有。'他说:'不学《诗》,就不懂得怎么说话。'我回去就学《诗》。又有一天,他又独自站在堂上,我快步从庭里走过,他说:'学《礼》了吗?'我回答说:'没有。'他说:'不学《礼》就不懂得怎样立身。'我回去就学《礼》。我就听到过这两件事。"陈亢回去高兴地说:"我提一个问题却得到三方面的收获,听了关于《诗》的道理,听了关于《礼》的道理,又听了君子不偏爱自己儿子的道理。"

感悟

这里通过陈亢与伯鱼的对话记叙了孔子教育儿子如何在社会上说话和立足的问题。陈亢听了伯鱼的话非常高兴,问一得三:第一是知道了学《诗》的重要性。第二是知道学《礼》的重要性,第三是知道孔子对自己儿子的教育与其他学生的教育一样,没有偏爱。

陈亢是孔子的学生,伯鱼是孔子的独生子,他们都在一起学习。陈亢疑心孔子会对伯鱼进行特殊教育,所以便询问伯鱼:"子亦有异闻乎?"你在老师那里听到过什么特别的教诲吗?伯鱼回说没有,只教他学《诗》、学《礼》。学《诗》、学《礼》是孔子教授弟子的必修课,是礼、乐、射、御、书、数六艺中的两门学科,并无特别之处。陈亢听了伯鱼的话,很惊喜,从而更加尊重自己的老师。

邦君之妻

邦君①之妻,君称之曰夫人,夫人自称曰小童;邦人②称之曰君夫人,称诸异邦曰寡小君;异邦③人称之亦曰君夫人。

注释

① 邦君:国君。邦,古代是国家的代称。
② 邦人:国内的人民。
③ 异邦:外国,别的国家。

解读

国君的妻子,国君称她为夫人,夫人自称为小童,国人称她为君夫人,对外国人则称她为寡小君;外国人也称她为君夫人。

感悟

本章孔子谈论不同人对国君之妻的不同称谓。称谓问题是礼的一个组成部分,当时礼崩乐坏,称谓不一。正如《论语义疏》上所说:"当时礼乱,称谓不明,故此正之也。"因为当时称谓不明,所以孔子才会就国君之妻的称呼进行辩正,实际上含有复礼、正名之意。

阳货篇第十七

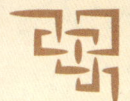

本篇是《论语》的第十七篇,共二十六章。编者取本篇首章"阳货欲见孔子"一句中的"阳货"二字为篇名。其中,记孔子直接论述十六章,记孔子与季氏家宰、学生对话九章,记孺悲欲见孔子一章。

本篇介绍了孔子的道德教育思想,孔子对仁的进一步解释,还有关于为父母守丧三年问题,具体论述了以下几个问题:

一、教育人们立身处世,可以随机权变,但要有自己的主见,要坚持原则,不能被环境所诱惑和左右。

二、重论诗教,教育人们学诗以陶冶情感,提高事君事父能力,掌握礼乐文化基本精神,培养道德情操。以礼乐律己,以礼乐为教,齐家治国平天下。

三、感叹世风日下,学风不正。斥责在上位者"色厉而内荏",不分是非,道听途说,患得患失,利口以覆邦家。

四、勉人及时为学修德,以义制勇,守三年之孝,行仁政于天下。

阳货欲见孔子

　　阳货①欲见孔子，孔子不见，归孔子豚②。孔子时其亡③也，而往拜之，遇诸涂④。谓孔子曰："来！予与尔言。"曰："怀其宝而迷其邦⑤，可谓仁乎？曰：不可。好从事而亟⑥失时，可谓智乎？曰：不可。日月逝矣，岁不我与⑦。"孔子曰："诺，吾将仕矣⑧。"

注释

①阳货：又叫阳虎，季氏的家臣。这个人的相貌跟孔子相似。

②归孔子豚：赠给孔子一只熟小猪。归，通"馈"，赠送；豚，小猪。

③时其亡：等他外出的时候。时，通"待"，等候。

④遇诸涂：涂，通"途"，道路。在路上遇到了他。

⑤怀其宝而迷其邦：隐藏自己的本领而听任国家迷乱。怀，隐藏；宝，指本领、才能；迷其邦，听任国家迷乱。

⑥亟：屡次。

⑦岁不我与：岁月不等人。与，在一起，等待的意思。

⑧诺，吾将仕矣：好，我准备去做官了。诺，答应的话，好的意思。仕，做官。

阳货篇第十七

解读

阳货想见孔子，孔子不见，他便赠送给孔子一只熟小猪。想要孔子去拜见他。孔子打听到阳货不在家时，往阳货家拜谢，却在半路上遇见了。阳货对孔子说："来，我有话要跟你说。"阳货说："把自己的本领藏起来而听任国家迷乱，这可以叫作仁吗？"孔子回答说："不可以。"阳货说："喜欢参与政事而又屡次错过机会，这可以说是智吗？"孔子回答说："不可以。"阳货说："时间一天天过去了，年岁是不等人的。"孔子说："好吧，我将要去做官了。"

感悟

孔子以权变策略对待季氏家臣阳货。阳货是季氏家臣，阴谋囚禁季桓子在鲁国实施统治。当时孔子名声很大，阳货要想让孔子帮助自己，多次要求孔子会见自己，而孔子始终没有去见他。

于是，阳货派人送了一只蒸熟的小猪给孔子，想趁孔子去答谢时会见他。孔子故意避开阳货，在阳货不在家时去答谢。可见，孔子在对待阳货的问题上，表现出了原则性与灵活性，他心中憎恶权奸，表面却不得不与之周旋。

古时接受了人家的礼物，一定要回拜谢赐。孔子是坚持周礼原则的，主张君君臣臣父父子子，阳货叛逆，违背礼制，故孔子不愿见他。但受了阳货蒸熟的小猪，于礼不能不去回拜。所以孔子了解到阳货不在家时前去答拜，可避免与他照面。不巧，路遇阳货，不能回避，孔子便以权变灵活的态度与之交谈，最后才敷衍了阳货一句。

性相近，习相远

子曰："性相近❶也，习相远❷也。"

子曰："唯上知❸与下愚❹不移。"

子之武城❺，闻弦歌❻之声。夫子莞尔❼而笑，曰："割鸡焉用牛刀❽？"子游对曰："昔者偃也闻诸夫子曰：'君子学道则爱人，小人学道则易使也。'"子曰："二三子！偃之言是也。前言戏之耳。"

注释

❶ 性相近：人的本性相近。性，本性。

❷ 习相远：习性相差很远。习，传习、习性。

❸ 上智：上等的智者。

❹ 下愚：下等的愚者。

❺ 武城：鲁国的一个小城，当时子游是武城宰。

❻ 弦歌：弦，指琴瑟。以琴瑟伴奏歌唱。

❼ 莞（wǎn）尔：微笑的样子。

❽ 割鸡焉用牛刀：杀一只鸡哪里用得上宰牛的刀子呢？焉，哪里。

解读

孔子说："人的本性是相近的，由于习性不同才相互有了差别。"

阳货篇第十七

孔子说:"只有上等的智者与下等的愚者是改变不了的。"

孔子到武城,听见弹琴唱歌的声音。孔子微笑着说:"杀鸡何必用宰牛的刀呢?"子游回答说:"以前我听先生说过:'君子学习了礼乐就能爱人,小人学习了礼乐就容易指使。'"孔子说:"学生们,子游的话是对的。我刚才说的话,只是开个玩笑而已。"

感悟

孔子认为,人的本性是相近的,而随着后天接受教育与熏陶的不同,习性就相差大了。这句话的关键是在一个"习"字上,强调了后天教育的重要性。

孔子要求在教育、学习和环境熏陶中,要加强品德修养。孔子认为人可以通过后天教育得到改造和提高,是教育思想史上的一个重大突破。

论 语

能行五者于天下为仁矣

公山弗扰①以费畔②，召，子欲往。子路不悦，曰："末之也已③，何必公山氏之之也④。"子曰："夫召我者，而岂徒⑤哉？如有用我者，吾其为东周乎⑥？"

子张问仁于孔子。孔子曰："能行五者⑦于天下，为仁矣。""请问之。"曰："恭、宽、信、敏、惠⑧。恭则不侮⑨，宽则得众，信则人任⑩焉，敏则有功⑪，惠则足以使人。"

注释

① 公山弗扰：又称公山不狃，季氏的家臣。

② 以费畔：占据费邑反叛。以，据；费，费邑，地名；畔同"叛"，叛乱。

③ 末之也已：末，无；之，到、往。末之，无处去。已，止，算了。

④ 之之也：第一个"之"字是助词，后一个"之"字是动词，到。

⑤ 徒：徒然，空无所据。

⑥ 东周：指复兴周文王、周武王之道。

⑦ 能行五者：能够实行五种美德的人。

⑧ 恭、宽、信、敏、惠：恭，谦恭；宽，宽厚；信，诚信；敏，勤敏；惠，慈惠。

⑨ 恭则不侮：谦恭就不会遭受侮辱。侮，侮辱。

⑩ 人任：任，信任。指受人信任。

⑪ 敏则有功：勤敏办事就能成功。

⑫ 使人：使唤人民。使，使唤，管理。

解读

公山弗扰占据费邑反叛，来召孔子，孔子准备前去。子路不高兴地说："没有地方去就算了，为什么一定要去公山弗扰那儿呢？"孔子说："他来召我，难道只是一句空话吗？如果有人用我，我就要在东方复兴周礼，建设一个东方的周朝。"

子张问孔子怎样才算仁。孔子说："能够在天下实行五种品德，就是仁了。"子张说："请问哪五种？"孔子说："谦恭、宽厚、诚信、勤敏、慈惠。谦恭就不致遭受侮辱，宽厚就会得到众人的拥护，诚信就能得到别人的任用，勤敏就会提高工作效率，慈惠就能够使唤人。"

感悟

孔子在这里讲谦恭、宽厚、诚信、勤敏、慈惠五种仁德的作用。孔子认为，"能行五者于天下，为仁矣"，只要这五个条件都做到了，就可以算作仁了。其实孔子所说的五个条件，只是仁的外用，是教育子张如何处理好人与人之间的关系。

论　语

不曰坚乎，磨而不磷

佛肸❶召，子欲往。子路曰："昔者由也闻诸夫子曰：'亲于其身为不善❷者，君子不入也。'佛肸以中牟❸畔，子之往也，如之何？"子曰："然，有是言也。不曰坚乎❹，磨而不磷❺；不曰白乎，涅而不缁❻。吾岂匏瓜❼也哉？焉能系❽而不食？"

注释

❶ 佛肸（bì xī）：晋国大夫范氏家臣，中牟城地方官。

❷ 不善：不好，指做坏事。

❸ 中牟：地名，在晋国，约在今河北邢台与邯郸之间。

❹ 不曰坚乎：不是说坚固的东西。坚，坚固。

❺ 磨而不磷：磨也磨不坏。磷，损伤。

❻ 涅而不缁（zī）：染也染不黑。涅，一种矿物质，可用作黑色颜料染用；缁，黑色。

❼ 匏瓜：葫芦中的一种，味苦不能吃。

❽ 系（jì）：结，扣。

解读

佛肸召孔子去，孔子打算前往。子路说："从前我听先生说过：'亲自做坏事的人那里，君子是不去的。'现在佛肸据中牟反叛，你却要去，这如何解释呢？"孔子说："是的，我说过这样的话。不是说坚硬的东西磨也磨不坏吗？不是说洁白的东西染也染不黑吗？我难道是个苦味的葫芦吗？怎么能只挂在那里而不给人吃呢？"

感悟

孔子认为，君子为了行道救世，在选择实行圣道的途径时，应该能够通达权变，不受任何污浊环境影响；要出污泥而不染，保持高洁的品德。

"佛肸召，子欲往"，子路认为老师应佛肸之召，而欲往，是不适之举。因为佛肸以中牟叛乱，有以下犯上之嫌，孔子助之，于理不当，并举以往孔子教学中所言"亲于其身为不善者，君子不入也"，来劝止孔子之行。在他的眼里，佛肸叛乱，是乱臣贼子，不能相助。

然而，子路是不知道孔子的心思的。其实孔子想去不是为了帮佛肸，而是为了制止佛肸，是想教化叛臣守礼。虽然这种想法很天真，但他知其不可而为之，有如飞蛾扑火。圣人心同天地，视天下一体，无不可为之事。圣人如果都弃天下，天下苍生何以为继？

正因孔子抱定了改变世界的志向，方能云："吾岂匏瓜也哉？焉能系而不食？"匏瓜，系于一处，根植于土壤，自供自求。而人可以活得如此简单吗？孔子之志，仅是做一个逸民吗？在道义面前，生命是什么？为什么志士仁人无求生以害仁，敢于杀身以成仁？孔子想做的就是抛却生死，毕生传播人间道义。

六言六蔽

子曰:"由也,女闻六言①六蔽②矣乎?"对曰:"未也。""居③,吾语女。好仁不好学,其蔽也愚④;好知不好学,其蔽也荡⑤;好信不好学,其蔽也贼⑥;好直不好学,其蔽也绞⑦;好勇不好学,其蔽也乱⑧;好刚不好学,其蔽也狂。"

注释

① 六言:六种品德。言,含德之意。
② 六蔽:六种弊病。蔽同"弊"。
③ 居:坐下。
④ 其蔽也愚:它的弊病是易受人愚弄。愚,受人愚弄。
⑤ 其蔽也荡:它的弊病是行为放荡。荡,放荡。
⑥ 其蔽也贼:它的弊病是容易受害。贼,害。
⑦ 其蔽也绞:它的弊病是说话尖刻。绞,说话尖刻。
⑧ 其蔽也乱:它的弊病是容易闯祸。乱,捣乱、闯祸。

解读

孔子说:"仲由呀,你听说过六种美德和六种弊病了吗?"子路回答说:"没有。"孔子说:"坐下,我告诉你。爱好仁德而不爱好学习,它的弊病是容易受人愚弄；爱好智慧而不爱好学习，它的弊病是行为放荡；爱好诚信而不爱好学习，它的弊病是容易受害；爱好直率却不爱好学习，它的弊病是说话尖刻；爱好勇敢却不爱好学习，它的弊病是容易闯祸；爱好刚强却不爱好学习，它的弊病是狂妄自大。"

感悟

孔子在这里勉励子路努力学习六种美德。但孔子认为，仅有这六种美德是不够的，还必须经常学习，否则就会产生愚、荡、贼、绞、乱、狂的流弊。子路秉性耿直，缺少学习修养，所以孔子从加强道德修养角度，针对子路之失，谈六言六蔽，启发子路认识学习的重要性。

| 论 语

小子何莫学夫诗

子曰:"小子何莫学夫《诗》。《诗》,可以兴❶,可以观❷,可以群,可以怨❸。迩之事父❹,远之事君❺;多识于鸟兽草木之名。"

子谓伯鱼❻曰:"女为《周南》《召南》❼矣乎?人而不为《周南》《召南》,其犹正墙面而立也与?"

子曰:"礼云礼云,玉帛❽云乎哉?乐云乐云,钟鼓❾云乎哉?"

注释

❶ 兴:激发感情的意思。一说是诗的比兴。
❷ 观:即观察。
❸ 怨:这里是讽谏的意思。
❹ 迩之事父:近可以用来事奉父母。迩,近。
❺ 远之事君:远可以事奉君主。
❻ 伯鱼:即孔子的儿子孔鲤。
❼ 《周南》《召南》:《诗经》篇目名。周南和召南都是地名。
❽ 玉帛:玉器、锦帛。这里泛指祭祀的礼器。
❾ 钟鼓:钟和鼓。这里泛指乐器。

解读

孔子说:"学生们为什么不学习《诗》呢?学《诗》可以培养想象力,提高观察力,可以使人懂得合群的必要,可以使人懂得怎样去讽谏上级。近可以用来事奉父母,远可以事奉君主;而且还可以多知道一些鸟兽草木的名字。"

孔子对伯鱼说:"你研究《周南》《召南》了吗?一个人如果不研究《周南》《召南》,那就像面对墙壁站着一样,很难再前进了!"

孔子说:"礼呀礼呀,只是说的玉帛之类的礼器吗?乐呀乐呀,只是说的钟鼓之类的乐器吗?"

感悟

孔子在这里论述了学习《诗经》的作用和意义。第一,他指出学习《诗经》可以陶冶性情,激发感情,加强自身的品德修养,发挥批评社会的功能。第二,他指出学习《诗经》可以事父、事君。第三,他指出学习《诗经》可以扩大知识面,多识鸟兽草木之名。

《周南》与《召南》,是《诗经》开头的两篇,《周南》共有十一首诗歌,《召南》共有十四首诗歌。这些诗歌,有的歌颂爱情,有的歌颂勤劳,有的揭露战争带来的灾难,有的描写人生规律,还有的述说等级制度,一首诗给人一个启迪。宋朱熹说:"《周南》《召南》,《诗》首篇名,所言皆修身齐家之事。"孔子教育伯鱼学习《周南》《召南》的目的,就是要让伯鱼明白修身齐家之道。

论 语

色厉而内荏

子曰:"色厉而内荏❶,譬诸小人,其犹穿窬❷之盗也与?"

子曰:"乡愿❸,德之贼❹也。"

子曰:"道听而涂说❺,德之弃❻也。"

子曰:"鄙夫❼可与事君也与哉?其未得之也,患得❽之。既得之,患失之。苟患失之,无所不至❾矣。"

注释

❶ 色厉而内荏:厉,威严,荏,虚弱。外表严厉而内心虚弱。

❷ 穿窬(yú):穿壁。指盗窃行为。窬,墙洞。

❸ 乡愿:不分是非,没有道德修养的人。

❹ 德之贼:败坏道德的蠹贼。

❺ 道听而涂说:在道上听到的不可靠的传闻,途中又向别人传说。"涂"同"途"。

❻ 德之弃:背弃道德。

❼ 鄙夫:鄙陋的小人。

❽ 患得:害怕得不到。

❾ 无所不至:什么事都干得出来。

解读

孔子说:"外表严厉而内心虚弱,若以小人作比喻,就像是挖墙洞的小偷吧?"

孔子说:"没有道德修养的伪君子,就是破坏道德的蟊贼。"

孔子说:"在路上听到传言就到处去传播,这是道德所唾弃的。"

孔子说:"可以和鄙陋的小人一起事奉君主吗?他在没有得到官位时,总担心得不到。已经得到了,又怕失去它。如果他担心失掉官职,那他就什么事都干得出来了。"

感悟

本篇"色厉而内荏""道听而涂说""乡愿""鄙夫"四章,是同一主题的一组文章,孔子揭露那些表里不一、阿谀谄媚的人,让人们从反面吸取教训,做一个诚信的君子。

孔子在这里讥讽当时的当权人物欺世盗名,沽名钓誉。有些人外表装得非常威严,而内心却非常空虚怯弱。孔子讥讽他们像穿壁跳墙的小偷一样,对于这种人孔子是蔑视的。所以他教育学生要襟怀坦白,表里如一,做个真诚的君子。

另外,孔子在这里还告诫自己的学生要学礼、学乐,加强修养。孔子认为,学礼是为了治国安民,学乐是为了易风易俗,如果重形式而忘本质,则将会流于追求声色之美而忘其移风易俗之本质。因此,只有掌握了礼、乐的内在本质,灵活运用,才能更好治理好国家,服务百姓。

巧言令色，鲜矣仁

子曰："古者民有三疾❶，今也或是之亡❷也。古之狂也肆❸，今之狂也荡❹；古之矜也廉❺，今之矜也忿戾❻；古之愚也直，今之愚也诈而已矣。"

子曰："巧言令色❼，鲜矣仁❽。"

子曰："恶❾紫之夺朱❿也，恶郑声⓫之乱雅乐⓬也，恶利口⓭之覆邦家者。"

注释

❶ 古者民有三疾：古代的老百姓有三种毛病。疾，毛病。

❷ 亡（wú）：无，没有。

❸ 肆：放肆，不拘小节。

❹ 荡：放荡，不守礼。

❺ 矜也廉：矜，矜持，就是处世谨慎；廉，不可触犯，品行方正而有威仪。本谓棱角，借喻品行端方。

❻ 戾：火气太大，蛮横不讲理。

❼ 巧言令色：指花言巧语、面目伪善的人。巧言，花言巧语；令色，面目伪善。

❽ 鲜矣仁：很少有仁德。鲜，少的意思。

⑨ 恶：厌恶，憎恶。
⑩ 夺朱：替代红色。夺，夺取，这里有替代之意；朱，红色。
⑪ 郑声：郑国的乐曲。宋邢昺："郑声，淫声之哀者。"
⑫ 乱雅乐：乱，干扰，破坏；雅乐，典雅的正乐。
⑬ 利口：能言善辩，伶牙利齿。

解读

孔子说："古代人有三种毛病，现在恐怕连这三种毛病也不是原来的样子了。古代的狂妄者不过是不拘小节，而现在的狂妄者却是骄纵放荡；古代骄傲的人不过是难以接近，现在那些骄傲的人却是凶恶蛮横；古代愚笨的人不过是直率一些，现在的愚笨者却是欺诈啊！"

孔子说："花言巧语，面目伪善的人，仁德是很少的。"

孔子说："我厌恶用紫色取代红色，厌恶郑国的淫声扰乱雅乐，厌恶伶牙利齿而颠覆国家的人。"

感悟

孔子在这里感叹世俗风尚，每况愈下。但我们从积极的角度看，孔子提出的肆、廉、直和荡、忿戾、诈三个对比，外是观察别人，内是反观自己的准则，对于提高道德品质的修养是有一定的鞭策作用的。

本篇的"巧言令色，鲜矣仁"与《学而篇》的重复。有学者认为，实际上这是编者的有意安排，是一个过渡段，让它发挥承上启下的作用。说这一句既是对上文的一个小结，又开启下文的论述。其意是，凡是要嘴皮子的，比上面几种人的问题更大，甚至可以导致亡国的惨祸。

| 论 语

天何言哉

子曰:"予欲无言❶。"子贡曰:"子如不言,则小子何述焉?"子曰:"天何言哉❷?四时行焉❸,百物❹生焉。天何言哉?"

孺悲❺欲见孔子,孔子辞以疾❻。将命者❼出户,取瑟而歌,使之闻之❼。

注释

❶ 予欲无言:我不想说话了。予,我。
❷ 天何言哉:天什么时候说过话。
❸ 四时行焉:一年四季按时运行。
❹ 百物:各种生物。
❺ 孺悲:鲁国人,鲁哀公曾派他向孔子学礼。
❻ 辞以疾:以有病为由推辞不见。
❼ 将命者:传达命令的人。辞,推辞;疾,病。
❽ 使之闻之:前"之"指孺悲,后"之"指弹的乐曲。

解读

孔子说:"我想不说话了。"子贡说:"您如果不说话,那么我们这些学生还传述什么呢?"孔子说:"天何尝说话呢?四季照常运行,百物照样生长。天说了什么话呢?"

孺悲想见孔子,孔子以有病为由推辞不见。传话的人刚出门,孔子便取来瑟边弹边唱,有意让孺悲听到。

感悟

孔子在这里发出的"予欲无言"的声音,是主张身教重于言教,因为"天何言哉?四时行焉,百物生焉"。我们从两方面来理解:从教师方面看,身教能够使学生受到潜移默化的教育;从学生方面看,学习主要靠自己的主观努力,苍天无声无息,四时照样运行,万物照样生长。所以,学生不能光依靠老师,亦步亦趋,应自己独立思考,茁壮成长。

论 语

三年之丧，期已久矣

宰我问："三年之丧，期已久矣。君子三年不为礼，礼必坏❶；三年不为乐，乐必崩❷。旧谷既没，新谷既升，钻燧改火❸，期❹可已矣。"

子曰："食夫稻❺，衣夫锦，于女安乎？"曰："安。"

"女安，则为之！夫君子之居丧，食旨不甘❻，闻乐不乐，居处不安❼，故不为也。今女安，则为之！"

宰我出。子曰："予之不仁也！子生三年，然后免于父母之怀，夫三年之丧，天下之通丧❽也。予也有三年之爱于其父母乎？"

注释

❶ 礼必坏：礼仪一定会毁坏。礼，礼仪；坏，破坏。这里指废弃。

❷ 乐必崩：音乐一定会荒疏。崩，崩溃。这里指荒疏。

❸ 钻燧改火：古人钻木取火，四季所用木头不同，每年轮一遍，叫改火。

❹ 期（jī）：指一年之期。

❺ 食夫稻：古代北方少种稻米，故大米很珍贵。这里是说吃好的。

❻ 食旨不甘：吃甜美的东西都不知道滋味。旨，甜美，指吃好的食物。

⑦ 居处不安：住在屋里心里不安适。
⑧ 天下之通丧：天下共同遵守的丧期。

解读

宰我问："服丧三年，时间太长了。君子三年不讲究礼仪，礼仪必然败坏；三年不演奏音乐，音乐就会荒废。旧谷吃完，新谷登场，钻燧取火的木头轮过了一遍，有一年的时间就可以了。"

孔子说："才一年的时间，你就吃开了大米饭，穿起了锦缎衣，你心安吗？"宰我说："我心安。"

孔子说："你心安，你就那样去做吧！君子守丧，吃美味不觉得香甜，听音乐不觉得快乐，住在家里不觉得舒服，所以不那样做。如今你既觉得心安，你就那样去做吧！"

宰我出去。孔子说："宰予真是不仁啊！小孩生下来，到三岁时才能离开父母的怀抱。服丧三年，这是天下通行的丧礼。难道宰子对他的父母没有三年的爱吗？"

感悟

在古代，对丧礼是非常重视的，孔子曾就殷高宗武丁严守三年之丧不会影响政务做过解释。在这里，孔子严厉谴责了宰我违背三年之丧的古礼，说他缺乏爱父母之心。孔子从报父母三年养育之恩出发，坚持实行三年之丧，批评了宰我的不孝。

| 论 语

君子义以为上

子曰:"饱食终日,无所用心,难矣哉!不有博弈❶者乎?为之,犹贤乎已。"

子路曰:"君子尚勇❸乎?"子曰:"君子义以为上❹。君子有勇而无义为乱❺,小人有勇而无义为盗。"

注释

❶ 博奕:掷骰子、下围棋等智力游戏。
❷ 尚勇:就是崇尚武力。

解读

孔子说:"整天吃饱了饭,什么心思也不用,这是很难有成就的呀!不是还有博和弈的游戏吗?干这个,也比闲着好。"

子路说:"君子崇尚勇敢吗?"孔子答道:"君子以义作为最高尚的品德,君子有勇无义就会作乱,小人有勇无义就会当盗贼。"

感悟

孔子教育子路勇必以义为前提,受到义的制约。孔子认为,君子应具备知、仁、勇三种美德。但勇敢必须以义为前提,受到义的制约,因为君子无义就会犯上作乱,小人无义就会铤而走险。

君子亦有恶

子贡曰:"君子亦有恶[1]乎?"子曰:"有恶。恶称人之恶[2]者,恶居下流而讪上者[3],恶勇而无礼者,恶果敢而窒[4]者。"曰:"赐也亦有恶乎?""恶徼以为知者[5],恶不孙[6]以为勇者,恶讦[7]以为直者。"

子曰:"唯女子与小人为难养[8]也,近之则不孙[9],远之则怨。"

子曰:"年四十而见恶焉,其终也已[10]。"

注释

[1] 恶:厌恶、憎恨。

[2] 称人之恶:宣扬他人缺点。称,宣扬;恶,坏处、缺点。

[3] 居下流而讪上者:指下级诽谤上级。下流,下等的、在下的;讪,诽谤。

[4] 窒:阻塞,不通事理,顽固不化。

[5] 徼以为知者:窃取别人成果而自以为聪明的人。徼,窃取、抄袭。知,同"智"。

[6] 孙:同"逊"。

[7] 讦:攻击、揭发别人。

[8] 难养:难以相处,难以侍候。

⑨ 不孙：无礼、不恭顺。
⑩ 其终也已：他的一生也就完了。终，一生；已，完结、终了。

解读

子贡说："君子也有厌恶的事吗？"孔子说："有厌恶的事。厌恶宣扬别人坏处的人，厌恶身居下位而诽谤在上者的人，厌恶勇敢而不懂礼节的人，厌恶固执而又不通事理的人。"孔子又说："赐，你也有厌恶的事吗？"子贡说："我厌恶抄袭别人的成绩而作为自己的知识的人，厌恶把不谦虚当作勇敢的人，厌恶揭发别人的隐私而自以为直率的人。"

孔子说："只有女子和小人是难以教养的，亲近他们，他们就会无礼，疏远他们，他们就会报怨。"

孔子说："到了四十岁的时候还被人所厌恶，他这一生也就终结了。"

感悟

子贡问孔子，君子是否有厌恶之事。孔子的回答是肯定的，他讲了四点：一是厌恶喜欢说别人坏话的人，二是厌恶居下位而诽谤上级的人，三是厌恶勇而无礼犯上作乱的人，四是厌恶大胆妄为的人。这四点都是道德品质问题。

孔子说完后，反问子贡是否有厌恶的事呢？这是一种启发式的教育方法，子贡的回答也是肯定的，他讲了三点：一是厌恶学风不正的人，二是厌恶缺少礼貌不谦逊的人，三是厌恶揭发别人隐私的人。这三点基本上属于作风问题。揭发别人的隐私，往往无据可证，容易诬陷好人。

微子篇第十八

本篇是《论语》的第十八篇,共十一章。编者取本篇首章"微子去之"一句中的"微子"两字为篇名。其中,记孔子行动二章,记与孔子思想行动有关的人和事九章。有五章穿插了孔子的评述,篇幅不多。

本篇记叙了孔子的政治主张,孔子弟子与老农谈孔子、孔子关于塑造独立人格的思想等,具体论述了以下观点:

一,得人则治,失人则亡,人才关系到国家的兴衰存亡。殷有三仁人,或去或囚或杀,导致商纣灭亡;周有八士,人才鼎盛,国家兴旺。

二、天下有道,则人才归聚。周初善待贤士,不求全责备,使之各得其所,各尽所能,人才归附,济济一堂。

三、天下无道,人才流失。君子仁人或去或死,或隐居于山野,或周流于四方。

四、君子重视出身立世,可仕则仕,可止则止,绝不勉强。

五、孔子尊重隐者,但反对其欲洁其身而乱大伦的出世思想。

论语

柳下惠为士师

微子❶去之，箕子❷为之奴，比干❸谏而死。孔子曰："殷有三仁焉。"

柳下惠为士师❹，三黜❺。人曰："子未可以去乎？"曰："直道而事人，焉往而不三黜？枉道而事人，何必去父母之邦？"

齐景公待孔子曰："若季氏，则吾不能；以季、孟之间待之。"曰："吾老矣，不能用也。"孔子行。

注释

❶ 微子：殷纣王的同母兄长，见纣王无道，遂离开纣王。

❷ 箕（jī）子：殷纣王的叔父。因纣王无道，便披发装疯，被降为奴隶。

❸ 比干：殷纣王的叔父，屡次强谏，被纣王杀害。

❹ 士师：掌管刑狱的法官。

❺ 黜：罢免不用。

解读

微子离开了荒淫无道的纣王，箕子做了纣王的奴隶，比干强谏被杀死了。孔子说："殷朝有三位仁人。"

柳下惠担任法官，三次被罢免。有人说："你不可以离开鲁国吗？"

微子篇第十八

柳下惠说:"按正道事奉君主,到哪里不会被多次罢官呢?如果不按正道事奉君主,为什么一定要离开本国呢?"

齐景公讲到对待孔子的礼节时说:"像鲁君对待季氏那样,我做不到;我用介于季氏孟氏之间的待遇对待他。"又说,"我老了,不能用他了。"孔子便离开了齐国。

感悟

孔子在这里盛赞鲁国的贤人柳下惠。柳下惠是鲁国掌管刑狱的法官,是一个颇具才干而正直的人,由于不事权贵,多次被罢官。孔子对他评价很高,往往将他与伯夷、叔齐、伊尹相提并论,说他是当时的圣贤之一。

齐人归女乐

齐人归女乐，季桓子受之，三日不朝。孔子行。

楚狂接舆①歌而过孔子曰："凤兮凤兮！何德之衰？往者不可谏，来者犹可追。已而，已而！今之从政者殆而！"孔子下，欲与之言。趋而辟之，不得与之言。

注释

① 楚狂接舆：楚国名叫接舆的狂人。

解读

齐国人赠送了一些歌女给鲁国，季桓子接受了，三天不上朝。孔子于是离开了鲁国。

楚国的狂人接舆唱着歌从孔子的车旁走过，他唱道："凤凰啊，凤凰啊！你的德运怎么这么衰弱呢？过去的已经无可挽回，未来的还来得及改正。算了吧，算了吧。今天的执政者太危险了！"孔子下车，想同他谈谈，他却赶快避开，孔子没能和他交谈。

感悟

孔子担任鲁国司寇期间，表现了卓越的政治才能，齐国深感不安，便施展美人计。鲁国国君被女色所惑，三天不上朝。孔子无法改变这个现实，只好辞官不做，离开了鲁国。

子路问津

长沮、桀溺①耦而耕②。孔子过之，使子路问津③焉。长沮曰："夫执舆④者为谁？"子路曰："为孔丘。"曰："是鲁孔丘与？"曰："是也。"曰："是知津矣。"

问于桀溺。桀溺曰："子为谁？"曰："为仲由。"曰："是孔丘之徒与？"对曰："然。"曰："滔滔者天下皆是也，而谁以易⑤之？且而与其从辟⑥人之士也，岂若从辟世之士哉？"耰⑦而不辍。

子路行以告。夫子怃然⑧曰："鸟兽不可与同群，吾非斯人之徒与而谁与？天下有道，丘不与易也。"

注释

① 长沮、桀溺：两位隐士，真实姓名和身世不详。
② 耦而耕：两个人合力耕作。
③ 问津：津，渡口。寻问渡口。
④ 执舆：执辔，即驾车人。
⑤ 易：变革。
⑥ 辟：同"避"。
⑦ 耰（yōu）：用土覆盖种子。
⑧ 怃然：怅然，失意。

论　语

解读

　　长沮、桀溺在一起耕种，孔子路过，让子路去寻问渡口在哪里。长沮问子路："那个驾车人是谁？"子路说："是孔丘。"长沮说："是鲁国的孔丘吗？"子路说："是的。"长沮说："那他是早已知道渡口的位置了。"

　　子路再去问桀溺。桀溺说："你是谁？"子路说："我是仲由。"桀溺说："你是鲁国孔丘的门徒吗？"子路说："是的。"桀溺说："滔滔的洪水，普天下到处泛滥，你们同谁一起去变革它呢？再说，你与其跟随那个逃避坏人的孔丘，还不如跟随我们逃避整个黑暗社会的人好啊！"说完，他们不停地播种、覆土。

　　子路回来后把情况报告给孔子，孔子很失望地说："人是不能与飞禽走兽合群共处的，如果不同世上的人群打交道还与谁打交道呢？如果天下政治清明，我就不会参与变革了。"

感悟

　　孔子周游天下、欲行仁政，却受到隐士长沮、桀溺的讥讽。由于社会动乱、天下无道，孔子的内心一直有着强烈的社会改革愿望和积极的入世思想，他想要用自己的力量去改变这一切。但他的理想却不为当时的人们所理解。

　　桀溺认为，仅凭孔子一己之力，难以改变社会的黑暗现象，要孔子像他一样做隐士。后面孔子对子路说的话，虽然失意，但仍然表现了孔子改变社会的不二信心。

四体不勤,五谷不分

子路从而后,遇丈人❶,以杖荷蓧❷。子路问曰:"子见夫子乎?"丈人曰:"四体不勤,五谷不分❸,孰为夫子?"植其杖而芸❹。子路拱而立。止子路宿,杀鸡为黍❺而食之,见其二子焉。

明日,子路行以告。子曰:"隐者也。"使子路反见之。至,则行矣。子路曰:"不仕无义❻。长幼之节,不可废也;君臣之义,如之何其废之?欲洁其身❼,而乱大伦❽。君子之仕也,行其义也。道之不行,已知之矣。"

注释

❶ 丈人:老翁。对老年人的尊称。
❷ 蓧:古代耘田所用的竹器。
❸ 四体不勤,五谷不分:指不参加劳动,不能辨别五谷。四体,指人的两手两足;五谷,通常指稻、黍、稷、麦、菽。
❹ 植其杖而芸:把拐杖插在地上,耘起田来。植,插;芸,通"耘",耘田。
❺ 杀鸡为黍:杀鸡做小米饭。黍,小米。
❻ 不仕无义:仕,做官;义,道义。不做官是不遵守道义的。
❼ 欲洁其身:想洁身自好。指不愿做官,污染自己的人品。

论 语

⑧ 大伦：最大的伦常关系，指君臣关系。

解读

子路跟随孔子出行，落在了后面，遇到一个老丈，用拐杖挑着除草的工具。子路问道："你看到我的老师吗？"老丈说："四体不勤，五谷不分，谁是你的老师？"说完，便扶着拐杖去除草。子路拱着手恭敬地站在一旁。老丈留子路到他家住宿，杀了鸡做了小米饭给他吃，又叫两个儿子出来与子路见面。

第二天，子路赶上孔子，把这件事向他做了报告。孔子说："这是个隐士啊！"叫子路回去再看看他。子路到了那里，老丈已经出门了。

子路说："不做官是不对的。长幼间的关系是不可能废弃的；君臣间的关系怎么能废弃呢？想要自身清白，却破坏了根本的君臣伦理关系。君子做官，只是为了实行君臣之义的。至于道不被人遵行，我早就知道了。"

感悟

子路在路上遇见了隐士荷蓧丈人，于是问丈人是否看见了自己的老师。丈人则责备子路不懂得农业，总是跟随老师去远游，这是"四体不勤，五谷不分"的表现。

春秋时值乱世，老年人总认为最重要的事情应该是做隐士，并从事农业劳动，而不是像孔子那样去周游列国宣传自己的政治主张。而子路和孔子则认为，君子出仕，参与社会管理与改造，是义之所在，不得不为。

不降其志,不辱其身

逸民❶:伯夷、叔齐、虞仲❷、夷逸❸、朱张❹、柳下惠、少连❺。子曰:"不降其志❻,不辱其身,伯夷、叔齐与!"谓:"柳下惠、少连,降志辱身矣,言中伦,行中虑,其斯而已矣。"谓:"虞仲、夷逸,隐居放言,身中清,废中权。我则异于是,无可无不可。"

注释

❶ 逸民:德行超逸,避世隐居的人。
❷ 虞仲:据说即仲雍。周朝古公亶父次子,吴泰伯之弟。
❸ 夷逸:据说是夷诡诸后裔,有人劝他做官,他宁愿耕作终身。
❹ 朱张:事迹不可考。
❺ 少连:据说东夷之子,大孝子。
❻ 不降其志:不降低他的志向。

解读

德行超逸,避世隐居的人有:伯夷、叔齐、虞仲、夷逸、朱张、柳下惠、少连七人。孔子说:"不降低自己的意志,不屈辱自己清白之身的,大概是伯夷和叔齐吧!"又说:"柳下惠、少连,被迫降低自己的意志,屈辱自己的清白身子,但他们说话合乎伦理,行为合乎人心。"又说:"虞仲、夷逸,过着隐居的生活,说话很随便,能洁身自爱,离开官位合

论 语

乎权变。我却同这些人不同,可以这样做,也可以那样做。"

感悟

孔子在这里论述了逸民的不同操守,从对比中表达了自己与他们的不同之处。孔子说,我则走入世道路,但能做到用行舍藏。那就是国家需要我的时候,我就挑起治国平天下的责任;国家不用我的时候,我则退而著述,绝不会因入世而去取悦与讨好别人。

微子篇第十八

君子不施其亲

大师挚①适齐，亚饭②干适楚，三饭缭适蔡，四饭缺适秦，鼓方叔③入于河，播鼗④武入于汉，少师⑤阳、击磬⑥襄入于海。

周公⑦谓鲁公⑧曰："君子不施其亲，不使大臣怨乎不以。故旧无大故⑨，则不弃也。无求备⑩于一人。"

周有八士⑪：伯达、伯适、仲突、仲忽、叔夜、叔夏、季随、季骐。

注释

① 大师挚：大师是鲁国乐官之长，挚是人名。
② 亚饭、三饭、四饭：都是乐官名。干、缭、缺是人名。
③ 鼓方叔：击鼓的乐师名方叔。
④ 鼗（táo）：小鼓。
⑤ 少师：乐官名，副乐师。
⑥ 磬：古代的一种石制打击乐器。
⑦ 周公：周公旦，鲁国的初封始祖。
⑧ 鲁公：指周公的儿子伯禽，封于鲁。
⑨ 故旧无大故：故人旧亲没有重大错误。故旧，"故人"和"旧人"的合称，指旧相识、老熟人；大故，指大错误。

论 语

⑩ 无求备：不要求全责备。

⑪ 八士：八位有教养的知识分子，八位贤士。据说是四对孪生兄弟，为文王时虞官，事迹已不可考。

解读

太师挚到齐国去了，亚饭干到楚国去了，三饭缭到蔡国去了，四饭缺到秦国去了，打鼓的方叔到了黄河边，敲小鼓的武到了汉水边，少师阳和击磬的襄到了海滨。

周公对鲁公说："君子不疏远他的亲属，不使大臣们抱怨不信任他们。故人旧友没有大的过失，就不要抛弃他们。不要对人求全责备。"

周代有八个贤士：他们是伯达、伯适、仲突、仲忽、叔夜、叔夏、季随和季䯁。

感悟

周公就是周公旦，他是鲁国的初封始祖。"君子不施其亲"这段话是周公在伯禽去鲁国就封时说的，一直在鲁国流传。孔子则又向弟子们转述，作为一项为政之道的教育内容。这也说明了孔子对周公的崇敬和对他的施政措施的认可。

周朝之所以兴盛，在于统治者善于用人，西周人才济济，同心协力，所以才有八百年之基业。孔子是十分重视人才的，鲁国衰微，人才四散，他深为感慨。孔子在这里转述周公的话，其目的是告诫鲁哀公，希望他礼贤下士，爱护人才，振兴鲁国。

子张篇第十九

本篇是《论语》的第十九篇,共二十五章。编者取本篇首章"子张曰,士见危致命"一句中的"子张"两字为篇名。其中,记子张论述二章,记子夏论述十一章,记子游论述二章,记曾参论述四章,记子贡论述六章。

本篇均记述了孔子弟子的言论,孔门的学问和道德修养等。主要论述了以下问题:

一、论述士行。子张秉承孔子教诲,论述士应具备"见危致命,见得思义,祭思敬,丧思哀"的操行,弘扬正德,持守正道。

二、论述交友之道。子夏、子张各禀师承,子夏主张慎重择友,子张主张广交朋友。

三、论述为学之道。为学应从洒扫应对进退入手,由浅入深,循序渐进。不论先仕,先学,都要坚持学习,做到"日知其所亡,月无忘其所能",持之以恒,博学而笃志,经过学习和实践而达其道。

四、论述孝道、臣道。为子临丧止乎哀,为官则"信而后劳其民,信而后谏"。

五、歌颂孔子的圣德,维护师道的尊严。子贡以宫墙、日月、天为喻,赞美孔子学识渊博,圣道高深,至仁至圣,光照人寰。

论 语

见危致命，见得思义

子张曰："士见危致命❶，见得思义，祭思敬，丧思哀，其可已矣。"

子张曰："执德不弘❷，信道不笃，焉能为有？焉能为亡？"

注释

❶ 致命：授命，舍弃生命。
❷ 弘：弘扬，发扬光大。

解读

子张说："士遇见危险时能献出自己的生命，看见有利可图时能考虑是否符合义的要求，祭祀时能想到是否严肃恭敬，居丧的时候想到自己是否哀伤，这样就可以了。"

子张说："实行德而不能发扬光大，信仰道而不忠实坚定，这样的人怎么能说有，又怎么说没有？"

感悟

"见危致命，见得思义"，就是在需要自己献出生命的时候，要毫不犹豫，勇于献身。同样，在有利可图的时候，往往要想到这样做是否符合义的规定。孔子弟子子张认为，君子应该具备忠、义、敬、孝四种美德。要忠于国家，忠于君主。当国家危亡的时候，要挺身而出，把生命交给国家。

君子尊贤而容众

子夏之门人问交❶于子张。子张曰:"子夏云何❷?"对曰:"子夏曰:'可者与之❸,其不可者拒之。'"子张曰:"异乎吾所闻❹:君子尊贤而容众❺,嘉善而矜不能❻。我之大贤与,于人何所不容?我之不贤与,人将拒我,如之何其拒人也?"

子夏曰:"虽小道❼,必有可观者焉,致远恐泥❽,是以君子不为也。"

注释

❶ 门人问交:门人问如何交朋友。门人,即学生;交,交朋友。
❷ 子夏云何:子夏说什么。云何,说什么。
❸ 可者与之:可以交的朋友就和他结交。与,结交。
❹ 异乎吾所闻:不同于我听说的。异,不同。
❺ 尊贤而容众:尊贤,尊敬贤人;容众,容纳众人。
❻ 嘉善而矜不能:赞扬好的,怜惜没有能力的。嘉,赞扬;矜,怜惜。
❼ 小道:指各种农工商医卜之类的技能。
❽ 泥:阻滞,不通,妨碍。

论 语

解读

子夏的学生请教子张怎样结交朋友。子张说:"子夏是怎么说的?"答道:"子夏说:'可以相交的就和他交朋友,不可以相交的就拒绝他。'"子张说:"我所听到的和这些不一样:君子既尊重贤人,又能容纳众人;能够赞美善人,又能同情能力不够的人。如果我是十分贤良的人,那我对别人有什么不能容纳的呢?我如果不贤良,那人家就会拒绝我,又怎么说能拒绝人家呢?"

子夏说:"即使是小技艺,也一定有可取的地方,但恐怕影响追求远大目标,所以君子不去做它。"

感悟

子夏和子张的交友之道略有不同。子夏根据孔子"无友不如己者"的观点,主张慎重地、有所选择地交友。这里的"无友不如己者"的意思是,不跟自己志向不同的人交往。也就是说,对于志不同道不和的人要慎交。

而子张根据孔子"嘉善而矜不能"的观点,主张广泛地接交朋友,要求"尊贤而容众",对于朋友,广交不拒。

其实二人的论交之说,均出自于孔子。不同的一个是"拒"字,一个是"容"字。事实上子张的"容"也不是认可交不能交的朋友,而是宽容、包容这样的人,宽容、包容并不是结交。

日知其所亡

子夏曰:"日知其所亡❶,月无忘其所能❷,可谓好学也已矣。"

子夏曰;"博学而笃志❸,切问而近思❹,仁在其中矣。"

子夏曰:"百工居肆❺以成其事,君子学以致其道❻。"

子夏曰:"小人之过也必文❼。"

子夏曰:"君子有三变:望之俨然❽,即之也温❾,听其言也厉❿。"

> ### 注释
>
> ❶日知其所亡:每天学到一些不知道的知识。日,每天;亡,不知道、不懂得。
>
> ❷月无忘其所能:每月不忘记已经学会的知识。所能,指已经学会的知识。
>
> ❸博学而笃志:博,广博、广泛;笃志,坚守自己的志向。
>
> ❹切问而近思:切问,问切己之事;近思,考虑当前的问题。
>
> ❺百工居肆:百工,各行各业的工匠;肆,制作物品的作坊。
>
> ❻学以致其道:通过学习来获取大道。致,获得、达到。
>
> ❼文:文饰、掩饰。
>
> ❽俨然:庄严、肃穆的样子。

论　语

⑨ 即之也温：接近他觉得很温和。即，靠近；温，温和。
⑩ 听其言也厉：听他说话感觉很严厉。厉，严厉。

解读

子夏说："每天学到一些过去所不知道的东西，每月都不忘记已经学会的东西，这就可以叫作好学了。"

子夏说："广泛地学习，坚守自己的志向，就与切身有关的问题提出疑问并且去思考，仁就在其中了。"

子夏说："各行各业的工匠住在作坊里来完成自己的工作，君子通过学习来获取大道。"

子夏说："小人犯了过错一定要掩饰。"

子夏说："君子有三变：远看他的样子庄严可怕，接近他又温和可亲，听他说话觉得严厉。"

感悟

子夏在这里强调学习要持之以恒。子夏说，一个人应该每天反省自己的不足，不要认为自己有一点知识就满足了，还应不断追求、充实，一个月接着一个月不断地学习，日积月累，这样的人才算是好学的人。

子夏在谈到小人的时候说，"小人犯了过错一定会掩饰"，小人不像君子那样，襟怀坦白，勇于承认错误，而是文过饰非，极力掩盖错误。

子夏在谈到君子的时候说，一个有修养的君子，远远望去，他的容貌好像很威严，等到接近他的时候，又觉得他待人温和可亲，充满了感情，及至听他出口说话，又会觉得非常庄重、严肃。

大德不逾闲

子夏曰："君子信而后劳其民❶；未信，则以为厉己❷也。信而后谏❸；未信，则以为谤己❹也。"

子夏曰："大德不逾闲❺，小德出入可也❻。"

子游曰："子夏之门人小子❼，当洒扫应对进退，则可矣，抑末❽也。本❾之则无，如之何？"子夏闻之，曰："噫！言游过矣！君子之道，孰先传焉？孰后倦❿焉？譬诸草木，区以别矣。君子之道，焉可诬⓫也？有始有卒者，其惟圣人乎？"

注释

❶ 信而后劳其民：君子必须取得信任才去使用百姓。信，取得信任；劳，役使、使用。

❷ 厉己：损害、虐待自己。

❸ 信而后谏：取得信任再劝谏。谏，劝谏。

❹ 谤己：毁谤自己。谤，诽谤。

❺ 大德不逾闲：大节不能超越界限。大德，重大的德行操守，即大节；闲，木栏，这里指界限。

❻ 小德出入可也：小节有点出入是可以的。小德，小节；出入，

论 语

指差错。

⑦ 门人小子：指子夏的学生。

⑧ 抑末：抑，但是、不过；末，细微末节，指小事。

⑨ 本：根本。指学问的基础。

⑩ 倦：讲述、讲解。

⑪ 诬：歪曲、欺骗。

解读

子夏说："君子必须取得信任之后才去役使百姓，否则百姓就会以为是在虐待他们。要先取得信任，然后才去规劝；否则，君主就会以为你在诽谤他。"

子夏说："大节上不能超越界限，小节上有些出入是可以的。"

子游说："子夏的学生，做些打扫和迎送客人的事情是可以的，但这些不过是末节小事，根本的东西却没有学到，这怎么行呢？"子夏听了，说："咳！子游错了！君子之道先传授哪一条，后传授哪一条，这就像草和木一样，都是区别对待的。君子之道怎么可以随意歪曲，欺骗学生呢？能按次序有始有终地教授学生的，恐怕只有圣人吧！"

感悟

孔子逝世后，子夏在西河讲学。子游批评子夏教的学生，只学习了洒扫、应对、进退这几件细微末节的生活琐事，却没有学到做人的根本大道。子夏听说后对他进行反批评，说教学应由浅入深，循序渐进，学生只有在懂得了洒扫、应对、进退的道理以后，才会由生活教育到精神教育，慢慢悟出道的真谛。

学而优则仕

子夏曰:"仕而优则学❶,学而优则仕❷。"

子游曰:"丧致乎哀而止❸。"

子游曰:"吾友张也为难能也,然而未仁。"

曾子曰:"堂堂乎❹张也,难与并为仁矣。"

曾子曰:"吾闻诸❺夫子,人未有自致❻者也,必也亲丧乎!"

注释

❶仕而优则学:做官还有余力的可以去学习。仕,做官;优,有余力。

❷学而优则仕:学习有余力的可以去做官。

❸丧致乎哀而止:丧,守孝、服丧;致乎哀,达到悲哀的程度;止,停止。

❹堂堂乎:仪表壮伟的样子。

❺诸:通"之",助词。

❻自致:自己自动地表露。

解读

子夏说:"做官还有余力的人就可以去学习,学习有余力的人就可以去做官。"

　　子游说："居丧达到哀恸的程度就可以了。"

　　子游说："我的朋友子张可以说是难得的了,但是还没有达到仁人的境界。"

　　曾子说："仪表堂堂的子张啊!却难于和他一起追求仁德。"

　　曾子说："我听老师说过,人是不可能自动地充分表露感情的,如果有,一定是在父母死亡的时候吧!"

感悟

　　"学而优则仕"是孔子的一贯主张,子夏在这里强调了一个"学"字。子夏认为,做官还有余力的人,就可以去学习;而学习还有余力的人,也可以去做官。

君子恶居下流

曾子曰:"吾闻诸夫子,孟庄子❶之孝也,其他可能也,其不改父之臣与父之政❷,是难能也。"

孟氏使阳肤❸为士师,问于曾子。曾子曰:"上失其道,民散❹久矣。如得其情❺,则哀矜而勿喜❻。"

子贡曰:"纣❼之不善,不如是之甚❽也。是以君子恶居下流❾,天下之恶皆归焉。"

注释

❶ 孟庄子:鲁国大夫孟孙速,庄是谥号。
❷ 父之臣与父之政:父亲的臣僚和父亲的施政方针。
❸ 阳肤:曾子的学生。
❹ 民散:民,老百姓;散,离心离德。
❺ 得其情:审出犯人的真情。
❻ 哀矜而勿喜:要同情他们而不要沾沾自喜。哀矜,哀怜、同情;勿喜,不要沾沾自喜。
❼ 纣:商代最后一个君主,名辛。纣是他的谥号,暴君。
❽ 不如是之甚:没有人们所说的那么严重。甚,严重。
❾ 下流:即地形低洼各处来水汇集的地方。指怕沾上坏东西。

论 语

解读

曾子说:"我听老师说过,孟庄子的孝,其他人也可以做到,但他不更换父亲的旧臣及其政治措施,这是别人难以做到的。"

孟孙氏任命阳肤做法官,阳肤向曾子请教。曾子说:"在上位的人离开了正道,百姓早就离心离德了。你如果审出犯人的情况,就应当怜悯他们,而不要自鸣得意。"

子贡说:"纣王的坏,不像传说的那样厉害。所以君子厌恶沾上坏东西,一沾上坏东西天下的坏事都会归结到他身上。"

感悟

孟庄子是鲁国世袭的大夫,姓仲孙,名速,他的父亲孟献子,名蔑。孔子当年曾经赞扬孟庄子是一个孝子,说他对父母行孝的事一般人都能做到,但他在居丧期间不撤换其父之家臣和不更改其父的施政方针,是一般人难以做到的。这里曾子重复孔子的话,教育学生要施行孝道。

曾子的学生阳肤做了法官,向曾子请教当法官的注意事项。曾子告诫阳肤,作为法官要体谅民情,切勿邀功求赏,滥用刑狱。因为百姓犯法,是上失其道,人民流离失所、饥寒交迫所致。办案时要明察善断,哀怜他们犯罪的实情,不要审出一个案子就沾沾自喜。这些言论,表达了曾子对于法治的观点和爱民之心。

在本篇的最后,子贡告诫人们,不要做坏事,要做善事,免得人们把坏事一股脑儿算到你的头上。子贡举纣王的例子说,纣王确实坏,但没有坏到后世所说的地步。之所以把他变成了一个坏的典型,是因为君子厌恶人沾上坏东西,希望人们永远不要做坏事。因此,树立一个坏的典型,要人们引以为诫。

君子之过如日月之食

子贡曰:"君子之过①也,如日月之食②焉。过也,人皆见之;更③也,人皆仰之。"

卫公孙朝④问于子贡曰:"仲尼焉学?"子贡曰:"文武之道,未坠于地⑤,在人。贤者识其大者,不贤者识其小者,莫不有文武之道焉。夫子焉不学?而亦何常师⑥之有?"

注释

① 君子之过:君子的过错。过,错误,过失。
② 日月之食:日蚀和月蚀。"食"通"蚀"。
③ 更:变更,更改。
④ 卫公孙朝:卫国的大夫公孙朝。
⑤ 未坠于地:没有失传。
⑥ 常师:固定的老师。

解读

子贡说:"君子的过错,如同日食月食。他犯了过错,人们都看得见;他改正了错误,人们都仰望着他。"

卫国的公孙朝问子贡说:"仲尼的学问是从哪里学来的?"子贡说:

论语

"周文王和周武王的道,并没有失传,还留在人们中间。贤能的人可以了解它的根本,不贤的人也能了解它的末节,没有地方不存在文王、武王的正道。我的老师哪里不能学习?又何必要有固定的老师呢?"

感悟

子贡在这里论述君子知过必改的坦诚胸怀和对待过失应持的态度。第一,君子不怕有过失,不掩饰错误,错了就公开承认,立即改正。第二,君子有过、改过,像日月之食一样,不会影响自己的声望。这种对待过失的态度是积极而正确的。

仲尼不可毁也

叔孙武叔❶语大夫于朝曰:"子贡贤于仲尼。"子服景伯❷以告子贡。子贡曰;"譬之宫墙,赐之墙也及肩❸,窥见室家之好。夫子之墙数仞❹,不得其门而入,不见宗庙之类,百官❺之富。得其门者或寡矣。夫子之云❻,不亦宜乎!"

叔孙武叔毁仲尼❼。子贡曰;"无以为❽也!仲尼不可毁也。他人之贤者,丘陵也,犹可逾❾也;仲尼,日月也,无得而逾焉。人虽欲自绝,其何伤于日月乎?多❿见其不知量也。"

注释

❶ 叔孙武叔:鲁国大夫,名州仇,三桓之一。

❷ 子服景伯:鲁国大夫。

❸ 及肩:靠近肩膀那么高。及,到。

❹ 仞(rèn):古时七尺为仞,一说八尺为仞,一说五尺六寸为仞。

❺ 百官之富:各种各样结构精巧的房屋。百官,各种各样的房屋。官,这里指房舍。

❻ 夫子之云:夫子所说的话。夫子,指叔孙武叔。

⑦ 毁仲尼：指毁谤孔子。
⑧ 无以为：不要这样做。
⑨ 犹可逾：还是可以超越的。
⑩ 多：用作副词，只是的意思。

解读

叔孙武叔在朝廷上对大夫们说："子贡比仲尼更贤。"子服景伯把这一番话告诉了子贡。子贡说："拿围墙来作比喻，我家的围墙只有齐肩高，老师家的围墙却有几仞高，如果找不到门进去，你就看不见里面宗庙的富丽堂皇，和房屋的绚丽多彩。能够找到门进去的人并不多。叔孙武叔那么讲，不也是很自然吗？"

叔孙武叔诽谤仲尼。子贡说："这样做是没有用的！仲尼是毁谤不了的。别人的贤德，好比小山头，还可超越过去；仲尼的贤德，好比太阳和月亮，是无法超越的。虽然有人要自绝于日月，那对日月又有什么损害呢？只是表明他不自量力而已。"

感悟

子贡在这里盛赞孔子之德如日月照人。叔孙武叔两次公开毁谤孔子，子贡则竭力维护孔子的威望。他劝叔孙武叔不要这样做。他说，其他贤者虽有才智，但才智之高只不过像丘陵一样。丘陵虽高，但人是能够逾越的。既可逾越，那么毁谤就不足为奇。但孔子不一样，子贡把孔子比作月亮和太阳，认为日月丽天，永远照临天下，温暖人心。他说任何人毁谤孔子都是不自量力的表现。

子张篇第十九

夫子之不可及也

陈子禽①谓子贡曰:"子为恭②也,仲尼岂贤于子乎?"

子贡曰:"君子一言以为知,一言以为不知③,言不可不慎④也。夫子之不可及也,犹天之不可阶而升⑤也。夫子之得邦家⑥者,所谓立⑦之斯立,道之斯行,绥⑧之斯来,动⑨之斯和⑩。其生⑪也荣,其死也哀⑫,如之何其可及也?"

注释

① 陈子禽:即陈亢,字子禽。孔子的弟子,小孔子40岁。也是齐大夫陈子车的弟弟,曾做过单父邑宰。

② 子为恭:您太谦恭了。恭,谦恭。

③ 不知:不聪明,无知。

④ 言不可不慎:说话不可不谨慎。言,说话。

⑤ 阶而升:顺着阶梯爬上去。阶,台阶、阶梯。

⑥ 邦家:封国和采邑。这里指国家。

⑦ 立:立足,安家立业。

⑧ 绥:安抚的意思。

⑨ 动:行动、活动。这里是动员的意思。

⑩ 和:和睦,齐心协力。

⑪生：生活、活着。
⑫其死也哀：哀、悲哀，这里是怀念的意思。他死了也会令人怀念。

解读

陈子禽对子贡说："你真是太谦恭了，仲尼怎么能比你更贤良呢？"

子贡说："君子的一句话就可以表现他的聪明，一句话也可以表现他的愚笨，所以说话不可以不慎重。老师的高不可及，正像天是不能够顺着梯子爬上去一样。老师如果得到封国而为诸侯或得到采邑而为卿大夫，那么，就会像人们说的那样，教百姓立于礼，百姓就会立于礼；要引导百姓，百姓就会跟着走；安抚百姓，百姓就会归顺；动员百姓，百姓就会齐心协力。老师活着是十分荣耀的，老师死了令人怀念。我怎么能赶得上他呢？"

感悟

子贡在这里以天为喻，再次论述孔子学识之渊博，才能之卓越，人格之高尚，圣德之伟大，表达了他尊师爱师的景仰之心。由于子贡有功于鲁，所以陈子禽又提出了"仲尼岂贤于子乎"的话。子贡从体、用两个方面为他分析孔子不可及的道理。

首先，子贡将孔子比喻为天，因为天不能历阶而升，这说明孔子的崇高伟大，人不能及。其次论述孔子卓越的政治才能。子贡认为，孔子若为世所用，其为政治国之功绩一定与尧舜无异。这从孔子治鲁仅三月，就取得巨大的成就就可以说明。

尧曰篇第二十

本篇是《论语》的最后一篇,共三章,但段落都比较长。编者取本篇首章"尧曰,咨"一句中的"尧曰"二字为篇名。其中,记孔子直接论述一章,孔子答子张问一章,记自尧至周的政治历史一则。据研究,"尧曰"很可能是《论语》全书的后序,因古人序文常在篇末。

本篇围绕孔子的政治理论和政治理想开展论述,主要记叙了三个问题:

一、记叙了历史政治,即帝王政治,表达了孔子"公天下"的政治理想。如从尧舜禹禅让到汤武革命以及上古的政治、经济原则的记载,摆在人们面前的实质上是一部中国上古史,即二帝三王的政治史。

二、记叙了人文政治,表达了孔子较为完备的贤人治国之道。孔子把治国之道概括为"尊五美,屏四恶",五美的核心是"仁",即施仁政于民的人文政治精神。

三、记叙了天道政治。尧禅让帝位给舜,强调是上天的意志。舜禅让帝位给禹也是一样,并非是个人的意志。帝王要向天负责,作为一个普通人,也要"知命"。不知命,无以为君子。表现了孔子的天道政治思想。

天之历数在尔躬

尧曰:"咨❶!尔舜!天之历数在尔躬,允执其中。四海困穷,天禄永终。"舜亦以命禹。曰:"予小子履,敢用玄牡❷,敢昭告于皇皇后帝:有罪不敢赦。帝臣不蔽,简在帝心。朕躬有罪,无以万方;万方有罪,罪在朕躬。"

周有大赉❸,善人是富。"虽有周亲,不如仁人。百姓有过,在予一人。"谨权量,审法度,修废官,四方之政行焉。兴灭国,继绝世,举逸民,天下之民归心焉。所重:民、食、丧、祭。宽则得众,信则民任焉。敏则有功,公则说❹。

> **注释**
>
> ❶ 咨:即"啧",感叹词,表示赞誉。
> ❷ 玄牡:玄,黑色谓玄。牡,公牛。
> ❸ 大赉(lài):赏赐。指大封诸侯。
> ❹ 公则说:说同"悦"。公平就能使百姓高兴。

> **解读**
>
> 尧说:"好哇!你这位舜啊!上天安排的命运落到你身上了,你忠诚地执行正确的原则吧。如果天下的人民陷入困顿贫穷,那么上天赐给你的

禄位也就永远终止了。"舜也这样告诫过禹。商汤说："我小子履谨用黑色的公牛来祭祀，向伟大的天帝祷告：有罪的人我不敢擅自赦免。天帝的臣仆我也不敢掩蔽，都由天帝的心来分辨、选择。我本人若有罪，不要牵连天下百姓；天下百姓若有罪，都由我一个人承担。"

周朝大封诸侯，使善人都富贵起来。周武王说："我虽然有很多至亲，但不如有仁德的人好。百姓若有过错，都由我一人承担吧。"认真检查度量衡器，周密地制定法律制度，全国的政令就会行得通了。恢复被灭亡了的诸侯国，复兴已经灭绝了家族，提拔被遗落的人才，天下百姓就会真心归服了。执政者应重视的四件事是：人民、粮食、丧礼、祭祀。宽厚就能得到众人的拥护，诚信就能得到百姓的信任，勤敏就能取得成绩，公平就会使百姓高兴。

感悟

这一大段文字，记述了从尧帝以来历代先圣先王的遗训、政治历史演变过程及其政治、经济措施。体现了孔子天下为公的政治理想。前半部分介绍了尧禅位于舜时对其的告诫、舜禅位于禹时对禹的告诫，以及商汤革命，打败夏桀，取得王位，祭告皇天的过程。其中，尧对舜告诫的话，意义是十分深长的，它说明禅位政治的核心是公，作为君主应为公、为民，所以孔子的语气非常仰慕。

后半部分记叙周武革命，打败殷纣，取得王位，依靠仁人，治理国家。介绍了二帝三王的典章制度、政治经济措施以及治民之道。君主治民，若能做到实行宽政，取信于民，勤敏建功，处事公平，则人民悦服，风教德化，仁政行于天下了。

论 语

何如斯可以从政矣

子张问孔子曰："何如斯可以从政矣？"子曰："尊五美，屏四恶❶，斯可以从政矣。"子张曰："何谓五美？"子曰："君子惠而不费，劳而不怨，欲而不贪，泰而不骄，威而不猛。"子张曰："何谓惠而不费？"子曰："因民之所利而利之，斯不亦惠而不费乎？择可劳而劳之，又谁怨？欲仁而得仁，又焉贪？君子无众寡，无大小，无敢慢，斯不亦泰而不骄乎？君子正其衣冠，尊其瞻视，俨然人望而畏之，斯不亦威而不猛乎？"

子张曰："何谓四恶？"子曰："不教而杀谓之虐；不戒视成谓之暴；慢令致期❷谓之贼；犹之与人也，出纳之吝谓之有司。"

孔子曰："不知命，无以为君子也；不知礼，无以立也；不知信，无以知人也。"

注释

❶ 屏四恶：屏除四种恶政。屏，屏除、屏弃。
❷ 慢令致期：开始懈怠而突然提出期限。

解读

子张问孔子说："怎样才可以治理政事呢？"孔子说："尊重五种

美德，排除四种恶政，这样就可以治理政事了。"子张问："五种美德是什么？"孔子说："君子要给百姓以恩惠而自己却无所耗费，使百姓劳作而不使他们怨恨，要追求仁德而不贪图财利，庄重而不傲慢，威严而不凶猛。"子张说："怎样叫要给百姓以恩惠而自己却无所耗费呢？"孔子说："让百姓们去做对他们有利的事，这不是对百姓有利而自己不浪费吗？选择让百姓愿意做的事让他们去做，又有谁会怨恨呢？要追求仁德便得到了仁，还有什么可贪的呢？君子对人无论多少，势力大小，都不怠慢他们，这不就是庄重而不傲慢吗？君子衣冠整齐，目不邪视，使人见了就生敬畏之心，这不是威严而不凶猛吗？"

子张问："什么叫四种恶政呢？"孔子说："不经教化便加以杀戮，叫作虐；不加告诫便要求成功，叫作暴；不加监督而突然限期，叫作贼；同样是给人财物，却出手吝啬，叫作小气。"

孔子说："不懂得天命，就不能做君子；不知道礼仪，就不能立身处世；不善于分析别人的言论，就不能真正了解他。"

感悟

这是子张向孔子请教为官从政的要领。孔子讲了"五美四恶"，这是他政治主张的基本点，其中包含有丰富的"民本"思想。孔子在教育人民的同时，也主张赏民，调动人民的积极性。他反对暴民、虐民、害民的暴政。孔子在最后谈到君子的处世。他认为，君子只有要做到三知，即"知命""知礼""知信"，才能立身于社会，并更好地为社会服务。

名言妙语

1. 成事不说，遂事不谏，既往不咎。
2. 不在其位，不谋其政。
3. 君子坦荡荡，小人长戚戚。
4. 吾十有五而志于学，三十而立，四十而不惑，五十而知天命，六十而耳顺，七十而从心所欲不逾矩。
5. 知之者不如好之者，好之者不如乐之者。
6. 知者乐水，仁者乐山；知者动，仁者静；知者乐，仁者寿。
7. 三人行，必有我师焉，择其善者而从之，其不善者而改之。
8. 孔子曰："君子有三戒：少之时，血气未定，戒之在色；及其壮也，血气方刚，戒之在斗；及其老也，血气既衰，戒之在得。"
9. 学而不思则罔，思而不学则殆。
10. 敏而好学，不耻下问，是以谓之文也。
11. 父母在，不远游。游必有方。
12. 不愤不启，不悱不发，举一隅，不以三隅反，则不复也。
13. 见贤思齐焉，见不贤而内自省也。
14. 逝者如斯夫，不舍昼夜。
15. 不患人之不己知，患不知人也。
16. 学而时习之，不亦说乎？有朋自远方来，不亦乐乎？人不知而不愠，不亦君子乎？

17. 工欲善其事，必先利其器。

18. 言必信，行必果。

19. 君子和而不同，小人同而不和。

20. 温故而知新，可以为师矣。

21. 三军可夺帅也，匹夫不可夺志也。

22. 岁寒，然后知松柏之后凋也。

23. 《诗》三百篇，一言以蔽之，曰："思无邪。"

24. 君子周而不比，小人比而不周。

25. 其身正，不令而行；其身不正，虽令不行。

26. 君子喻于义，小人喻于利。

27. 君子欲讷于言而敏于行。

28. 朽木不可雕也，粪土之墙不可杇也；于予与何诛？

29. 德不孤，必有邻。

30. 知耻近乎勇。

31. 益者三友，损者三友。友直，友谅，友多闻，益矣；友便辟，友善柔，友便佞，损矣。

32. 君子谋道不谋食，忧道不忧贫。

33. 不患贫而患不均，不患寡而患不安。

读后感

子曰："学而不思则罔，思而不学则殆。"这里讲的是怎样调和"学"和"思"的矛盾问题。我们作为一名学生，对这个问题要有深入的理解。只学而不思，就不容易发现错误，也不容易有自己的思想。

这就像读《论语》，买一本书回来，唰唰几下读完，即使过目不忘，学到的也是别人的东西。思而不学，则会进展缓慢，而且容易钻进牛角尖出不来。这时，如果能够参考一下以往人们对同一问题的看法，那么很可能会有豁然开朗的感觉。荀子也说过："吾常终日而思矣，不如须臾之所学也。"因此，孔子告诉他的弟子，在学习中要把握好"学"和"思"这对矛盾。

我们读《论语》这部书，当然不是想从中觅得修身、齐家的孔门秘传。我们只是在这部书中认识了一个迂阔率性、明知其不可而为之的孔子，一个多才多艺、诲人不倦的孔子，一个食不厌精、懂得生活乐趣的孔子。学贯中西的学者们常常把孔子和古希腊哲人苏格拉底相提并论。苏格拉底是被雅典民主政权处死的，据说是自由精神阻止他逃亡。但是，我们更喜爱孔子的直言不讳："道不行，乘桴浮于海。"这同样是一种自由精神。

翻开《论语》去读，像是穿越几千年的时光隧道，看到群雄逐鹿、争霸天下的春秋时期，出现了孔子这样一个伟大的思想家、教育家。他的言行论述了孝道、治学、治国、为政等，为历代君王所推崇。他的思想言论不必与我们今天所处的时代处处吻合，但是对于影响了中国几千年的经典著作，是非常有必要拜读的。

孔子讲究孝道,孝成为了中华民族的传统美德。但是,现在人们的孝道精神却在褪色,大讲孝道是十分必要的,让人们明白孝是为人之本。

子曰:"父在,观其志;父没,观其行;三年无改于父之道,可谓孝矣。"孔子是说:"当他父亲在世的时候,要观察他的志向;在他父亲去世后,要考察他的行为;若是他对他父亲的教诲长期不加改变,这样的人能够说是尽到孝了。"

这里讲了什么是孝,同"事父母能竭其力"有些不一样。虽然侍奉父母能竭尽其力,但是在社会上做事,或是贪污或是抢劫,触犯法律,使父母担心或忧心,这也不能算是孝。

父母都期望子女比自己强,具有良好的品德,这是父母教育子女的出发点。因此,给父母丰厚的物质不是孝的根本,如果能够按照父母的意愿、教诲行事做人,对得起父母才是真正的孝。

子曰:"弟子入则孝,出则悌,谨而信,泛爱众,而亲仁,行有余力,则以学文。"意思是说:"弟子在家就孝顺父母;出门在外,则谦恭有礼,对人如兄弟一般,谨慎而诚实可信,要广泛地去爱众人,亲近那些有仁德的人。这样躬行实践之后,还有余力的话,就再去学习知识。"

即在家要孝敬父母,在外要团结友爱,有爱心,以贤德的人为榜样,不断激励自己,发奋实践,完善自己的道德修养,这些立身做人原则做好了以后,再学习各种知识,以开阔视野,丰富思想。"德,人之本也,本立而道生。"

在治学方面,孔子的"学而不厌,诲人不倦""知之为不知,知为不知""敏而好学,不耻下问""三人行必有我师""博学而笃志,切问近而思"等思想,不正是一种谦虚严谨、实事求是、锲而不舍的治学态度吗?治学的方法讲究"温故而知新""学而不思则罔,思而不学则殆"。孔子觉得"学而时习之，不亦说乎"，同时孔子认为"好仁不好学，其蔽也愚，好知不好学，其蔽也荡。好信不好学，其蔽也贼"。可见学习的重要性，治学是仁信的基础。

"三人行，必有我师焉""敏而好学，不耻下问"这是《论语》六则中给我们感触最深的两则。前一则是说几个人走在一起，那么其中必定有能够当老师的人；后一则告诉我们，敏捷而发奋地学习，不以向不如自己的人请教为耻。这两句话虽然出自两千多年前的孔子之口，但至今仍是至理名言，好处至大。

"三人行，必有我师焉"这句话包含着一个广泛的道理：能者为师。在我们的日常生活中，每一天要接触的人甚多，而每个人都有各自的优点，值得我们去学习，亦可成为我们的良师益友。

就说一个班级里，就有篮球猛将、绘画巧匠、书法好手、象棋大师等。有的上晓天文，有的下通地理；有的满脑子的数字，有的能歌善舞……多向我们身边这些人学习，就像置身于万绿丛中的小苗吸收着丰富的养分。

高山，是那样地雄伟绵延；大海，是那样地壮丽无边。山之所以高，正因它从不排斥每一块小石；海之所以阔，正因它用心地聚集一点一滴不起眼的水。若想具有高山的情怀和大海的渊博，就务必善于从平凡的人身上汲取他们点滴之长。

孔子的"君子食无求饱，居无求安，敏于事而慎于言，就有道而正焉，可谓好学也已"对各行各业的人们都有所启发。

仁义礼智信，国人都按这个标准去做，社会就会更加和谐，我们的国家才会成为真正的礼仪之邦啊！